He Jiahong

Tote kehren zurück

He Jiahong

Tote kehren zurück

Empirische Studien zur Strafjustiz in China

DE GRUYTER

Translator: Beate Kayser

ISBN 978-3-11-051476-6
e-ISBN(PDF) 978-3-11-051527-5
e-ISBN (EPUB) 978-3-11-051483-4

Bibliografische Information der Deutschen Nationalbibliothek
Die Deutsche Nationalbibliothek verzeichnet diese Publikation in der Deutschen Nationalbibliografie; detaillierte bibliografische Daten sind im Internet über http://dnb.d-nb.de abrufbar.

Datenkonvertierung und Satz: Satzstudio Borngräber, Dessau-Roßlau
Druck und Bindung: Druckerei Hubert & Co GmbH und Co KG, Göttingen
♾ Gedruckt auf säurefreiem Papier
Printed in Germany

www.degruyter.com

Vorwort

In China werden neue Autoren und ihre Bücher häufig durch kurze Einführungen von Kollegen vorgestellt. Ich freue mich, dass Prof. Dr. He Jiahong mich gebeten hat, diese Aufgabe für das vorliegende Buch in Deutschland zu übernehmen.

I

He Jiahong ist Direktor des Instituts für Beweislehre an der Renmin-Universität in Peking, einer der besten Universitäten Chinas. Wie seine zahlreichen Fachbücher und Aufsätze belegen, ist er der führende Experte im chinesischen Strafprozessrecht und insbesondere im Beweisrecht. Daneben hatte und hat er erheblichen Einfluss auf die chinesische Kriminalpolitik, z.B. als Direktor des Zentrums für Anti-Korruption und Rechtsstaatlichkeit, als Fachberater des Obersten Volksgerichtshofes, als Experte der Obersten Volksstaatsanwaltschaft, als Direktor des Zentrums für Common Law sowie als ehemaliger stellvertretender Direktor der Abteilung für Pflicht- und Menschenrechtsverletzungen der Obersten Volksstaatsanwaltschaft. Die Öffentlichkeit kennt ihn aus seinen Beiträgen in Zeitungen und im Fernsehen sowie als Autor von fünf Kriminalromanen, die nicht nur in China zu Bestsellern wurden, sondern inzwischen auch auf Englisch, Französisch, Italienisch und Spanisch publiziert wurden.

He Jiahongs wissenschaftlicher Erfolg gründet auf seinem hervorragenden Wissen über das chinesische Recht sowie profunden Kenntnissen des ausländischen Strafprozessrechts, die er während seiner Promotion an der Northwestern University in den USA, eines Gastaufenthaltes am Max-Planck Institut für ausländisches und internationales Strafrecht in Deutschland sowie weiterer Studienaufenthalte in Deutschland, England und anderen Ländern erwarb. Entscheidend für die Überzeugungskraft seiner strafprozessualen Arbeiten ist vor allem, dass er neben seiner normativen Arbeit auch empirisch forscht und die relevanten Rechtstatsachen methodisch verlässlich erhebt. So stützt sich das vorliegende – in chinesischer Sprache Ende 2014 publizierte – Werk über unrichtige Urteile und die Wiederaufnahme von Strafverfahren in China nicht nur auf zwei ausführliche Fallstudien (Kapitel 1 und 2), sondern vor allem auf die schriftlichen Antworten von 1.715 Praktikern, eine spezielle Informationserhebung bei ca. 140 weiteren Justizpraktikern, die Auswertung von 130 strafrechtlichen Fehlurteilen, die teilnehmenden Beobachtung an 45 Strafverhandlungen sowie die Analyse von weiteren 292 aufgezeichneten und im Internet veröffentlichten Strafverfahren in der Zeit von 2006 bis 2011 (Kapitel 3 und 4).

II

Auf dieser umfassenden Grundlage vermittelt das vorliegende Buch zunächst ein klares Bild der chinesischen Strafrechtspraxis. Es konzentriert sich auf die Problematik der Fehlurteile, die in China besonders offenkundig wurde, als Personen lebendig wieder auftauchten, für deren Ermordung Angeklagte bereits verurteilt worden waren („Tote kehren zurück"). Auf der Suche nach den Ursachen derartiger Fehlurteile differenziert der Autor nach einer klaren Systematik zu den „Pro Formas" im Strafverfahren zwischen Fehlern der Beweiserhebung, der Beweiserörterung, der Beweiswürdigung und der Urteilsfindung, die häufig zu einer reinen Formsache wird (Kapitel 4). Als die zehn wichtigsten Fehlerquellen identifiziert er: das vorrangige Bemühen der Ermittlungsbehörden um ein Geständnis (nach dem Motto „erst Geständnis, dann Beweise"), den Druck der Politik und der Öffentlichkeit nach rascher „Aufklärung innerhalb der Frist", die einseitige Beweisverschaffung aufgrund vorschneller erster Eindrücke, die falsche Interpretation wissenschaftlich fundierter Beweise, die Erzwingung unrichtiger Geständnisse durch Folter aufgrund einer falschen Vorstellung von „Rechtsdurchsetzung", die Aufgabe von Prinzipien, die fehlende gegenseitige Kontrolle der verschiedenen Justizinstitutionen, die nur pro forma durchgeführten Gerichtsverhandlungen mit bereits feststehenden Ergebnissen, die Überschreitung der Höchstfristen zur Untersuchungshaft sowie die oft unzureichenden Beweise (Kapitel 5). He Jiahong setzt damit in einer in China bahnbrechenden Weise die Untersuchungen über „Fehlerquellen im Strafprozess" fort, die der Strafrechtsprofessor Dr. Karl Peters in den 1970er Jahren in Deutschland durchführte.

Gestützt auf diese empirische Basis fordert He Jiahong Reformen des chinesischen Strafprozessrechts, wobei er die entsprechenden Rechtsfragen fachkundig diskutiert, indem er z.B. Beweisstandards zur Erschütterung von möglicherweise falschen Urteilen in den USA, Deutschland und China vergleichend heranzieht (Kapitel 6). Auf dem Weg Chinas zu der vom Autor empfohlenen „Herrschaft des Rechts" spielten und spielen diese Vorschläge eine wichtige Rolle. Unter rechtsvergleichenden Gesichtspunkten ist besonders interessant, wie der Autor Reformforderungen entwickelt, die im chinesischen Staats-, Rechts-, Partei- und Gesellschaftssystem nicht wie in Deutschland begründet werden können. So identifiziert He Jiahong als eine wichtige Ursache von Fehlurteilen in überzeugender Weise die in China vorgesehenen Verfahrenseingriffe der Kommissionen für Politik und Recht der Parteikomitees sowie der Verfahrensausschüsse von Polizei, Staatsanwälten und Gerichten. In Deutschland würden solche Eingriffe primär als Verletzungen der Gewaltenteilung und der Unabhängigkeit der Justiz abgelehnt. Weil diese Begründung im chinesischen System – rechtlich wie politisch – nur schwer zu vetreten wäre und im Übrigen auch nicht akzeptiert würde, baut der Autor seine Argumentation gegen derartige Eingriffe in konkrete Strafverfahren auf das in China anerkannte Unmittelbarkeits- und Mündlichkeitsprinzip, das dadurch verletzt wird, dass in solchen Fällen die entscheidenden Kommissionen und Verfahrensausschüsse an der Beweisaufnahme nicht teilgenommen haben (Kapitel 5 VIII). Diese strafprozessualen Prinzipien reichen zwar weniger weit als die verfassungsrechtlichen Garantien einer unabhängigen Justiz, ermöglichen aber dennoch eine überzeugende Kritik an den nicht nur für die Wahrheitsfindung schädlichen Eingriffen. Gegenwärtig dürfte im Übrigen auch nur eine solche *systemimmanente* Kritik die reale Chance zur Verbesserung der entsprechenden chinesischen Beweisstandards bieten. Auf einer vergleichbaren Berücksichtigung der in China vorherrschenden Meinung dürfte es auch beruhen, dass He Jiahong die Todesstrafe zunächst einmal nur einschränken und erst zu einem späteren Zeitpunkt abschaffen will (Kapitel 1), obwohl mit einer Abschaffung irreparable Schäden von Fehlurteilen vermieden werden könnten. Mit dieser Vorgehensweise erweist sich der Autor als ein kluger Reformer mit Augenmaß für das in China politisch Machbare.

III

He Jiahongs Ausführungen überzeugen nicht nur durch ihre seriöse Forschungsmethode und ihre juristischen Ergebnisse. Da der Autor die juristischen Probleme stets mit Beispielsfällen aus der Rechtspraxis veranschaulicht und dabei die sozialen und geschichtlichen Kontexte einbezieht, gibt das Werk über seinen juristischen Gegenstand hinaus dem deutschen Leser auch eine vorzügliche Einführung in die Geschichte und den Alltag der chinesischen Justiz und Gesellschaft. Hier wird deutlich, welch große Fortschritte das noch junge chinesische Strafrecht nach der vollständigen Auflösung aller schützender Strukturen und Formen in der Kulturrevolution gemacht hat, aber auch, welch langen Weg es noch zurückzulegen hat, vor allem im Hinblick auf die Ausbildung der Justizbeamten, die Garantie einer unabhängigen Gerichtsbarkeit und die Anerkennung von Menschenrechten.

Diese Einbeziehung des geschichtlichen und sozialen Umfeldes findet sich im Übrigen auch in der sehr lesenswerten kleinen Autobiographie, die der – 1953 in einer großbürgerlichen Familie geborene – Autor in die Einleitung des Buches eingebaut hat und die neben seiner persönlichen Familiengeschichte einen interessanten Streifzug durch die jüngere chinesischen Geschichte enthält. Dies gilt insbesondere für den chinesischen Bürgerkrieg und die Kulturrevolution, die ab 1966 unter der revolutionären Parole „Polizei, Staatsanwaltschaft und Gerichte zerschlagen" die bisherige Strafjustiz durch eine „Diktatur der Massen" und der

„Aufklärung von Straffällen durch die Massen“ ersetzte (vgl. dazu auch die Darstellung in Kapitel 1).

Die beiden einleitenden großen Fallstudien zu den symptomatischen Justizskandalen bei der Verurteilung von Teng Xingshan und She Xianglin (Kapitel 1 und 2), deren Darstellung He Jiahongs Fähigkeiten als Autor spannender Kriminalromane erahnen lassen, sowie die vielen im juristischen Text herangezogenen Beispielsfälle zeigen darüber hinaus anschaulich die menschliche und soziale Situation der unrechtmäßig zum Tode verurteilten Personen und ihrer Angehörigen.

He Jiahong erweist sich damit als ein Meister in der gleichzeitigen Vermittlung von juristischem Fachwissen, der Einführung in die soziale Wirklichkeit Chinas, der Reform des geltenden Rechts sowie der spannungsvollen Unterhaltung seiner Leser. Damit ist er nicht nur das chinesische Pendant des großen deutschen Strafrechtlers Prof. Dr. Karl Peters, sondern auch das des Öffentlichrechtlers Prof. Dr. Bernhard Schlink, der mit seinen Romanen ein nichtjuristisches Publikum begeistern konnte.

IV

Ich hoffe, dass das vorliegende Buch mit seiner anschaulichen Darstellung der Strafverfolgung in China, seiner scharfsinnigen Analyse der Fehlurteile, seinen spannenden Berichten, seinen starken Plädoyers für Humanität und der persönlichen Geschichte des Autors bei den Lesern dieser deutschen Ausgabe dieselbe Begeisterung weckt, die ich empfunden habe, als He Jiahong und seine Frau mir darüber erstmals im Sommer 2010 in einem langen Gespräch bei einem Besuch auf dem Freiburger Schlossberg erzählten.

Mit Blick auf die Zukunft des Strafrechts wünsche ich, dass dieses außergewöhnliche Buch nicht nur die Forderungen He Jiahongs zur Verhinderung und Beseitigung falscher Urteile in China durchsetzt, sondern darüber hinaus – in China und Deutschland – auch das Bewusstsein für die beiden kollidierenden Ziele des Strafrechts stärkt. Dies bedeutet: Das Ziel des Strafverfahrens ist nicht eine Wahrheitsfindung um jeden Preis, sondern nur eine Wahrheitsfindung in justizgemäßer Form. Der menschenrechtliche Schutz der Bürger vor justiziellen Fehlern und Machtmissbrauch muss dabei die gleiche Bedeutung wie eine effektive Strafverfolgung haben. Nicht nur in China, sondern auch in den – heute teilweise durch einen zunehmenden politischen Populismus sowie Konzepte von „law and order“ und „tough on crime“ gekennzeichneten – westlichen Demokratien sollte das Buch darüber hinaus auch die Botschaft vermitteln, dass die oft „technisch“ oder „formalistisch“ erscheinenden Bestimmungen des Strafprozessrechts in der Regel keine verzichtbaren Formalien sind, sondern „schützende Formen“, die nicht nur der Wahrheitsfindung dienen, sondern auch die fundamentalen Rechte der Bürger garantieren. Es gibt daher viele gute Gründe, dem vorliegenden faszinierenden Buch eine weite Verbreitung zu wünschen!

Freiburg, November 2016

Prof. Dr. Ulrich Sieber
Direktor am Max-Planck-Institut
für ausländisches und internationales Strafrecht

Inhalt

Kapitel 4
Empirische Studien über Pro Formas in Strafverhandlungen

Kapitel 5
Zehn große Fehlerbereiche in der Strafjustiz

Kapitel 6
Beweisstandards für die Feststellung von Fehlurteilen

Einleitung

Justizirrtümer und Fehlurteile hat es in China wie im Ausland von alters her gegeben. Einige Justizskandale wurden in China im Verlauf der Geschichte schriftlich festgehalten, wie der Fall „Yang Naiwu und Xiao Baicai", der sich zum Ende der Qing-Dynastie in der Provinz Zhejiang ereignet hatte. Auch gab es schon zu alten Zeiten Werke, die sich auf Justizskandale bezogen, wie „Collected Cases of Injustice Rectified" (1247 n. Chr.) von Song Ci, dem „für die Überprüfung von Todesurteilen zuständigen Beamten aus der Zeit der Großen Song", „Aufzeichnungen über rehabilitiertes Unrecht" (1270 n. Chr.) von Zhao Yizhai aus der späten Song-Zeit und „Aufzeichnungen über die Wiedergutmachung von Unrecht" (1308 n. Chr.) von Wang Yu aus der Zeit der Yuan-Dynastie. Doch es war die sogenannte „historisch einmalige Große Kulturrevolution" im modernen China, die viele Chinesen des Festlands direkt oder indirekt stärker spüren ließ, welche Gefährdungen von Justizskandalen und -irrtümern ausgehen. Meine persönlichen Erkenntnisse zu dieser Frage habe ich jedoch angefangen von der eigenen Familie bis zur Gesellschaft, durch die Literatur bis zur Rechtswissenschaft gewonnen.

Ich bin in Peking geboren, meine Familie väterlicherseits stammt aus dem Nordosten Chinas. Mein Urgroßvater He Haiting war ein in Shenyang recht bekannter Arzt der traditionellen chinesischen Medizin. Aus medizinischem Anlass unterhielt er mit dem damaligen Militärführer im Nordosten, Zhang Zuolin, gewisse private Kontakte. Mein Großvater He Changgeng war der zweite Sohn der Familie; er las von klein auf gern. Nach der Reform der Privatschulen im Nordosten wurde er in Shenyang Rektor einer Schule des neuen Typs. Wegen der Beziehungen zur Familie Zhang tauschte Großvater später den Stift gegen die Soldatenuniform ein und studierte an der Whampoa-Militärakademie. Nach seinem Abschluss kehrte er in den Nordosten zurück und wurde zum Direktor des Si-Zheng-Eisenbahnamts (Stadt Siping, Provinz Jilin) ernannt. Nachdem Zhang Zuolin bei einem Bombenanschlag der Japaner ums Leben gekommen war, wurde Großvater in der Armee Zhang Xueliangs zuständig für den Nachschub. Er selbst gab sich den Namen „Jinglian"; in Gesellschaft nannte er sich häufiger „He Jinglian". „Qing zheng lian ming" – „unbestechlich und gerecht", das war die Maxime für seine gesamte Beamtenzeit. Die Alten aus der Familie erzählten, dass er, obwohl er damals große Summen der Nordostarmee verwaltete, selbst während der Kriegswirren nach dem „Mukden-Zwischenfall" niemals Gelder veruntreut hatte. 1937, zur Zeit des „Zwischenfalls von Xi'an", unterstand Großvater Zhang Xueliang, und so lernte er einige Kommunisten kennen. Nach der Verhaftung Zhang Xueliangs durch Chiang Kai-shek wurde die Nordostarmee aufgelöst und reorganisiert, und Großvater traf ein ähnliches Los wie viele andere Heerführer der Nordostarmee. In der Kuomintang-Armee hatte er zwar den Dienstgrad eines Generalmajors, war aber oft Ausbootung und Druck ausgesetzt, und so zog er während des „Bürgerkriegs zwischen Kuomintang und Kommunisten" die Uniform wieder aus und zog nach Beiping zur Familie. Nach Gründung der Volksrepublik China nahm er als Mitglied der Politischen Konsultativkonferenz in Peking engagiert und gemeinnützig am politischen Leben teil. Über viele Jahre war er Rektor einer Schule zur Beseitigung des Analphabetentums.

Mein Vater He Zhenhua war Absolvent der Fachrichtung Wirtschaftswissenschaften an der Furen-Universität. Er folgte später seinem Vater in die Kuomintang-Armee und diente dort als ziviler Stabsoffizier. Meine Mutter Fu Jiqiu ist Mandschurin, sie wurde in eine reiche Adelsfamilie in Fushun im Nordosten Chinas geboren. Ihr älterer Bruder Fu Shiren wurde 1948 als mandschurischer Abgeordneter in die Nationalversammlung der Republik China gewählt. Mutter war die Jüngste in der Familie und wurde ziemlich verwöhnt. Von klein auf lernte sie lesen und schreiben und machte ihren Abschluss an der Nordost-Volksmittelschule. Während des Bürgerkriegs zwischen Kuomintang und Kommunisten folgte Mutter als Familienangehörige ihrem Mann von Süd nach Nord. Als die Kuomintang-Truppen im Süden vernichtend geschlagen wurden, zog sich auch die Truppeneinheit, zu der sie gehörten, nach Guangxi zurück. Meine ältere Schwester Qianyan war damals bereits über 4 Jahre alt, mein älterer Bruder Jiaqi noch kein volles Jahr. Der vorgesetzte Kommandant hatte sie überreden wollen, nach Taiwan zu gehen, doch aus der Überlegung heraus, dass ihre beiden Familien im Norden des Landes waren, verwarfen meine Eltern diese Idee. Nach der Niederlage der Kuomintang-Truppen wurde die Truppe im Gebiet von Liuzhou, zu der Vater gehörte, von der Volksbefreiungsarmee „friedlich reorganisiert", dann ging es geschlossen nach Norden. Bei früheren Märschen hatten die Eltern im Wagen fahren können, diesmal mussten sie mit den Offizieren und einfachen Soldaten der Kuomintang-Armee zu Fuß gehen. Und Vater musste Mutter auf dem Rücken tragen, die wiederum Jiaqi in den Armen hielt. Wie beschwerlich das war, kann sich jeder vorstellen! Mehrere Monate waren sie unterwegs, bis sie schließlich Wuhan erreichten. Dort erhielten sie die Genehmigung, mit dem Zug nach Peking zurückzukehren. Da Vater während des Studiums an revolutionären Aktivitäten teilgenommen und Untergrund-Kommunisten gerettet hatte, in der Kuomintang-Armee immer nur einen zivilen Posten bekleidet hatte und nie aktiv in den Krieg involviert gewesen war, wurde ihm durch Vermittlung der zuständigen leitenden Personen sehr schnell eine Stelle im Staatlichen Forstministerium zugewiesen, wo er im Bereich Wirtschaft und Finanzen arbeitete. Später wurde er ins Staatliche Amt für Materialverwaltung versetzt. Und Mutter wiederum wurde später als Buchhalterin an das Gästehaus des Forstministeriums versetzt.

Ich selbst bin 1953 auf die Welt gekommen. Damals wohnte unsere aus drei Generationen bestehende Familie in einem großen Hofhaus in der Pekinger Weststadt. In meinen Kindheitserinnerungen war das Familienleben fröhlich und harmonisch. Daran, wie die Zimmer damals aussahen, kann ich mich nicht mehr genau erinnern, dafür aber an das Spruchpaar über der Eingangstür, weil Großvater es mich oft aufsagen ließ, ohne dass ich den Sinn verstanden hätte: „Loyalität sichert den Bestand der Familie, Bücher haben noch in nachfolgenden Generationen Bestand." Als ich klein war, wusste ich überhaupt nichts über unsere Familiengeschichte. Ich hatte nur gehört, dass Großvater General gewesen war, und damit auch vor meinen Spielkameraden angegeben. Vater verstarb an einer Krankheit, als ich 10 Jahre alt war. Mutter und wir drei Geschwister zogen in die Heping-Straße im Nordosten der Stadt, wo wir in einem von einer staatlichen Behörde neu errichteten mehrstöckigen Haus wohnten. Die Großeltern besuchten wir damals nur zu den Feiertagen, und meine Verehrung von Großvater ebbte allmählich ab. Die gewaltigen Veränderungen des Zeitgeists waren es dann, die meine Einstellung ihm gegenüber erschütterten.

1966 fegte die Kulturrevolution über ganz China. Ich hatte gerade die Grundschule abgeschlossen und stellte plötzlich fest, dass meine „Herkunft" problematisch war. Weil Großvater ein „Bürokrat der Kuomintang" gewesen war, wurde er als „historisches konterrevolutionäres Element" eingestuft und ich der Kategorie der fünf Personengruppen mit „schwarzer Klassenherkunft" zugeordnet. Nach der damaligen Klasseneinteilung waren die Familien der fünf Kategorien revolutionäre Kader, Angehörige der Revolutionsarmee, Arbeiter, arme sowie untere Mittelbauern „roter Herkunft", Familien der fünf Kategorien Großgrundbesitzer, reiche Bauern, konterrevolutionäre Elemente, schlechte Elemente und rechte Elemente hingegen „schwarzer Herkunft". In der Grundschule war ich immer ein guter Schüler, war Kompaniechef der Jungen Pioniere und Klassensprecher gewesen. Nach Ausbruch der „Kulturrevolution" wurde an allen Schulen „der Unterricht eingestellt und Revolution gemacht". Auch meine Mitschüler organisierten „Rote Garden". Ich wollte dabei sein, wurde aber außen vorgelassen, weil meine „Herkunft problematisch" war! Zudem erfuhr ich, dass mein über 70 Jahre alter Großvater von den „Rebellen" und „Roten Garden" zu einer „Kampfsitzung" abgeschleppt worden war. Ihm wurde befohlen, sich mit täglichem Straßenfegen der „Umerziehung durch Arbeit" zu unterziehen. Wie schämte ich mich damals, einen solchen Großvater zu haben! Nach wie vor besuchte Mutter mit uns zum Frühlingsfest die Großeltern, aber ich weigerte mich standhaft, ihn „Opa" zu nennen. Mutter fragte mich warum, ich antwortete, weil er ein schlechter Mensch ist, muss ich entschieden „eine Trennungslinie zu ihm ziehen"!

Nach dem Abschluss der Unteren Mittelschule folgte ich dem Aufruf des Großen Vorsitzenden Mao, die gebildeten Jugendlichen sollten „aufs Land" gehen. Mit brennender revolutionärer Leidenschaft verließ ich Peking und begann in der Provinz Heilongjiang, der „großen Einöde des Nordens", das harte Leben in einem landwirtschaftlichen Betrieb. Wegen meiner schlechten Herkunft wollte ich mich noch fleißiger als die anderen der Umerziehung durch Arbeit unterziehen. Damals hegte ich sowohl revolutionäre Ideale als auch eigene Träume. Große und kleine politische Vorfälle entfernten mich jedoch zunehmend von diesen Idealen, und frustrierende Rückschläge im Leben zerstörten meine Träume. Eine erst schemenhafte Idee bekam daraufhin immer deutlichere Konturen, sie wurde mein „Literatur-Traum".

Tatsächlich liebte ich Literatur von klein auf und schrieb schon in der Grundschule Gedichte, die auf der Schulzeitungs-Tafel „veröffentlicht" wurden. Auch während der Arbeit auf dem Land in der „Einöde des Nordens" schuf ich Gedichte, die meine revolutionäre Leidenschaft zum Ausdruck brachten. In der „Heihe Tageszeitung" vom 1. Januar 1971 wurde ein Gedicht von mir veröffentlicht, was mir unter den gebildeten Jugendlichen dort einen gewissen Ruf einbrachte. Damals las ich sehr gerne, doch zu nur wenigen literarischen Werken hatte ich Zugang.

Nach einer Phase bitteren Nachdenkens über das Schicksal des Menschen beschloss ich im Herbst 1975, mit dem Schreiben eines Romans mein Lebensziel zu verwirklichen. Als nach mehreren Monaten das Konzept für die Geschichte stand und die Materialien geordnet waren, verbrachte ich fast meine gesamte Freizeit schreibend auf der Ecke des Kang-Ofenbettes. Zwei Jahre später war ein über 20.000 Schriftzeichen dickes Romanmanuskript mit dem Titel „Als sich das Abendrot über den Himmel ergoss" fertig. Ein Traum gab mir Halt während des einsamen Prozesses des Schreibens: ich halte einen veröffentlichten Roman in der Hand, auf dessen Titelseite steht mein Name!

Die „Große Kulturrevolution" war zu Ende, und auch ich kehrte mit der Welle der „in die Städte zurückkehrenden gebildeten Jugendlichen" nach Peking zurück und wurde einer Baufirma als Klempner zugewiesen. Meinen „Literatur-Traum" setzte ich fort, war aber ständig Angriffen ausgesetzt. Das komplette dicke handschriftliche Manuskript in der Hand, suchte ich Rat bei Verlagslektoren, doch die Antworten gingen über „lobenswerte Einstellung" nicht hinaus. Natürlich war mir klar, dass der Roman nicht veröffentlichungsreif war, weil ich im Sprachunterricht nicht über die 6. Klasse hinaus gekommen war und nur eine Handvoll literarischer Werke gelesen hatte. Später nahm ich im Weststadt-Bezirk an einem von den Gewerkschaften veranstalteten Fortbildungskurs für literarisches Schaffen als Freizeitbeschäftigung teil. Unter Anleitung der Lehrer schrieb ich Kurzgeschichten, die ich an die damals noch nicht sehr zahlreichen Literatur-Periodika schickte. Die „Ausbeute" waren jedoch nur Ablehnungsschreiben identischen Inhalts. Zwischendurch dachte ich ans Aufgeben, aber die Verführungen meines Traums wurden durch die Rückschläge und Niederlagen nur größer. Just zu dieser Zeit nahm mein Leben einen anderen Verlauf.

In der Baufirma lernte ich eine hübsche junge Frau kennen. Sie hieß Ren Xinping und war Ärztin in der fabrikeigenen Ambulanzstelle. Sie stammte aus einer Familie von Ärzten der traditionellen chinesischen Medizin, konnte gut singen und tanzen und hatte selbstverständlich viele Verehrer. In Festland-China wurde damals zwar bereits freie Liebe propagiert, aber eine „Beziehung" zwischen jungen Leuten galt häufig immer noch als „illegal". Ich hatte großes Glück, die Gunst von „Ärztin Kleine Ren" erworben zu haben, Hand in Hand sanken wir in den Fluss der Liebe. Aber unsere Geheimhaltungsarbeit war nicht umsichtig genug: ihre Freundinnen entdeckten die Schwachstellen und flüsterten es ihren Eltern ins Ohr. Konfrontiert mit deren Verhör legte sie sehr schnell ein Geständnis ab. Nachdem sie Informationen über meine Familie und mich erhalten hatten, wandten sie sich mit der Begründung, ich passe nicht zu ihr, entschieden gegen die Beziehung. Sie aber beharrte darauf, dass ich ein vorbildlicher junger Mann sei, und erklärte, dass sie sich auf keinen Fall von mir trennen werde. Nach einem mehrmonatigem Grabenkrieg stellten ihre Eltern die Bedingungen für einen Kompromiss: wenn ich die Aufnahmeprüfung für die Universität schaffen würde, wären sie bereit, mich zu treffen.

Nach dem Ausbruch der Kulturrevolution war in Festland-China die Hochschulausbildung weitgehend zum Stillstand gekommen. 1973 begannen einige Hochschulen, wieder Studenten aufzunehmen. Die waren aber keine durch die Aufnahmeprüfung ausgewählten Absolventen der oberen Mittelschule, sondern sogenannte „Arbeiter-Bauern-Soldaten-Studenten", die von Fabriken, Minen und dörflichen Kommunen empfohlen wurden. Die Zulassungskriterien waren stark politisch gefärbt. Während ich in der „Einöde des Nordens" auf dem Land arbeitete, hatte ich mich zweimal erfolglos um einen Studienplatz beworben. Diese deprimierenden Rückschläge kühlten das Verlangen, auf die Universität zu gehen, ab, führten aber zu meinem „Literatur-Traum". 1977 wurden die allgemeinen Hochschulaufnahmeprüfungen wieder aufgenommen. Da während der 10 Jahre Kulturrevolution eine große Anzahl an begabten Jugendlichen zusammengekommen war, die Studienplätze aber begrenzt waren, war der Wettbewerb bei den Aufnahmeprüfungen extrem hart. Die Zahl der Anmeldungen zu den beiden Prüfungen im Winter 1977 und Sommer 1978 übertraf 11 Millionen – die umfangreichsten Hochschulaufnahmeprüfungen in der Menschheitsgeschichte. In unserer Gesellschaft wurde der Begriff „Student" so zu einem Synonym für „begabter Jugendlicher". Nachdem ich von den Bedingungen der Eltern meiner Freundin erfahren hatte, konnte ich die ganze Nacht über nicht schlafen und entschloss mich letztlich, das literarische Schaffen um der Liebe willen aufzugeben und an der Hochschulaufnahmeprüfung teilzunehmen.

Nach einem halben Jahr Wiederholung der Unterrichtsstoffe betrat ich im Sommer 1979 den Prüfungsort. Diesmal war mir das Schicksal hold – nicht nur schaffte ich die Prüfung, sondern erhielt auch das „Visum" zum Besuch der Familie meiner Freundin. Eineinhalb Jahre später heirateten wir. Am Vorabend der Hochzeit erlag Großvater einer Krankheit, er wurde 92 Jahre alt. Nach der „Rückkehr in die Stadt" hatte ich ihn mehrfach besucht. Als die Last der Großen Kulturrevolution vorbei war und meine Familie mir Ausschnitte aus seinem Leben erzählte, erwachte meine Verehrung ihm gegenüber erneut. An seinem Krankenbett stehend sagte ich einmal: „Opa, ich weiß, dass du ein guter Mensch bist!" Er sah mich an, erwiderte aber nichts. Ich dachte, Großvaters Leben war ein einziges Auf und Ab, und dann musste er auch im Alter noch solch unbeschreibliches Unrecht erleiden. Aber in der Zeit gab es so viele Menschen, denen Unrecht widerfahren war, einschließlich der ehemaligen führenden Personen des Landes, Liu Shaoqi und Deng Xiaoping.

An der Universität legte ich den Traum vom Schreiben beiseite und konzentrierte mich voll auf das Jurastudium. Wahrscheinlich weil ich den Hals nie voll kriegen kann, wollte ich nach dem Bachelor- den Masterstudiengang absolvieren und nach dem Master noch promovieren – bis ich 1993 an der Northwestern University der USA den Doktorhut der Rechtswissenschaften aufsetzen konnte. Da mir vollkommen klar war, dass ich zu unterbelichtet für eine Beamtenlaufbahn und auch für die Geschäftswelt zu blöde bin, war ich nach dem Auslandsstudium versessen darauf, an der Universität zu unterrichten. Doch ich hätte nie gedacht, dass die Ruhe und die Freiheit an der Universität den immer noch in mir schlummernden „Literatur-Traum" wiedererwecken würden. Ende 1994 nahm ich in meiner Freizeit das literarische Schaffen erneut auf. Da meine Fachrichtung in der Rechtswissenschaft Beweismittel und Ermittlungen in Strafsachen sind, haben auch meine fiktionalen Texte mit Straftaten und Ermittlungen zu tun – und die Quelle meiner schöpferischen Inspiration war ein authentischer Fall ...

In der Nacht des 5. April 1989 passierte im Forstbetrieb „Freundschaft" bei der Stadt Yichun in der Provinz Heilongjiang ein Mord. Der Förster Guan Chuansheng starb nach mehreren Messerstichen, die ihm nördlich vom Büro des Forstbetriebs an der unbefestigten Straße in Richtung Wohnbezirk zugefügt worden waren. Während der Tatortarbeit wurde festgestellt, dass die Rückseite des Mantels des Geschädigten in der Mitte einen Messerschnitt aufwies und die Wunde an der entsprechenden Stelle der Leiche glattrandig war, so dass die Ermittler vermuteten, es sei ein Bajonett benutzt worden. Die Wunden an den anderen Stellen der Leiche waren möglicherweise mit einem Einzelmesser zugefügt worden. Todeszeit war gegen Mitternacht. Die Ermittlungen ergaben, dass der Geschädigte etwa nach 23 Uhr das Büro verlassen hatte und auf dem Weg nach Hause war; zu dem Zeitpunkt herrschte im Forstbetrieb gerade Stromausfall. Die Ermittler fanden heraus, dass der älteste Sohn der Nachbarsfamilie des Toten, Shi Dongyu, gerade vor neun Tagen nach Beendigung seines Wehrdienstes nach Hause zurückgekehrt und sein Aufenthaltsort am Abend der Tat unklar war. Somit wurde er als Verdächtiger eingestuft.

Am Nachmittag des 6. April erfuhren die Ermittler, dass Shi Dongyu wieder zu Hause war, und holten ihn zur Vernehmung ab. Shi Dongyu sagte, ein Freund aus den Bergen hätte ein Reh erlegt gehabt und ihn für den Nachmittag des 5. eingeladen, um zusammen etwas zu trinken. Nach 20 Uhr sei er zurückgekehrt und zunächst bei der Familie seiner Braut gewesen, um Angelegenheiten der Hochzeit zu besprechen. Dann habe er zu Hause ein bisschen Geld geholt und sei nach 22 Uhr auf einen Plausch und eine Zigarette zum Kesselhaus gegangen. Nach 23 Uhr sei er zum kleinen Bahnhof des Forstgebiets aufgebrochen, wo er den Nachtzug um 2 Uhr ins Tal genommen habe. Am Vormittag des 6. habe er bei der Gemeindeverwaltung diverse Formalitäten für den Wechsel ins zivile Erwerbsleben erledigt und sei am Nachmittag zum Forstbetrieb zurückgekehrt.

Die Ermittler überprüften umgehend die Aussage Shi Dongyus und fanden auch Leute, die das Trinken, Plaudern, Glas Wasser etc. bezeugen konnten. Laut Bestätigung des Pächters des Kesselhauses war Shi Dongyu nach Eintritt des Stromausfalls von dort weggegangen. Vor Ort brachten die Ermittler in Erfahrung, dass sich das Kesselhaus seitlich der Straße zwischen Büro und Wohnbezirk befindet, nicht weit entfernt vom Tatort. So nahmen sie an, dass Shi Dongyu und der Geschädigte zur gleichen Zeit auf der gleichen Straße unterwegs gewesen waren. Zudem legten sie selber zu Fuß die Strecke vom Forstbetrieb zum besagten Bahnhof ab und konnten so zeigen, dass man dafür etwa 20 Minuten braucht. Zusammengefasst, die Ermittler waren der Meinung, dass Shi Dongyu Zeit für die Begehung der Tat gehabt hatte.

Am Abend des 6. April durchsuchten die Ermittler Shi Dongyus Wohnung, wo sie eine Uniform mit Blutspuren und ein Obstmesser mit schwarzem Plastikgriff sicherten. Der Brustteil der Uniform war zerrissen, drei Knöpfe waren ab, die sich aber in einer Tasche des Kleidungsstücks fanden. Die gerichtsmedizinische Untersuchung ergab die Blutgruppen 0 und A für die Blutspuren auf der Kleidung und A für den Toten Guan Chuansheng. Auf dem Obstmesser fanden sich keine Blutspuren, aber die Klinge passte zur Wunde des Toten. Shi Dongyu wurde umgehend einem Verhör unterzogen. Anfangs beharrte er darauf, keinen Mord begangen zu haben, und erklärte, dass die Blutspuren auf dem Kleidungsstück von seinem Vater und seinem jüngeren Bruder stammten und auf eine tätliche Auseinandersetzung mit dem Bruder am Nachmittag des 4. zurückgingen. Nach über 30-stündigem Verhör gestand Shi Dongyu schließlich den Mord an Guan Chuansheng.

Am 18. April 1989 genehmigte die Volksstaatsanwaltschaft der Stadt Yichun die Verhaftung von Shi Dongyu und erhob später öffentliche Klage wegen Mordes.

Vor Gericht widerrief Shi Dongyu sein Schuldgeständnis und beharrte darauf, keinen Mord begangen zu haben. Am 5. April 1991 verurteilte ihn das Mittlere Volksgericht der Stadt Yichun wegen Mordes zum Tode mit sofortiger Vollstreckung. Mit der Begründung, keinen Mord begangen zu haben, legte Shi Dongyu Berufung ein. Am 13. Mai entschied das Obere Volksgericht der Provinz Heilongjiang nach der Verhandlung, dass Tatsachen und Umstände, die zur Verurteilung Shi Dongyus geführt hatten, teilweise unklar, die Beweismittel nicht ausreichend waren. Es hob das erstinstanzliche Urteil auf, verwies den Fall zur Neuverhandlung zurück und listete eine Reihe von Ungereimtheiten auf, die weiterer Überprüfung bedurften, unter anderem: das Mordinstrument passte nicht ganz zu den Wunden der Leiche, auf dem Kleidungsstück waren Blutspuren zweier Blutgruppen, warum waren die Knöpfe in der Tasche des Kleidungsstücks usw.

Am 19. September 1991 verhandelte das Mittlere Volksgericht der Stadt Yichun erneut den Fall, in dem Shi Dongyu des Mordes verdächtigt wurde. Obwohl die Staatsanwaltschaft keine weiteren belastenden Beweismittel vorbringen konnte, war das Gericht der Ansicht, dass die Beweismittel in der Sache – die Zeugenaussagen, nach denen der Angeklagte Zeit zur Begehung der Tat gehabt hatte, des Mordinstruments, des kriminaltechnischen Gutachtens und der Tatortberichte – die Beweismaßstäbe der „zwei Wesentlichen" – der Sachverhalt ist im Wesentlichen klar, die Beweismittel sind im Wesentlichen überzeugend und ausreichend – erfüllten. Am 2. Dezember verurteilte das Gericht Shi Dongyu zum Tode mit zweijährigem Vollzugsaufschub. Bei der Entgegennahme des Urteils vermerkte Shi Dongyu auf dem Protokoll der Urteilsverkündung zunächst: „Ich nehme das Urteil nicht an und lege Berufung ein", änderte aber anschließend in „lege keine Berufung ein". Am 7. Januar 1992 übergab das Mittlere Volksgericht der Stadt Yichun den Fall an das Obere Volksgericht der Provinz zur Überprüfung des Todesurteils, das am 26. Februar bestätigt wurde. Am 31. August des gleichen Jahres wurde Shi Dongyu zur Strafverbüßung in die Haftanstalt Bei'an eingeliefert.

Im April 1994 machte der vom Amt für Öffentliche Sicherheit der Stadt Yichun eingesperrte vermummte Einbrecher und Räuber Ma Yunjie folgende schriftliche Anzeige: „Ich will mich darum verdient machen, ein Leben zu retten. Der Mord am 5. April 1989 wurde nicht von Shi Dongyu begangen, der wahre Mörder ist Liang Baoyou!" Der Polizei erzählte er, was er wusste: Als ich in den frühen Morgenstunden des 6. April bei den Bahnschienen Frühsport machte, sah ich, wie Liang Baoyou den Hang heruntergelaufen kam, auf seiner Kleidung waren viele Blutspuren. Ich fragte ihn, was passiert sei, Liang Baoyou antworte, nichts, Schweineschlachten. Zwei Tage später lud er mich ein, was trinken zu gehen. Dabei erzählte er mir, dass er an dem Abend, als im Forstbetrieb Stromausfall war, am Eingang des Büros vom Forstbetrieb auf Xia Baoxi gewartet habe, um mit ihm abzurechnen. Nach 23 Uhr sei jemand aus dem Büro gekommen, Größe und Gestalt hätten zu Xia gepasst. Er sei ihm gefolgt und habe mit einem Dolch wild auf den Rücken jener Person eingestochen. Diese habe sich umgedreht, um die Waffe abzuwehren, und einen Schrei ausgestoßen. Erst in diesem Moment habe er festgestellt, dass die Person gar nicht Xia Baoxi, sondern Guan Chuansheng war. Da Guan ihn bereits erkannt hatte, habe er keine andere Möglichkeit mehr gesehen als Fehler Fehler sein zu lassen, erneut das Messer gezogen und ihm an der Brust, am Rücken und an den Schulterblättern mehr als 10 Stiche zugefügt. Daraufhin sei er zur Bahnstation Honglin gelaufen, auf die kleine Waldbahn gesprungen und bergab gefahren.

Dieser Umstand war für das Obere Volksgericht der Provinz Heilongjiang, das Mittlere Volksgericht der Stadt Yichun und das Amt für Öffentliche Sicherheit von großem Wert, umgehend wurde eine Sondergruppe zur erneuten Überprüfung des Falls „5. April 1989" zusammengestellt. Die fand schnell heraus, dass Liang Baoyou während einer tätlichen Auseinandersetzung am 26. Oktober 1990 erstochen worden war, aber seine Mutter konnte bestätigen, dass Ma Yunjie die Wahrheit gesagt hatte. Zudem entdeckten die Mitarbeiter der Gruppe in Shi Dongyus Akte Lücken und bei den Beweismitteln sich widersprechende Stellen. Das allein reichte jedoch nicht aus, um das Ersturteil zu kippen. Könnte durch ein DNA-Gutachten nachgewiesen werden, dass die Blutspuren auf Shi Dongyus Kleidung nicht von dem Geschädigten Guan Chuansheng stammten, läge ein äußerst gewichtiges Beweismittel vor, um das Urteil zu revidieren. Die Mitarbeiter der Sondergruppe redeten sich den Mund fusselig, bis sie das Einverständnis von Guan Chuanshengs Angehörigen erhielten und am 13. Oktober sein Grab öffnen konnten, um Sachbeweise wie Schädelknochen und Haare zu sichern.

Am 25. Oktober 1994 kamen Mitarbeiter der Sondergruppe mit den obigen Sachbeweisen und Shi Dongys blutbefleckter Kleidung nach Peking. Zuerst suchten sie das Zentrum für technische Gutachten über Sachbeweise der Volksuniversität Chinas auf und erkundigten sich, ob ein DNA-Gutachten über alte Blutspuren und menschliche Knochen möglich sei. Damals verfügten wir nicht über die Voraussetzungen, um DNA-Gutachten durchzuführen, und vermittelten deshalb den Kontakt zum Amt für Öffentliche Sicherheit der Stadt Peking. Dessen Abteilung für kriminalistische technische Gutachten konnte auch ohne DNA-Gutachten die Fragen lösen. Ihr Sachverständigengutachten zur Blutgruppe ergab AB für den Geschädigten Guan Chuansheng, für die Blutspuren auf der Kleidung des Angeklagten Shi Dongyu A und 0, die mit denen seines Vaters und jüngeren Bruders identisch waren. Das Blut auf der Kleidung von Shi Dongyu stammte also nicht von dem Geschädigten Guan Chuansheng! Und der damalige Gerichtsmediziner hatte die Blutgruppe des Geschädigten sogar noch fälschlich als A bestimmt!

Am 12. April 1995 verkündete das Obere Volksgericht der Provinz Heilongjiang feierlich, dass das Mittlere Volksgericht der Stadt Yichun im Anschluss an die Untersuchungen der Behörden für Öffentliche Sicherheit den Mordfall Shi Dongyu erneut verhandelt und ihn freigesprochen hatte. Am 22. April verließ er als Unschuldiger die Haftanstalt Bei'an. Nach Koordinierung gewährte die lokale Regierung Shi Dongyu zum Schluss eine Entschädigung in Höhe von ca. 60.000 Yuan. Der Schaden, der ihm und seiner Familie durch diesen Justizirrtum zugefügt worden war, war allerdings gewaltig und auch nicht wiedergutzumachen oder in irgendeiner Weise zu ersetzen. Shi Dongyu hatte mehr als 5 Jahre Freiheit eingebüßt, seine Braut hatte ihn verlassen, seine ältere Schwester war auf dem Weg zu einem Besuch in der Untersuchungshaftanstalt von einem Zug tödlich erfasst worden, seine jüngere Schwester hatte die Familie mit unbekanntem Verbleib verlassen, seine Eltern hatten überall erfolglos Petitionen eingereicht und waren schließlich in der Gosse gelandet ...

Zwar konnten die Medien damals noch nicht so offen schreiben, doch die „Legal Daily" und andere Zeitungen und Zeitschriften berichteten über diesen Justizirrtum, der mir Inspirationen gab für das erste Buch aus der Reihe „Romane über Rechtsanwalt Hong", „Blood Crime", an dem ich gerade arbeitete. Dieser Roman wurde später nicht nur in Kurzzeichen auf dem chinesischen Festland und in Langzeichen auf Taiwan veröffentlicht, sondern auch in französischer, italienischer, spanischer und englischer Übersetzung herausgegeben. Der Justizskandal Shi Dongyu führte dazu, dass ich mein Augenmerk auf Fehlurteile in Strafsachen gerichtet habe. Aber erst 2005, nachdem der Justizskandal She Xianglin aus Hubei ans Licht geraten war, begann ich mit systematischen empirischen Studien zu Fehlurteilen in Strafsachen in Festland-China.

Im Jahr 2013 gerieten Justizskandale und -irrtümer immer wieder in den Fokus der Aufmerksamkeit der Bevölkerung Festland-Chinas. Am 26. März verkündete das Obere Volksgericht der Provinz Zhejiang die Unschuld von Zhang Hui und Zhang Gaoping, die 2003 wegen Vergewaltigung und Mordes ins Gefängnis gekommen waren. Am 25. April verkündete das Mittlere Volksgericht der Stadt Pingdingshan in der Provinz Henan die Unschuld von Li Huailiang, der 2001 wegen Vergewaltigung und Ermordung eines Mädchens im Gefängnis gelandet war. Am 22. Mai verurteilte das Mittlere Volksgericht der Stadt Jiaxing in Zhejiang Xiang Shengyuan als den wahren Täter im Raub- und Mordfall an der Taxifahrerin Xu Caihua aus Xiaoshan, und am 2. Juli hob das Obere Volksgericht der Provinz Zhejiang schließlich das Urteil gegen Tian Weidong, Chen Jianyang, Wang Jianping, Zhu Youping und Tian Xiaoping auf, die wegen dieser Sache ins Gefängnis gekommen waren. Am 13. August verkündete das Mittlere Volksgericht der Stadt Bengbu in der Provinz Anhui die Unschuld von Yu Yingsheng, der 1996 wegen Verdachts auf Ermordung seiner Ehefrau im Gefängnis gelandet war. Angefangen vom Justizskandal von Onkel und Neffe Zhang aus Zhejiang über den von Li Huailiang aus Henan, über den der fünf Jugendlichen aus Xiaoshan und weiter über den von Yu Yingsheng aus Anhui – Fehlurteile, die nicht hätten ergehen dürfen, wiederholen sich eins nach dem anderen. Als Rechtswissenschaftler müssen wir den Gründen für das Entstehen solcher Skandale in unserem Justizsystem ernsthaft nachgehen.

Für dieses Buch habe ich zwei typische Justizskandale ausgewählt, erzähle in literarischer Form die Geschichten hinter den Fehlurteilen und gehe den Ursachen der Justizirrtümer nach. Basierend auf den Ergebnissen der relevanten empirischen Studien habe ich die Gründe für das Entstehen solcher Skandale in zehn großen Fehlerbereichen zusammengefasst. Meine Hoffnung ist, dass die Erkenntnisse über diese Fehlerbereiche zu einer Vervollkommnung von Chinas (wenn ich in diesem Buch von „China" spreche, ist im allgemeinen Festland-China gemeint) Justizsystem in Strafsachen und besseren professionellen Fähigkeiten von Ermittlern, Staatsanwälten und Richtern zur Verhinderung von Justizirrtümern führen können.

Deutschland habe ich vier Mal besucht, das erste Mal im Januar 2001. Damals war ich als Mitglied einer chinesischen Delegation aus dem Justizbereich, die sich über Erfahrungen von EU-Ländern im Bereich der Gesetzgebung zu Beweismitteln in Strafsachen informieren wollte, für eine Woche in Trier. Trier ist eine kleine Stadt mit einer über 2000-jährigen Geschichte, sie hat viele Kulturdenkmäler und ist zudem die Heimat von Karl Marx. Die zweite Reise fand im Mai 2004 statt. Als Leiter des Forschungsprojekts „Über den Einigungsprozess der EU im Bereich der Krimimaljustiz" besuchte ich mit ein paar jungen Wissenschaftlern Holland, Schweden und weitere Länder. Wir hatten zwei Autos gemietet, fuhren von Den Haag in den Niederlanden nach Köln in Deutschland und besuchten dort den majestätischen Dom. Der dritte Aufenthalt war von Juni bis August 2010. Auf Einladung von Prof. Sieber, Direktor am Max-Planck-Institut für ausländisches und internationales Strafrecht, war ich mit meiner Frau zum akademischen Austausch in Freiburg und erlebte in der „Schwarzwald-Region" die Harmonie zwischen Mensch und Natur. Der vierte Besuch war vom 5. bis 8. Mai 2014. Auf Einladung der Körber-Stiftung hielt ich in Hamburg eine Rede mit dem Titel „China: Kampf gegen Korruption – Ansichten eines Wissenschaftlers". In Berlin nahm ich noch an einem von Nora Müller, Programmleiterin des Bereichs Internationale Politik der Körber-Stiftung, gegebenen Abendessen teil, bei dem ich einen Vortrag über gegenwärtige gesellschaftliche Probleme und die Entwicklung des Rechtssystems in China hielt. Diese vier Besuche vermittelten mir gewisse Kenntnisse des deutschen Rechtssystems. Besonders tiefen Eindruck hinterlassen hat die Gewohnheit der Deutschen, sich an Recht und Ordnung zu halten, und ich habe in der Tat einige Erfahrungen gesammelt, die nützlich sind für das Vorantreiben der Justizreformen und des Aufbaus einer Herrschaft durch das Recht. Es wäre eine besondere Ehre, sollten meine Forschungsergebnisse zu den in diesem Buch vorgestellten Fehlurteilen in Strafsachen in China auch dem deutschen Leser als nützliches Referenzmaterial dienen.

Chixingzhai-Blog, Beijing, Mai 2014 *He Jiahong*

Kapitel 1
Schlampig verhängte Todesstrafe – der Justizskandal Teng Xingshan

I Die mysteriöse junge Wanderarbeiterin

In der Region Huaihua im Westen der Provinz Hunan, zwischen dem Xuefeng- und Wuling-Gebirge im Nordosten der Yunnan-Guizhou-Hochebene, liegt der Kreis Mayang. Diese Region ist von Bergketten gesäumt, dicht bewaldet, von Flüssen durchzogen und reich an Wasser. So heißt es seit eh und je über sie: „Die Kiefern ragen in den Himmel und finden kein Ende, die Berge sind hoch, die Wasser klar und fließen ewig." In Mayang gibt es über 200 Flüsse und Bäche, die alle von den Bergen harab im Jinjiang-Fluss zusammenströmen, den die Einheimischen „Mayang-Fluss" nennen. Mayang ist nach Norden, Süden und Westen von Bergketten umgeben, sein zentraler Teil ist eine Ebene, die topografisch nach Osten hin abflacht. Der Hauptarm des Jinjiang erreicht Mayang von Südwesten, durchquert die Ebene von Süd nach Nord, dreht am Nordende der Ebene wieder nach Süden und verlässt den Kreis in einer Kurve gen Osten. In der Flusskurve ist der Wasserlauf breit, und es sind einige Sandbänke entstanden, eine davon ist die Malan-Sandbank. Zur Regenzeit sind sie zu allen Seiten von Wasser umgeben und werden zu Inseln, aber zur Trockenzeit gibt es unbefestigte Wege, die die Verbindung zum Flussufer herstellen. Auf den Sandbänken wachsen viele Pflanzenarten und siedeln verschiedenste Vögel – wie viele Geheimnisse birgt diese Wildnis!

Mayang ist ein kleiner, in den Bergen gelegener Kreis mit nurmehr 100.000 Einwohnern, von denen Angehörige der Miao-Nationalität mit ca. 70% die Mehrheit ausmachen. Im Zuge der wirtschaftichen und kulturellen Verflechtung verschmelzen die Miao allerdings allmählich mit der Han-Nationalität. Überall wird Han-Chinesisch gesprochen, Sitten und Gebräuche sind weitgehend identisch, so dass man von den „reifen Miao" spricht. „Wohnen am Berghang, mehrere Haushalte ergeben ein Dorf" ist Tradition der Miao, ihre Dörfer liegen deshalb verstreut in abgelegenen, schwer zugänglichen Bergregionen. In den dortigen Miao-Dörfern ist ein Volksreim überliefert: „Schwierig sind der Berge Pfade, nirgends lauert mehr Gefahr, Schwesterchen zerreißt' s den Rock, Brüderchen hat Loch im Schuh." Doch die Jinjiang-Ebene des Kreises Mayang ist ein Verkehrsknotenpunkt der Hochebene von Guizhou nach Südchina mit relativ entwickeltem Handel. So wird sie seit eh und je „Tor nach und aus West-Hunan" genannt. Die Großgemeinde Gaocun, die in der Kurve des Jinjiang-Flusses liegt, ist ein alter Handelsort. In der Zeit der Song-Dynastie *[Anm. d. Ü.: 10.–13. Jh. n. Chr.]* trug sie den Namen „Stadt Fuzhou", heute ist sie Sitz der

Kreisregierung von Mayang. Der Fluss durchquert den Ort, die Bewohner zu beiden Ufern verkehren im Allgemeinen per Fähre miteinander. Am Oberlauf der Malan-Sandinsel liegt der betriebsame Manshui-Fährübergang. Der scheint sehr davon zu profitieren, dass im Dorf Manshui der Drachenkönig-Tempel steht – auch Panhu-Tempel genannt, der die Panhu-Kultur der Miao repräsentiert *[Anm. d. Ü.: mythischer Hundeahn, -stammvater]*, und in dem die Räucherstäbchen ewig brennen. Die Straßen von Gaocun sind schachbrettartig angelegt und gesäumt von Läden. Sie hat das Flair einer umtriebigen Grenzstadt, und so kommen auch manche Leute aus Guizhou hierher, um Handel zu treiben oder sich als Arbeiter zu verdingen.

Am frühen Morgen des 27. April 1987 entdeckte ein in der Kreisstadt Mayang wohnender alter Mann beim Frühsport einen nahe der Malan-Sandinsel im Fluss treibenden Gewebesack aus Kunststoff. Er zog ihn ans Ufer und öffnete ihn – drinnen war ein menschliches Bein! Umgehend verständigte er die Polizei. Zuerst trafen Polizisten des Reviers ein, dann Tatortbeamte der Kriminalpolizei der Kreisstadt. Bei der Tatortarbeit und weiterer Suche stießen sie auf sechs Leichenteile – Schädel, Rumpf, Arme, Beine. Der Gerichtsmediziner urteilte, dass es sich bei der toten Person um eine junge Frau handele.

Die Nachricht über diesen sensationellen Mordfall mit einer zerstückelten Leiche in dem kleinen Mayang schreckte nicht nur die einheimische Bevölkerung auf, sondern auch die lokale Führung. Er ereignete sich just in einer speziellen Phase der Entwicklung der Strafjustiz in Festland-China. Die wirtschaftliche Entwicklung im Zuge der Reform- und Öffnungspolitik der Zentralregierung brachte so manche soziale Probleme mit sich, in vielen Regionen stieg die Kriminalitätsrate rapide an. Am 25. August 1983 erließ das Politbüro des Zentralkomitees der Kommunistischen Partei Chinas den „Beschluss zur entschlossenen Bekämpfung von Straftaten" und forderte von den Behörden für Politik und Recht im ganzen Land, „hart, schnell und entschlossen kriminalistische Aktivitäten zu bekämpfen". Am 2. September verabschiedete der Ständige Ausschuss des Nationalen Volkskongresses den „Beschluss zur harten Bestrafung von Kriminellen, die die soziale Ordnung schwerwiegend gefährden" und den „Beschluss zum Prozedere eines schnellen Gerichtsverfahrens für Kriminelle, die die soziale Ordnung schwerwiegend gefährden". Ersterer bestimmte, dass bei Straftaten, die die soziale Ordnung schwerwiegend gefährdeten, höhere Strafen als die im „Strafgesetz" festgelegten Höchststrafen bis hin zur Todesstrafe verhängt werden konnten[1]. Der andere Beschluss legte

---

1 Während der Kampagne „Hart zuschlagen" war es keine Seltenheit, dass geringfügige Straftaten schwer bestraft wurden. So wurde 1983 in Xi'an Ma Yanqin, eine Frau mittleren Alters, die eine nicht genehmigte private Tanzveranstaltung organisiert hatte, der „Promiskuität" angeklagt und vom Gericht wegen Schurkentums zum Tode verurteilt. 1984 wurde der 20-jährige Pekinger

fest, dass bei schweren Straftaten die Gerichtsverhandlungen rasch und umgehend zu erfolgen hatten, und die Berufungsfrist wurde von den im „Strafprozessgesetz" festgelegten 10 Tagen auf 3 Tage verkürzt. Diese Beschlüsse bildeten den Auftakt für die kampagnenartige Rechtsdurchsetzung „hart zuschlagen". Vor diesem politischen Hintergrund widmete die Leitung der übergeordneten Behörde für Öffentliche Sicherheit dem widrigen und schweren Fall in Mayang größte Aufmerksamkeit und ordnete an, dass das Amt für Öffentliche Sicherheit des Kreises Mayang ihn innerhalb eines Monats aufzuklären habe. Dieses setzte daraufhin die Sonderermittlungsgruppe „27. April – Mord mit zerstückelter Leiche" ein. Kommandoführer war der Leiter des Amts, die Kriminalpolizei, assistiert von der Polizeistation, war für die Durchführung zuständig, und mit großem Aufwand begann die Fahndung nach dem Mörder.

Durch Analyse und Diskussion gelangte die Sonderermittlungsgruppe zu der Ansicht, dass die Wahrscheinlichkeit eines „Liebesmordes" relativ groß, die eines „Rachemordes" oder „Mordes aus Geldgründen" eher gering war. Und so setzten die Ermittlungen hauptsächlich an zwei Punkten an: zum einen führten die Ermittler der Polizeistation Untersuchungen und Besuche in der Kreisstadt und Umgebung durch, um Hinweise auf Verdächtige, die möglicherweise mit dem Mord in Zusammenhang standen, insbesondere Personen, die „illegale sexuelle Beziehungen" unterhielten, zu finden. Zum anderen holten sie unter Einschaltung aller Reviere sowie der Dorf- und Gemeinderegierungen Informationen über Vermisste ein, um die Identität der Toten festzustellen.

Weil das Amt für Öffentliche Sicherheit des gesamten Kreises Mayang damals nur über zwei Jeeps verfügte, konnten die Ermittlungsbeamten Untersuchungen und Besuche nur mit dem Fahrrad oder öffentlichen Verkehrsmitteln durchführen. Nach einer Woche waren die Ermittlungen nur schleppend voran gekommen, doch es gab erste Resultate. Von Wang Mingzheng und anderen Fährleuten am Manshui-Fährübergang erfuhren die Ermittler, dass sie auf dem Wasser treibende Leichenteile gesehen hatten. Ihre Suche am Flusslauf weiter oberhalb konnte die Herkunft dieser Leichenteile jedoch nicht klären. Ein Bewohner des Dorfs Malan auf der Südseite des Jinjiang berichtete, er habe eines Nachts eine Frau auf der Malan-Sandbank furchtbar schreien und um Hilfe rufen hören. Die Ermittler führten Untersuchungen vor Ort durch, aber da es kurz zuvor stark geregnet hatte, konnten keine verdächtigen Spuren gefunden werden. Anzeigen aus der Bevölkerung folgend machten die Ermittlungsbeamten Personen ausfin-

Niu Yuqiang wegen Diebstahls einer Mütze, Zerschlagens von Glas und Schlägerei vom Gericht wegen Schurkentums zum Tode mit zweijährigem Vollzugsaufschub verurteilt. Er war der letzte, der in Festland-China wegen „Schurkentums" verurteilt wurde.

dig, denen ein „promiskuitives Sexualleben“ nachgesagt wurde, aber die Frauen waren unversehrt und hatten mit dem Fall offensichtlich nichts zu tun. Dafür entdeckten sie unter all den eingegangenen Vermisstenmeldungen zwei interessante Objekte: eines war eine Jugendliche aus der Gegend, Zhan Jinlian, das andere eine zugezogene junge Frau, „Sechste Schwester Yang“.

Zhan Jinlian stammte aus Gaocun, ihre Familie wohnte auf der Südseite des Flusses, nicht weit entfernt von der Malan-Sandinsel. Ihre Mutter Tang Fengying hatte der Polizei gemeldet, dass ihre Tochter eine Beziehung mit einem Mann begonnen hatte und dann verschwunden war, bereits vor über einem Monat. Die ganze Zeit hatte sie Angst, dass ihre Tochter umgebracht worden sein könnte. Nachdem sie eines Tages einen Typen von der Fähre sagen gehört hatte, dass im Fluss eine Frauenleiche mit zerteiltem Kopf getrieben habe – ein entsetzlicher Anblick! – , war sie zum Amt für Öffentliche Sicherheit gelaufen, um sich weiter zu erkundigen, denn sie war sicher, dass es die Leiche ihrer Tochter war. Recherchen bestätigten, dass Zhan Jinlian vermisst wurde, äußere Merkmale von ihr hatten zudem Ähnlichkeit mit denen des Leichnams, und so wurde ein Gerichtsmediziner beauftragt, ein Blutgruppengutachten durchzuführen. Die Tote hatte A, Zhan Jinlian jedoch 0, und so konnte ausgeschlossen werden, dass es sich bei der Toten um Zhan Jinlian handelte.

Sechste Schwester Yang gehörte zum Servicepersonal des „Gasthaus am Platz“ in der Kreisstadt. Zwei Ermittlungsbeamte suchten den Manager des Gasthauses, Liu Kuoyuan, auf, der bei der Polizei Meldung gemacht hatte. Dieser Manager Liu war über 30, gewandt in Rede und Auftreten. Die Ermittler erfuhren von ihm, dass Sechste Schwester Yang aus dem südwestlich von Mayang gelegenen Kreis Songtao in der Provinz Guizhou stammte. In ihrer Familie waren sie zu sieben Schwestern, „Liu Mei“ – Sechste Schwester – war die Sechstgeborene. Bereits früh hatte sie die Heimat verlassen, um Arbeit zu suchen, weil die Familie Schwierigkeiten hatte, für den Lebensunterhalt aufzukommen. Auch ihre ältere Schwester, die Fünftgeborene, hatte im „Gasthaus am Platz“ im Service gearbeitet, im Oktober des vergangenen Jahres aber gekündigt und war nach Hause zurückgekehrt. Im Dezember des Vorjahres war Sechste Schwester Yang auf Vermittlung dieser Schwester alleine nach Mayang gekommen, hatte sich jedoch nur wenige Tage aufgehalten und war wieder nach Hause gefahren. Nach dem Frühlingsfest dieses Jahres war sie nach Mayang zurückgekehrt und hatte angefangen, im Gasthaus im Servicebereich zu arbeiten. Manager Liu sagte, er habe keine Ahnung, wie die Frau wirklich heiße. Damals wurden für die Landbevölkerung noch keine Personalausweise ausgestellt[2]; wenn Leute von außerhalb zum Arbei-

2 In Festland-China wurde ab 1984 probeweise in Beijing das System der Ausstellung von Personalausweisen für dort registrierte Einwohner eingeführt. Am 6. April 1986 genehmigte und

ten kamen, reichte die Angabe eines Namens aus. Die Fünfte Schwester hatte sich Yang Xiaoyan genannt, als sie im Gasthaus arbeitete; alle hatten sie mit „Kleine Yang" angeredet. Nachdem die Sechste Schwester Yang gekommen war, nannten alle auch sie „Kleine Yang" oder „Sechste Schwester". Diese „Kleine Yang" sah gut aus und war intelligent. Schon nach kurzer Zeit in Mayang kannte sie viele Leute und ging ab und zu abends mit Leuten aus. Vor ungefähr einem Monat war sie ohne Entschuldigung nicht zur Arbeit gekommen. Manager Liu hatte dem jedoch keine Beachtung geschenkt, denn es kommt oft vor, dass diese Arbeiterinnen aus der Provinz sagen, dass sie gehen wollen und wirklich sofort weg sind, daran ist nichts Überraschendes. Als er dann erfuhr, dass am Flussufer die Leiche einer jungen Frau entdeckt worden war, fand er, er dürfe die Sache mit der „Kleinen Yang" nicht verheimlichen, und erstattete Meldung beim Amt für Öffentliche Sicherheit.

Der Beschreibung Manager Lius nach fanden die Ermittler, dass die äußeren Merkmale der „Kleinen Yang" denen der Toten ähnelten. Das konnte jedoch nicht eindeutig bestätigt werden, weil der Leichnam nicht unversehrt, das Jochbein gebrochen war, das Gesicht schwere Verletzungen aufwies und auf den Leichenteilen keine besonderen Narben oder Leberflecken zu finden waren. Darüber hinaus waren die Leichenteile nicht bekleidet, es gab nur den in der Gegend gebräuchlichen Gewebesack aus Kunststoff, der nicht als Beweismittel zur Klärung der Identität der Toten herhalten konnte. Die Ermittler hatten bereits erfahren, dass die Tote die Blutgruppe A hatte, doch weil sie keine Blutproben oder Haare der „Kleinen Yang" gefunden hatten, war ein Vergleich unmöglich.

In den Diskussionen über den Fall nahm der überwiegende Teil der Sondergruppe an, dass es sich bei der Toten um die „Kleine Yang" handelte. Um bei der Identitätsfeststellung voran zu kommen, riefen Ermittler beim Amt für Öffentliche Sicherheit des Kreises Songtao in der Provinz Guizhou an und baten um Mithilfe bei der Suche nach einer „Yang Xiaoyan" und einer „Sechsten Schwester Yang". Zwei Tage später teilte die Polizei von Songtao mit: „Personen unbekannt". Nachdem bereits Licht am Ende des Tunnels gesehen worden war, hätte keiner gedacht, dass diese mysteriöse „Kleine Yang" wieder eine undeutliche

---

verteilte der Staatsrat die Mitteilung des Ministeriums für Öffentliche Sicherheit, „Bitte um Anweisungen zu einigen Fragen die Ausstellung von Personalausweisen für registrierte Einwohner betreffend" und veröffentlichte im gleichen Jahr die „Bestimmungen der Volksrepublik China zur probeweisen Einführung von Personalausweisen für registrierte Einwohner". Das markierte den Beginn der Verwaltung der gemeldeten Wohnsitze der Bevölkerung in Form von Ausweisen, doch landesweit zog sich der Prozess der Ausstellung von Personalausweisen für Einwohner bis in die 90er Jahre hin.

Spur werden würde. Ermittler äußerten Zweifel: könnte dieser Manager Liu gelogen haben?

Im „Gasthaus am Platz“ und in der Umgebung befragten die Ermittlungsbeamten Mitarbeiter des Gasthauses und Anwohner. Sie fanden heraus, dass die „Kleine Yang“ mit vielen Leuten aus unterschiedlichen Kreisen verkehrt hatte – mit Männern und Frauen, Arbeitern und Geschäftsleuten. Manchmal sei sie abends noch mit Männern ausgegangen, vielleicht um „das zu tun“. Auch hatte die „Kleine Yang“ anderen Bediensteten gesagt, sie wolle nicht mehr im Gastbetrieb arbeiten, sie habe vor, zusammen mit anderen einen Arzneimittelhandel aufzuziehen. Die Ermittler erfuhren auch, dass Manager Liu die „Kleine Yang“ schon von früher kannte. Er war es gewesen, der die Fünfte Schwester Yang im vergangenen Jahr nach Hause begleitet hatte.

Auf der Polizeistation von Gaocun zogen die Ermittler Erkundigungen über Manager Liu ein. Sie erfuhren, dass er vor einem Jahr das „Gasthaus am Platz“ gepachtet hatte, ab und zu nebenher aber auch Arzneimittelhandel betrieb. Und einen weiteren Umstand erfuhren sie: die „Kleine Yang“ war bei der Polizei aktenkundig. Wegen einer von ihr angezettelten Schlägerei war sogar mal ein Mann aufs Revier gekommen, das dann extra einen Polizisten zu ihr geschickt hatte, um ihr nahezulegen, Mayang zu verlassen. Diese „Kleine Yang“ schien wirklich „einiges zu erzählen“ zu haben!

Die von oben angeordnete „Frist zur Aufklärung des Falls“ war verstrichen, doch noch immer zeichneten sich keine festen Konturen für eine Lösung ab. Weil die Leitung des Amts für Öffentliche Sicherheit von Mayang unter großem Druck stand, beschloss sie, die Kontakte dieser mysteriösen „Kleinen Yang“ in Mayang als Spur zu verfolgen und an der Ermittlungsrichtlinie „Kombination von Professionalität und Massenlinie“ festzuhalten: zum einen Mobilisierung der Bevölkerung, die Spuren von verdächtigen Personen oder Sachen liefern sollte, zum anderen Mobilisierung der Polizeikräfte, um erst der Sache auf den Grund zu gehen und dann Tatverdächtige ausfindig zu machen. Eine Zeit lang war ungefähr die Hälfte der dortigen Polizeikräfte in die Ermittlungen zu diesem Fall involviert.

II Der verdächtige Schweineschlachter

Einige Monate waren verstrichen, die Ermittlungen hatten gewisse Ergebnisse gebracht, doch ein substanzieller Durchbruch war nicht erzielt worden. Die Ermittler befragten erneut Manager Liu, der zugab, tatsächlich im vergangenen Jahr bei der „Kleinen Yang“ zu Hause gewesen zu sein. Damals hatte er in Songtao was zu erledigen gehabt und die Fünfte Schwester nach Hause begleitet, weil es auf dem Weg lag. Dort lernte er die Sechste Schwester kennen, die ihm sagte, auch sie wolle in Mayang arbeiten. Das lässt sich machen, war seine Antwort. Die Ermittler fanden Manager Liu seriös und freundlich im Umgang, er habe ein harmonisches Familienleben, kein Motiv für die Tat und auch nicht alleine mit der „Kleinen Yang" verkehrt. Und so räumten die Ermittlungsbeamten den Verdacht ihm gegenüber aus.

Im Oktober 1987 machten die Ermittlungsbeamten unter der von Manager Liu angegebenen Adresse die Familie der „Kleinen Yang" ausfindig. Tatsächlich stammte sie aus dem Kreis Songtao in der Provinz Guizhou, die Familie wohnte im Dorf Luping der Gemeinde Waxi. Sie wurde 1968 geboren, ihr richtiger Name lautete Yang Xiaorong. Für die Überprüfung ihrer Identität sicherten die Ermittler bei ihr zu Hause Proben von Kleidungsstücken und Haaren der „Kleinen Yang", ebenso von Haaren ihrer Schwestern. Das gerichtsmedizinische Gutachten ergab, dass Yang Xiaorong die Blutgruppe A hatte, die gleiche wie die Tote. Das überzeugte die Sonderermittlungsgruppe noch stärker, dass die Tote Yang Xiaorong – die „Kleine Yang" – sei. Bemühungen, anhand von Yang Xiaorongs Kontakten Verdächtige ausfindig zu machen, brachten jedoch keine Fortschritte. Manche Leute, mit denen sie verkehrt hatte, waren bereits vom Verdacht ausgeschlossen worden. Die Ermittlungen gerieten ins Stocken.

Das Niveau der Kriminalermittlungen in Festland-China war damals sehr niedrig, sowohl was Personal als auch Techniken betraf. In den 50er Jahren des 20. Jahrhunderts waren Theorien zu Kriminalermittlungen und diesbezügliche Erfahrungen von der ehemaligen Sowjetunion übernommen worden. Doch während der rechtlosen Zeit der Kulturrevolution hatten unter der revolutionären Parole „Polizei, Staatsaanwaltschaft und Gerichte zerschlagen" bei Kriminalermittlungen weder Rechtssystem noch Wissenschaft Geltung. Über allem stand die „Massenlinie"; nicht nur die „Diktatur der Massen" war gefordert, sondern auch „Aufklärung von Straffällen durch die Massen". So konnte bei Kriminalermittlungen weder Betonung auf Spezialisierung noch auf Wissenschaft und Technik gelegt werden. Manche lokale Sicherheitsbehörden kritisierten sogar öffentlich das „dreiköpfige Kommando" – das „Kameraobjektiv-Kommando", „Finger-Kommando" und „hundsköpfige Kommando". Polizeihunde waren nicht mehr gefragt, Fingerabdrücke interessierten nicht, und Fotografieren am Tatort wurde aufgegeben. War eine Tat passiert, mobilisierten die Ermittler die Massen; in den Städten stützten sie sich auf die Anwohnerkomitees, auf dem Land auf die Produktionsbrigaden. Weil die Kriminalitätsrate damals niedrig war und das einfache Volk sich sehr aktiv an der Aufklärung von Strafsachen beteiligte, wurden mit dieser Ermittlungsmethode tatsächlich viele Kriminalfälle gelöst.

Diese Verhältnisse hielten nach dem Ende der „Großen Kulturrevolution" noch eine Weile an. In den „Detailbestimmungen zu Kriminalermittlungen" des Ministeriums für Öffentliche Sicherheit aus dem Jahr 1978 war klar festgelegt, dass für Kriminalermittlungen die Richtlinie „sich auf die Massen stützen, die

Chance zum Kampf ergreifen, aktiv Ermittlungen anstellen, den Fall umgehend aufklären" gelte. Auch im 1979 verabschiedeten „Strafprozessgesetz" hieß es noch klar, dass die Ermittlungsbehörden und Gerichte sich „bei der Durchführung von Strafverfahren auf die Massen stützen" müssten. Seit der Reform- und Öffnungspolitik ab den 80er Jahren durchlief die Gesellschaft Festland-Chinas jedoch große Veränderungen. Zum einen sanken das moralische Niveau der Bürger und die öffentliche Glaubwürdigkeit der Regierung gleichermaßen ab. Die Bevölkerung war nicht willens, die „Regierung" bei der Aufklärung von Kriminalfällen zu unterstützen, Mitwisser waren nicht bereit, den „Offiziellen" Spuren zu liefern. Zum anderen wurde im Zuge der gesellschaftlichen Entwicklung und des technischen Fortschritts auch bei der Ausübung von Straftaten stetig „Neues aus Altem entwickelt", ihre Methoden wurden immer ausgefeilter. Angesichts dieser Veränderungen waren die herkömmlichen Ermittlungsmethoden der Sicherheitsbehörden nicht mehr auf der Höhe der Zeit. Die Parole von der „Massenlinie" wurde aufgegeben, Slogans wie „Kombination von Professionalität und Massenlinie", „Behandlung von Fällen auf der Grundlage des Rechts", „wissenschaftliche Behandlung von Fällen" kamen da wie gerufen. Für deren Umsetzung waren allerdings nicht nur entsprechende theoretische Untermauerung, sondern auch die nötigen Fachkräfte gefragt.

Die Rekrutierung von Ermittlungsbeamten erfolgte in jener Zeit hauptsächlich unter Absolventen der Fachschulen für Öffentliche Sicherheit und der Polizeischulen sowie unter Soldaten, die ins zivile Berufsleben wiedereingegliedert wurden. Bei der Fachausbildung wurden im Wesentlichen das Niveau „Fachmittelschule, Fach(ober)schule" und das Modell Fortbildung am Arbeitsplatz beibehalten. Um die Kriminalermittlungen zu modernisieren, musste das Ausbildungsniveau der Fachkräfte erhöht werden. Im Jahr 1979 wurden an der Südwest-Hochschule für Politik und Recht (in Chongqing) die ersten Bachelor-Studenten Festland-Chinas der Fachrichtung Kriminalermittlungen immatrikuliert. 1981 wurde die Kaderschule für Volkspolizisten des Ministeriums für Öffentliche Sicherheit erweitert zur Chinesischen Hochschule für Kriminalpolizei (in Shenyang), die ab dem Folgejahr Bachelor-Studenten aufnahm. 1984 wurde die Universität für Öffentliche Sicherheit der Volksrepublik China gegründet, Bachelor-Studenten unter anderem der Fachrichtung Kriminalermittlungen wurden in großer Zahl immatrikuliert. 1983 wurden an der Volksuniversität Chinas und der Chinesischen Universität für Politik- und Rechtswissenschaft die ersten Magisterstudenten Festland-Chinas der Fachrichtung Wissenschaft der Kriminalermittlungen zugelassen[3].

3 In jenem Jahr nahmen die Volksuniversität Chinas und die Chinesische Universität für Politik-

Gleichzeitig richtete sich nach zehnjähriger Unterbrechung die Aufmerksamkeit auch wieder auf theoretische Forschungen zu Kriminalermittlungen. 1979 publizierte die Abteilung III des Ministeriums für Öffentliche Sicherheit „Wissenschaft der Kriminalermittlungen“ – das erste Fachlehrwerk in Festland-China, das systematisch Kenntnisse über die Wissenschaft der Kriminalermittlungen vermittelte. Im gleichen Jahr gaben das Justiz- und das Bildungsministerium gemeinsam Jura-Lehrmaterialien für Hochschulen heraus. Eines dieser Lehrwerke, „Wissenschaft der Ermittlungen in Strafsachen“, wurde 1982 publiziert und wurde das erste von seiner Struktur her relativ umfassende Hochschul-Unterrichtsmaterial für die Wissenschaft der Ermittlungen. Diese theoretischen Forschungsergebnisse und Erfolge bei der Fachkräfteausbildung konnten in der Praxis der Kriminalermittlungen allerdings nicht sofort umgesetzt werden, erst recht nicht in einer so abgelegenen Kreisstadt wie Mayang.

Den Mitgliedern der Sonderermittlungsgruppe „27. April – Mord mit zerstückelter Leiche“ mangelte es nicht nur an theoretischem Wissen über Kriminalermittlungen, sondern auch an praktischen Erfahrungen zur Aufklärung eines solch komplizierten Falls mit einer unbekannten zerstückelten Leiche. Unter dem immensen Druck, diesen aufzuklären, gingen sie nach der Methode „gleichzeitig arbeiten und lernen“ vor, schlugen zum einen in relevanten Büchern nach und fragten zum anderen übergeordnete Experten um Rat. Anregungen verdankten die Ermittler zum Beispiel dem national einheitlichen Lehrwerk „Wissenschaft der Kriminalermittlungen“. Im 3. Abschnitt des 6. Kapitels dieses Buchs werden speziell „Ermittlungsmethoden bei Fällen mit unbekannten Leichen“ vorgestellt; zu den Methoden bei zerstückelten Leichen heißt es: „Anhand der Spuren an den Leichenteilen müssen Rückschlüsse auf die Werkzeuge, mit denen die Leiche zerstückelt wurde, gezogen werden, und anhand der Art und Weise, wie der Täter die Leiche zerstückelt hat, müssen Vermutungen angestellt werden, ob er über gewisse berufliche Qualifikationen verfügt.“[4]

In einer Diskussion der Sonderermittlungsgruppe über den Fall bemerkte einer: wie die Leiche zerstückelt wurde, ist ziemlich professionell, der Täter müsste jemand sein, der häufig mit Messern arbeitet. Von Leuten, die dieses Merkmal erfüllen, gibt es hauptsächlich zwei Kategorien, zum einen Chirurgen, zum anderen Schlachter. In dem kleinen Mayang gab es nicht viele Chirurgen,

---

und Rechtswissenschaft je zwei Studenten auf. Der Verfasser war einer der beiden Magisterstudenten der Volksuniversität Chinas.

4 Zhou Yingde (Hrsg.): Fanzui zhencha xue *[Wissenschaft der Kriminalermittlungen]*. Falü Chubanshe (Beijing) *[Verlag für Recht (Beijing)]* 1982, S. 303.

Schlachter dagegen nicht wenige. Der Schwerpunkt der Ermittlungen sollte sich daher auf die Schlachter aus der Gegend richten.

Abkehr von der Überprüfung der Personen, zu denen die „Kleine Yang“ Kontakt gehabt hatte, und zurück zur unbekannten Leiche – das ermöglichte neue Gedankengänge für die Ermittlungen und die Aufklärung des Falls. Wie es so schön heißt: wenn alle Hoffnungen schwinden, taucht ein Silberstreif am Horizont auf. Nach einer Weile weiterer Nachforschungen und Befragungen geriet ein Verdächtiger ins Visier der Ermittler.

Diese Person hieß Teng Xingshan. Er war 39 Jahre alt, Angehöriger der Miao-Nationalität, mit einem Grundschulabschluss. Seine Familie wohnte im Dorf Malan auf der anderen Flussseite der Kreisstadt. Teng Xingshan hatte in der Armee gedient; nach Wiedereingliederung ins Zivilleben hatte er Zhan Jinhua aus dem Nachbardorf geheiratet und eine Tochter und einen Sohn bekommen. In der Familie Teng gab es fünf Brüder, Xingshan war der zweitälteste. Auch nach der Heirat blieb er bei den Eltern wohnen. Er hatte zwar einen etwas grobschlächtigen Charakter und trank gerne, doch die Ehe war anfangs nicht schlecht. Mit der Zeit kam es zwischen den Eheleuten allerdings oft zu Streit, da Schwiegermutter und Schwiegertochter sich nicht verstanden. Als pietätvoller Sohn gehorchte er manchmal dem Befehl seiner Mutter und schlug seine Frau. 1982 ließen sich die beiden scheiden, die fünfjährige Tochter wurde der Mutter, der dreijährige Sohn dem Vater zugesprochen. Obwohl die Erwachsenen sich getrennt hatten, spielten die Kinder weiterhin oft miteinander. Teng Xingshan war Schlachter, am Dorfeingang hatte er eine kleine Metzgerei. Jemand erzählte den Ermittlern, dass Teng Xingshan sehr einsam sei und manchmal über den Fluss in die Kreisstadt fahre, um zu trinken und sich zu vergnügen. Angeblich war er auch im „Gasthaus am Platz“ gewesen, um „Frauen aufzusuchen“, und hatte ab und zu eine über Nacht mit zu sich nach Hause genommen. Bei Untersuchungen im Dorf Malan waren Ermittler Teng Xingshan begegnet; sie hatten das Gefühl, der Anblick von Polizei habe ihn nervös gemacht, wie wenn er was auf dem Gewissen hätte. Nach weiterer Analyse gelangten die Ermittler zu der Auffassung, dass Teng Xingshan sowohl Motive für die Tat hatte als auch die Voraussetzungen für deren Begehung erfüllte. Da er unter dringendem Tatverdacht stand, beschlossen sie, aktiv zu werden, um einen Durchbruch in den Ermittlungen zu erzielen.

Am 6. Dezember 1987 verhafteten Ermittlungsbeamte Teng Xingshan in seiner Metzgerei im Dorf Malan und brachten ihn zum Amt für Öffentliche Sicherheit der Kreisstadt. Den damaligen Gepflogenheiten entsprechend ordnete das Amt für Öffentliche Sicherheit nicht vorläufige Festnahme bis zur Ausstellung eines Haftbefehls an, sondern Lagerhaft.

„Lagerhaft“ war eine administrative Zwangsmaßnahme, die von den Sicherheitsbehörden während der „Großen Kulturrevolution“ angewendet wurde, um an wechselnden Orten begangene Straftaten eines Täters zu bekämpfen. In einem 1975 vom Staatsrat veröffentlichten Dokument wurde diese Methode sanktioniert und bestimmt, dass Sicherheitsbehörden von Städten auf der Verwaltungsebene von Präfekturen Untersuchungslager einrichten können. Um die Anwendung der Lagerhaft zu normieren, erließ der Staatsrat 1980 die „Mitteilung über die Zusammenführung der beiden Maßnahmen Zwangsarbeit und Lagerhaft in Umerziehung durch Arbeit". Darin hieß es: „Personen, die geringfügige Gesetzesverstöße bzw. Straftaten begangen haben, ihren wahren Namen und ihre Wohnadresse nicht preisgeben und deren Herkunft unklar ist, oder Personen, die geringfügige Gesetzesverstöße bzw. Straftaten begangen haben und deren Verübung an wechselnden Orten, Mehrfach- oder Bandentaten verdächtig sind und in Lagerhaft genommen werden müssen, um die Straftaten aufzuklären, werden zur Untersuchung in die Sonderabteilung eines Umerziehungslagers für Arbeit verbracht."

Lagerhaft wurde von den Behörden für Öffentliche Sicherheit angeordnet. Die Voraussetzungen dafür waren recht locker, die Haftdauer konnte drei Monate dauern. Vorläufige Festnahme bis zur Ausstellung eines Haftbefehls dagegen musste streng nach den Vorschriften des „Strafprozessgesetz(es)" durchgeführt werden. Auch diese wurde von den Behörden für Öffentliche Sicherheit angeordnet, durfte in der Regel aber 6 Tage nicht überschreiten, und selbst in schweren Fällen waren 10 Tage die Obergrenze. Aus diesem Grund ersetzten viele lokale Behörden für Öffentliche Sicherheit in der Anfangsphase von Ermittlungen die vorläufige Festnahme bis zur Ausstellung eines Haftbefehls durch Lagerhaft, wovon auch Verdächtige mit eindeutiger Identität betroffen waren. Aus diesem Grund erließ das Ministerium für Öffentliche Sicherheit 1985 die „Mitteilung über die strikte Begrenzung der Anwendung der Lagerhaft" und 1990 die „Konkrete(n) Bestimmungen zu Fragen der Grundlagen für die Genehmigung der Lagerhaft und der Revision". Zudem wies es die Behörden für Öffentliche Sicherheit der Städte auf der Verwaltungsebene von Präfekturen an, spezielle Untersuchungslager einzurichten, doch viele lokale Behörden für Öffentliche Sicherheit sperrten Personen, die in Lagerhaft gehört hätten, trotzdem in Untersuchungshaftanstalten.[5]

Wie vorab vereinbart, wendeten die Ermittlungsbeamten die Vernehmungsstrategie Zick-Zack-Methode an. Zu Teng Xingshan: „Wir haben Sie hergeholt, um

---

5 Als sich der vorliegende Fall ereignete, diskutierten gerade Experten und Akademiker aus Rechtskreisen die Frage, ob die Lagerhaft abgeschafft werden sollte. Manche waren der Ansicht, dass dieses System leicht zu Amtsmissbrauch führe und viele Mängel aufweise, und forderten entschlossen seine Abschaffung. Andere wiederum meinten, dass es ein kostbares rechtliches Gut sei, um an wechselnden Orten begangene Straftaten eines Täter zu bekämpfen, und sprachen sich vehement für die Beibehaltung aus. Mit der Revision des „Strafprozessgesetz(es)" 1996 wurde die Lagerhaft abgeschafft.

Ihre Beziehungen zu Frauen zu untersuchen. Hatten Sie mal was mit fremden Frauen?" Teng: „Ich bin geschieden, aber ich weiß, was sich gehört. Sowas ist nicht mein Stil." Ein Ermittler: „Jemand hat gehört, wie Sie in der Metzgerei gesagt haben, dass Sie derzeit mit einer Frau zusammen sind." Teng: „Angeberei." Ermittler: „Jemand hat gesehen, wie mitten in der Nacht eine Frau aus Ihrem Haus kam. Auch Angeberei?" Teng Xingshan sagte nichts. Auf wiederholte Nachfragen der Ermittler hin gab er zum Schluss zu, er kenne in der Kreisstadt eine Frau, mit der er eine Weile zusammen gewesen sei. Frage eines Ermittlungsbeamten: „Wie heißt diese Frau?" Teng Xingshan rückte stotternd heraus: „Weiß nicht, sie war nicht von hier." Ermittler: „Sie haben zu Hause mit Ihr geschlafen und wissen nicht, wie sie heißt?" Wieder sagte Teng nichts. Ermittler: „Waren Sie mal im „Gasthaus am Platz"?" Teng Xingshan: „Ja." Ermittler: „War diese Frau von dem Gasthaus?" Teng: „Weiß nicht." Ein Ermittler zog ein Foto von Yang Xiaorong hervor und fragte ihn, ob es sich bei der Frau um Yang Xiaorong handele. Teng Xingshan zögerte hin und her und sagte dann: „Hat 'ne gewisse Ähnlichkeit." Schlagartig änderte sich die Gesichtsfarbe der Ermittler, sie forderten ihn scharf auf, den Mord zu gestehen. Teng Xingshan erstarrte.

Im weiteren Verlauf der Vernehmung antwortete Teng Xingshan ziemlich wirr. Einmal sagte er, er habe nie was mit fremden Frauen gehabt, die Geschichte sei erfunden, ein anderes Mal äußerte er, die Frau, die er über Nacht mit zu sich nach Hause genommen habe, sei seine Ex-Frau gewesen, und dann wiederum sagte er, er habe tatsächlich im Hotel in der Kreisstadt eine Frau kennengelernt, die sei aber nicht die Frau auf dem Foto. Doch durchgehend stritt er ab, einen Mord begangen zu haben. Die Ermittler gingen abwechselnd ans Werk und wandten alle möglichen „Mittel" an; wenige Tage später legte Teng Xingshan ein „Geständnis" ab.

Diesem „Geständnis" nach hatte Teng Xingshan im „Gasthaus am Platz" eine junge Frau aus Guizhou kennengelernt, die „Kleine Yang" hieß, sie unterhielten eine „anrüchige Beziehung". An einem Abend in der letzten April-Dekade dieses Jahres hatte er die „Kleine Yang" mit zu sich nach Hause genommen, und nachdem sie Verkehr hatten, war sie gegangen. Das Geld, das er unterm Kopfkissen aufbewahrt hatte, war weg, er verdächtigte sie des Diebstahls und folgte ihr, holte sie aber erst auf der Malan-Sandbank ein. Da sie sich weigerte, ihm das Geld zurückzugeben, und sich, um Hilfe schreiend, mit allen Kräften wehrte, blieb ihm nichts anderes übrig, als sie bei lebendigem Leib zu ersticken. Von zu Hause holte er dann ein Messer, ein Beil und einen Gewebesack, zerstückelte den Leichnam der „Kleinen Yang" in sechs Teile und warf sie in den Fluss.

An jenem Tag soll Teng Xingshan humpelnd in die Zelle zurückgekehrt sein. Seine stark verletzten Hände und Füße reibend sagte er zu seinem Zellengenossen Cheng Gongliang: „So wie die mir mitgespielt haben – Verhöre, Schläge,

Beschimpfungen, kein Schlaf, wer hält das aus? Ich konnte nicht anders, ich habe einen Mord zugegeben." Danach weinte er still vor sich hin. Cheng Gongliang tröstete ihn: „Beruhig' Dich, die Regierung wird guten Menschen kein Unrecht tun." Teng Xingshan schluchzte: „Du sitzt wegen Glücksspiels und bist in ein paar Tagen draußen, aber meine Tat kostet mich den Kopf!"

Nach Teng Xingshans Geständnis nahmen die Ermittler ihn mit, um die Tatwerkzeuge zu sichern. Zu Hause sagte er zu seiner Familie: „Ich hab' keinen Mord begangen! Die Regierung wird mir kein Unrecht tun." Auf Aufforderung der Ermittlungsbeamten hin identifizierte er bei sich ein Messer und im Haus seines jüngeren Bruders ein Beil. Sie fotografierten ihn mit den Tatwerkzeugen und brachten diese und ihn zurück zum Amt für Öffentliche Sicherheit.

Acht Monate, nachdem der Fall „27. April – Mord mit zerstückelter Leiche" passiert war, war er endlich aufgeklärt. Die Leitung des Amts für Öffentliche Sicherheit des Kreises Mayang war überaus glücklich und bestellte extra zwei Tische in einem Restaurant, um den Erfolg zu feiern. Ein Vorgesetzter der übergeordneten Behörde rief an, als er den Bericht erhalten hatte, beglückwünschte die Mitglieder der Sonderermittlungsgruppe und beschloss, sie mit einer Auszeichnung zu ehren. Die konnten sich allerdings noch nicht in den Urlaub verabschieden, denn die Untersuchungen und Zusammentragung der Beweismittel war noch nicht abgeschlossen.

III Das rekonstruierte Schädelmodell aus Gips

Nachdem die Sondermittlungsgruppe „27. April – Mord mit zerstückelter Leiche" das Geständnis von Teng Xingshan erhalten und die Tatwerkzeuge gesichert hatte, begann sie mit der Sammlung ergänzender Beweismittel. Den Ermittlern war klar, dass einer der Knackpunkte des Falls die Feststellung der Identität der Toten war – aus der gleichen Blutgruppe konnten lediglich Rückschlüsse auf eine Kategorie gezogen werden, nicht aber darauf, ob es sich um ein und dieselbe Person handelte. Und so brauchten sie aussagekräftigere Beweise, um ihre Schlussfolgerung, dass es sich bei der Toten um Yang Xiaorong handele, zu stützen. Von Experten erfuhren sie, dass durch Gesichtsrekonstruktion und Superprojektion die Identität der unbekannten Leiche festgestellt werden könne.[6]

---

6 Während britische und amerikanische Gerichtswissenschaftler damals bereits die DNA-Analyse zur Überprüfung der Identität einer Person entwickelt hatten, war diese Methode in China noch fast unbekannt.

Bei der sogenannten „Gesichtsrekonstruktion“ wird das äußere Erscheinungsbild des Kopfes durch dreidimensionale Scannung des Schädelknochens sowie Messung und Berechnung der Weichteilgewebestärken des Kopfes rekonstruiert. Das rekonstruierte Modell kann in ein Simulationsbild oder ein Gipsmodell umgewandelt werden, um Personen zu identifizieren. Diese Technik wird in Festland-China seit den 70er Jahren von den Behörden für Öffentliche Sicherheit eingesetzt, um Morde mit zerstückelten Leichen, Fälle von langjährig vergrabenen Gebeinen, hochgradig verwesten unbekannten Leichen und andere problematische Fälle aufzuklären.

Beim sogenannten „Superprojektionsverfahren“ werden mit einer fotografischen Methode der zu untersuchende Schädel und ein Portraitfoto der Person, deren Übereinstimmung mit der des zu untersuchenden Schädels vermutet wird, übereinander projiziert und verglichen, um die Identität des zu untersuchenden Schädels zu bestimmen. Dieses Verfahren war von Technikern des Forschungsinstitus Nr. 213 des Amts für Öffentliche Sicherheit der Stadt Tieling in der Provinz Liaoning auf der Basis ausländischer Forschungsergebnisse entwickelt worden. Für ihren Durchbruch bei der „neuen Technik zur Schädelidentifizierung“ erhielt die Forschungsgruppe „Superprojektion“ des Instituts unter Leitung von Lan Yuwen 1982 dafür den Nationalen Erfinderpreis der zweiten Klasse. 1985 entwickelten Lan Yuwen und seine Mitarbeiter erfolgreich das weltweit erste „TLGA-1-Instrument zur Schädelidentifizierung“ – mit Hilfe des Superprojektionsverfahrens wurden die Probleme bei der digitalen Steuerung für die Schädelidentifizierung gelöst. Dafür erhielten sie den Nationalen Preis für Fortschritt in Wissenschaft und Technologie der dritten Klasse und den Goldpokal der Internationalen Erfinder-Messe „Eureka“.

Durch Vermittlung des übergeordneten Büros für Öffentliche Sicherheit der Provinz Hunan sandte das Amt für Öffentliche Sicherheit des Kreises Mayang den Schädel der unbekannten Leiche und ein Foto von Yang Xiaorong zum Forschungsinstitut Nr. 213 des Amts für Öffentliche Sicherheit der Stadt Tieling, um eine „Superprojektion“ und „Gesichtsrekonstruktion“ durchführen zu lassen. Am 23. Januar 1988 erstattete dieses das Gutachten Nr. 97: im Fall der zerstückelten Leiche von Mayang ergab der Vergleich des Schädels der Toten mit dem Foto von Yang Xiaorong, „äußere Merkmale stimmen überein“, allerdings „manche Stellen sind nicht ganz identisch“. Das Forschungsinstitut hatte auch ein rekonstruiertes Schädelmodell aus Gips angefertigt.

Nach Erhalt des Gutachtens und des Gipsmodells des „rekonstruierten Schädels“ fuhren die Ermittler des Kreises Mayang erneut zum Kreis Songtao in der Provinz Guizhou und suchten Yang Xiaorongs Schwestern auf. Sie waren einhellig der Meinung, dass das Gipsmodell der Sechsten Schwester, Liu Mei, sehr ähnele, vor allem die Zahnzwischenräume. Jetzt glaubten die Ermittler, dass sie genügend Beweise dafür zusammengetragen hatten, dass es sich bei der Toten um Yang Xiaorong handelte.

Ein weiteres entscheidendes Problem des Falls war der Nachweis, dass Teng Xingshan den Mord begangen und die Leiche zerstückelt hatte. Die Ermittler schickten das bei ihm zu Hause gesicherte Messer und das Beil an das Zentrum für gerichtsmedizinische Gutachten zu Sachbeweisen der Zhongshan Medizinischen Universität in Guangzhou. Dort wurden weder auf dem Messer noch auf dem Beil Blutspuren festgestellt, aber auf dem Beilgriff fand sich ein Haar, dessen Test die Blutgruppe A ergab, die gleiche wie die der Toten. Daraufhin schickten die Ermittler das Beil für weitere Tests an die kriminaltechnische Behörde des Büros für Öffentliche Sicherheit der Provinz Hunan. Das Gutachten zum Spurenvergleich ergab, dass die Hackspuren, die auf der Laborprobe des Beils sichtbar geworden waren, identisch waren mit denen auf dem Oberarmknochen der Leiche. Mit diesen Beweismitteln, fand die Sondergruppe, konnten die Ermittlungen abgeschlossen werden.

Die Kriminalpolizei des Amts für Öffentliche Sicherheit des Kreises Mayang erstellte den „Ablauf der Aufklärung des Falls" und leitete ihn an die Abteilung für Voruntersuchungen weiter, die umgehend die Staatsanwaltschaft um Genehmigung zur Verhaftung ersuchte. Am 2. September 1988 erließ die Volksstaatsanwaltschaft des Kreises Mayang den Beschluss zur Genehmigung der Verhaftung Teng Xingshans. Die Abteilung für Voruntersuchungen verfasste daraufhin den Bericht über die Aufklärung des Falls und ihre Position zu einer Anklage und übergab den Fall für weitere Ermittlungen und Anklageerhebung an die Staatsanwaltschaft.

Die Gerichte Festland-Chinas sind in vier Ebenen eingeteilt: die Unteren Volksgerichte auf der Ebene der Kreise, der Städte auf Präfekturebene und der Stadtbezirke, die Mittleren Volksgerichte auf der Ebene der Regionen, der den Provinzen direkt unterstellten Städte und der regierungsunmittelbaren Städte, die Oberen Volksgerichte auf der Ebene der Provinzen, Autonomen Regionen und regierungsunmittelbaren Städte sowie das Oberste Volksgericht auf der Ebene der Zentrale. Auch die Staatsanwaltschaften sind in entsprechende vier Ebenen eingeteilt: die Unteren Volksstaatsanwaltschaften auf der Ebene der Kreise, der Städte auf Präfekturebene und der Stadtbezirke, die Zweigstellen der Volksstaatsanwaltschaften auf der Ebene der Regionen und der regierungsunmittelbaren Städte, die Volksstaatsanwaltschaften auf der Ebene der Autonomen Präfekturen und der den Provinzen direkt unterstellten Städte, die Volksstaatsanwaltschaften auf der Ebene der Provinzen, Autonomen Regionen und regierungsunmittelbaren Städte sowie die Oberste Volksstaatsanwaltschaft auf der Ebene der Zentrale. In den Bestimmungen des „Strafprozessgesetz(es)" zur Zuständigkeit der Gerichte heißt es, dass einfache Strafsachen von den Unteren Volksgerichten in erster Instanz behandelt werden, allgemeine Strafsachen, bei denen lebenslängliche Freiheitsstrafe oder die Todesstrafe verhängt werden könnte, von den Mittleren Volksgerichten in erster Instanz, schwere Strafsachen mit Auswirkungen auf eine ganze Provinz, Autonome Region oder regierungsunmittelbare Stadt von den Oberen Volksgerichten in erster Instanz und schwere Strafsachen von landesweiter Bedeutung vom Obersten Volksgericht in erster Instanz. Die Mittleren, Oberen Volksgerichte und das Oberste Volksgericht sind zugleich Berufungsgerichte, in zweiter Instanz zuständig für die Fälle, die von den untergeordneten Gerichten verhandelt wurden.

Da es sich in der Sache Teng Xingshan um einen Mordfall handelte, in dem möglicherweise eine lebenslängliche Freiheitsstrafe oder noch höhere Strafe verhängt werden würde, übergab die Volksstaatsanwaltschaft des Kreises Mayang den Fall an die Zweigstelle Region Huaihua der Volksstaatsanwaltschaft der Provinz Hunan, die auf der gleichen administrativen Ebene wie das Mittlere Volksgericht der Region Huaihua liegt. Nach Durchsicht der Akten vernahmen die Staatsanwälte Liu Hui und Gu Jianjun Teng Xingshan in der Untersuchungshaftanstalt. Teng sagte ihnen, er habe keinen Mord begangen und kenne auch Yang Xiaorong nicht, sein Geständnis sei von der Polizei erzwungen worden. Die Staatsanwälte teilten ihm mit, dass umfassende Beweismittel vorlägen, sie hofften, er zeige aufrichtige Reue und unterstütze die Arbeit der Justizbehörden, um nach Milde ersuchen zu können. Am 26. Oktober 1988 erließ die Staatsanwaltschaft den Beschluss, Teng Xingshan des Mordes anzuklagen.

Zuständig für diese Sache war Richter Dong Mingqiu vom Mittleren Volksgericht der Region Huaihua. Nach Durchsicht der Akten erstattete er seinen Vorgesetzten Bericht, die der Ansicht waren, dass der Fall von schwerwiegendem Einfluss sei, und beschlossen, ihn vor dem lokalen Gericht öffentlich zu verhandeln. Zudem sollte vorab alles fertig arrangiert und in der Verhandlung gleich das Urteil gesprochen werden. Richter Dong und zwei weitere amtierende Richter bildeten die Strafkammer mit Dong Mingqiu als Vorsitzendem. Sorgfältig prüften sie den Tatbestand, entwarfen das Urteil und beschlossen, den Fall am 13. Dezember vor dem Volksgericht des Kreises Mayang zu verhandeln.

Am 6. Dezember stellte ein Justizangestellter Teng Xingshan die Abschrift der Anklageschrift der Zweigstelle Region Huaihua der Volksstaatsanwaltschaft der Provinz Hunan mit dem Aktenzeichen Xiang Huai Jian Xing Qi Zi Nr. 33/1988 zu. Den gesetzlichen Vorschriften nach hat ein Beschuldigter / Angeklagter das Recht, einen Anwalt, eine verwandte oder befreundete Person als Verteidiger zu beauftragen, er kann aber auch darauf verzichten. Hat ein Angeklagter in einer Mordsache, die mit der Todesstrafe belegt werden kann, keinen Verteidiger beauftragt, wird das Gericht ihm in der Regel trotzdem einen zur Seite stellen. Der Justizangestellte teilte Teng Xingshan mit, das Gericht könne ihm helfen, einen Anwalt zu suchen; Teng wusste nicht, wofür ein Anwalt da sei. Erst nachdem der Justizangestellte ihn aufgeklärt hatte, war er einverstanden, dass das Gericht ihm einen Anwalt bestellt. Er sagte ihm, er sei sicher, dass die Regierung ihm kein Unrecht tun werde.

IV Der von Amts wegen bestellte Verteidiger

Nach ihrer Gründung schaffte die Volksrepublik China das komplette Rechtssystem der Republik China ab. Im Dezember 1950 veröffentlichte die neue Regierung die „Mitteilung über das Verbot nicht zugelassener Anwälte und Winkeladvokaten", löste die Rechtsanwaltsorganisationen auf und stellte alle anwaltlichen Aktivitäten ein. Die 1954 verabschiedete „Verfassung" bestimmte: „Der Angeklagte hat das Recht auf Verteidigung" *[Quelle der Ü.: http://www.verfassungen.net/rc/verf54.htm#Abschnitt%20VI.%20Die%20Volksgerichtsbarkeit%20und%20die%20Volks-Anwaltschaft.]*, ab da wurde das Anwaltssystem wiederhergestellt. Mit der Verabschiedung der „Vorläufige(n) Rechtsanwaltsregelung" *[Quelle der Ü.: CHINA aktuell, Ausgabe Februar 1982]* 1957 wurden in Beijing, Tianjin, Shanghai, Shenyang und anderen Städten Anwaltskanzleien und Rechtsberatungsstellen, in 19 Provinzen, Autonomen Regionen und regierungsunmittelbaren Städten Anwaltsvereinigungen gegründet, im ganzen Land gab es knapp 3000 Rechtsanwälte. Die in der zweiten Hälfte des Jahres 1957 begonnene „Anti-Rechts-Kampagne" aber bereitete dem Anwaltssystem im neuen China ein frühzeitiges Ende. Nach dem Ende der „Großen Kulturrevolution" begann in Festland-China erneut der Wiederaufbau eines Anwaltssystems. Das 1979 verabschiedete „Strafprozessgesetz" enthielt klare Bestimmungen zur anwaltlichen Verteidigung, und am 26. August 1980 verabschiedete und veröffentlichte der Ständige Ausschuss des Nationalen Volkskongresses die geänderte Fassung der „Vorläufige(n) Rechtsanwaltsregelung". 1979, als das Anwaltssystem wiederhergestellt war, gab es landesweit nur einige hundert Anwälte. 1981 war ihre Zahl in Festland-China auf über 6000 angestiegen, manche Provinzen, Autonomen Regionen und regierungsunmittelbaren Städte gründeten Anwaltsvereinigungen. 1986 führte das Justizministerium die erste Anwaltsprüfung in Festland-China durch. Im Juli 1987 fand in Beijing die erste Konferenz der Vertreter der Rechtsanwälte statt, auf der die „All China Lawers Association" *[„Allchinesische Anwaltsvereinigung"]* gegründet wurde. Zu der Zeit gab es im ganzen Land bereits mehr als 3000 Anwaltskanzleien und Rechtsberatungsstellen sowie über 20.000 hauptberufliche und nebenberufliche Anwälte.[7] Die waren allerdings überwiegend

---

7 S. Kong Qingyun (Hrsg.): Theorie und Praxis der anwaltlichen Tätigkeit. Chinese People's Public Security University Press / CPPSUP (Beijing) 1987, S. 1–7. Dem „Bericht über die soziale Verantwortung des Anwaltsstandes (2013)" der Allchinesischen Anwaltsvereinigung zufolge gab

in den großen Städten Ostchinas konzentriert. Als 1983 die Anwaltsvereinigung der Provinz Hunan gegründet wurde, hatte sie nur gut 100 Mitglieder. Und als sich der vorliegende Fall ereignete, gab es in der Region Huaihua noch keine Anwaltsvereinigung, im Kreis Mayang keinen einzigen Anwalt. Für die Menschen, die in abgelegenen Dörfern lebten, war „Rechtsanwalt" immer noch ein fremder Begriff.

Teng Xingshan war bereits ein Jahr in Untersuchungshaft. In den Nächten der vergangenen gut 300 Tage hatte er sich unzählige Male gefragt: „Wie ist das alles bloß passiert?" Um Himmels willen, er hatte doch wirklich keinen umgebracht! Und diese „Yang Xiaorong" kannte er überhaupt nicht! Warum glaubten ihm die von der Öffentlichen Sicherheit bloß nicht? Er konnte sich nicht vorstellen, dass sie ihn ins Verderben stürzen wollten, er kannte sie doch. Früher hatte es weder Feindseligkeiten noch Hass gegeben, warum waren sie jetzt so aggressiv? Plötzlich fiel ihm der „Drachenkönig-Tempel" im Dorf Manshui ein. Im letzten Frühjahr war er mit ein paar Leuten aus seinem Dorf an dem Tempel vorbei gekommen. Einige waren reingegangen, um vor dem Gott Panhu zu beten, er nicht, ja er hatte sie noch verspottet, sie beteten einen Hund an. Hatte er Panhu etwa gekränkt? Als er klein war, hatte er den Alten zugehört, wenn sie Geschichten über Panhu erzählten. Es hieß, dass Panhu früher ein Hund gewesen sei, die Menschen der Miao-Nationalität aber beteten Panhu als Gott an. Erst nachdem er die Tochter des Gelben Kaisers zur Frau genommen hatte, hatte er sich in einen Gott verwandelt. Er glaubte nicht an Götter, doch nun war er in diese ausweglose Situation geraten. Sollte es so sein? Nachdem er eingesperrt worden war, war er davon ausgegangen, dass ihm kein Unrecht getan werde. Doch er musste feststellen, dass seine Sache den Leuten von der Öffentlichen Sicherheit nicht klar gemacht werden konnte. Dann wurde sein Fall an die Staatsanwaltschaft übergeben, und er hoffte, die werde ihm glauben. Er hatte die Staatsanwälte getroffen, doch sein Eindruck war, dass sie und die Öffentliche Sicherheit auf einer Seite standen. Später war auch ein Richter gekommen. Der wirkte zwar in Ordnung, aber trotzdem er hatte das Gefühl, dass auch der und die Öffentliche Sicherheit auf einer Seite standen. Und nun sollte ein Anwalt kommen. Ob der wirklich helfen kann, fragte er seine Zellengenossen. Auch Anwälte sind Staatskader, hieß es.[8] Teng hielt daran fest, dass die Regierung guten Menschen kein Unrecht tut, doch seine Stimme wurde immer leiser.

---

es bis Ende 2012 in Festland-China 232.384 Anwälte, im Schnitt 1,6 Anwälte pro 10.000 Einwohner. Die höchste Rate gab es in Beijing, auf 10.000 Einwohner kamen 11,7 Anwälte, die niedrigste Rate war in Tibet mit 0,6 Anwälten auf 10.000 Einwohner. (http://www.acla.org.cn)

8 In Art. 1 der „Vorläufige(n) Rechtsanwaltsregelung" von 1980 war bestimmt: „Der Rechtsanwalt ist ein Rechtsarbeiter des Staates" *[Quelle der Ü.: CHINA aktuell, Ausgabe Februar 1982]*. In

Am Vortag der Eröffnung des Gerichtsverfahrens erhielt Teng Xingshan Besuch von seinem Verteidiger Dai Ronggang, einem Anwalt der Rechtsberatungsstelle der Region Huaihua. Da es im Untersuchungsgefängnis keinen freien Besucherraum gab, unterhielten sich Anwalt Dai und Teng Xingshan im Hof vor den Zellen. Die Besuchszeit war nur kurz; da Anwalt Dai im Gericht bereits die Akten eingesehen und einen Überblick über die wesentlichen Umstände des Falls hatte, war er nicht sonderlich interessiert an dem, was Teng Xingshan sagte. Nach Fragen zu seinem Militärdienst, Familienleben etc. sagte er, in diesem Fall gebe es sehr viele Beweise, die alle nicht für ihn sprächen. Die Verteidigung werde also sehr schwierig werden, doch er werde sein Bestes geben. Nach der Verabschiedung hatte Teng Xingshan insgeheim das Gefühl, dass auch der Anwalt und die Öffentliche Sicherheit auf einer Seite stünden. Zurück in der Zelle starrte er schweigend die Wand an. Jemand fragte ihn was, er gab keine Antwort. Er war ein Mann, er hatte beim Militär gedient, weinen ging nicht an!

Am 13. Dezember 1988 fand im Gerichtshof des Volksgerichts des Kreises Mayang vor dem Mittleren Volksgericht der Region Huaihua die öffentliche Verhandlung des Mordfalls von Teng Xingshan an Yang Xiaorong statt. Das Gericht war ein spitz zulaufendes Gebäude aus schwarz-grauen Ziegeln, auf dem Giebelfeld prangten zehn große chinesische Schriftzeichen – „Gerichtshof des Volksgerichts des Kreises Mayang“. Tengs Brüder waren schon früh im Gericht eingetroffen und saßen in der ersten Reihe. Nach seiner Verhaftung hatten sie beim Amt für Öffentliche Sicherheit um Besuchserlaubnis gebeten, was die Polizisten abgelehnt hatten.[9] So hatten sie Teng Xingshan im vergangenen Jahr nicht ein

Art. 2 „Anwaltsgesetz“ aus 1996 heißt es: Anwälte sind „Personen, welche (...) der Allgemeinheit rechtliche Dienstleistungen berufsmäßig zur Verfügung stellen“ *[Quelle der Ü.: http://www.chinas-recht.de/inhalt.htm]*. Vor Beginn der Reform des Anwaltssystems im Jahr 1993 waren die Anwaltskanzleien alle staatlich, die Anwälte feste staatliche Beschäftigte und bezogen ihr Gehalt vom Staat. Nach der Reform wurden in manchen Regionen Anwaltskanzleien kollektiven Eigentums nach dem Kooperationssystem, Partner-Sozietäten in privatem Eigentum nach dem Partnersystem und private Anwaltskanzleien gegründet. Dem „Bericht über die soziale Verantwortung des Anwaltsstandes (2013)“ der Allchinesischen Anwaltsvereinigung zufolge gab es Ende 2012 in Festland-China 19.361 Anwaltskanzleien, davon 3993 Partner-Sozietäten, 20,6% der anwaltlich tätigen Institutionen. Die Zahl der staatlichen Anwaltskanzleien lag bei 1504, 7,8% der anwaltlich tätigen Institutionen. (http://www.acla.org.cn)

9 Damals wurden immer noch die „Bestimmungen der Volksrepublik China zur Umerziehung durch Arbeit“ aus dem Jahr 1954 angewendet. Deren Art. 54 bestimmte: „Häftlinge dürfen nicht mehr als zwei Mal pro Monat Besuch von Familienangehörigen erhalten, die Besuchszeit darf 30 Minuten nicht überschreiten. (...) Untersuchungshäftlinge benötigen für den Besuch von Familienangehörigen die Genehmigung der Behörde, die die Inhaftierung angeordnet hat, oder des Gerichts.“ In Art. 28 der vom Staatsrat mit Dekret Nr. 52 vom 17. März 1990 verabschiedeten

einziges Mal gesehen. Inzwischen waren im Gerichtssaal alle Plätze besetzt, doch immer noch wollten Leute rein; notgedrungen ließen die Justizwachtmeister sie an der Tür stehen.

Der vorsitzende Richter eröffnete das Verfahren, dann führten zwei Justizwachtmeister den Angeklagten Teng Xingshan durch den Seiteneingang herein. Im Gerichtssaal kam Unruhe auf, Leute lärmten, so dass der Vorsitzende die Justizwachtmeister hastig anwies, für Aufrechterhaltung der Ordnung zu sorgen. Nachdem Teng Xingshan auf dem Stuhl für den Angeklagten Platz genommen hatte, befragte der vorsitzende Richter ihn knapp nach seinem Namen, Alter und weiteren Angaben zur Person, verkündete die Namen der Richter der Kammer, des Protokollführers, der Staatsanwaltschaft sowie des Verteidigers und unterrichtete den Angeklagten über seine grundlegenden Rechte. Sodann erklärte er den Beginn der gerichtlichen Untersuchung und bat die Staatsanwaltschaft, die Anklageschrift zu verlesen.

Ein Staatsanwalt erhob sich und verlas die Anklageschrift. Er klagte Teng Xingshan gemäß Art. 132 des chinesischen „Strafgesetz(es)" des Mordes an Yang Xiaorong und, um Spuren zu vernichten, der Zerstückelung und des Wegwerfens ihrer Leiche an. Unter Berücksichtigung des besonders grausamen Verbrechens, der äußerst widrigen Tatumstände und des hohen Schadens für die Gesellschaft müsse dem Gesetz nach eine schwere Strafe verhängt werden.

Danach forderte der Vorsitzende den Angeklagten auf, den Tathergang zu schildern, und betonte, er habe sich wahrheitsgemäß zu äußern. Teng Xingshan sagte, er habe keinen Mord begangen, diese Yang Xiaorong kenne er überhaupt nicht, was er gestanden hatte, sei dahergeredet gewesen. Der vorsitzende Richter fragte ihn, ob die Unterschrift auf dem Vernehmungsprotokoll von ihm stamme. Teng sagte, ja, aber die war von der Öffentlichen Sicherheit erzwungen. Die Frage des Vorsitzenden an die Staatsanwaltschaft und dann an den Verteidiger, ob sie Fragen hätten, wurde verneint. Nachdem er den Protokollführer einige Beweismittel der Klageseite aus den Akten hatte auszugsweise verlesen lassen, erklärte der vorsitzende Richter die Untersuchung durch das Gericht für abgeschlossen, nun seien die Plädoyers an der Reihe.

Der Vorsitzende bat zunächst den Staatsanwalt um sein Plädoyer. Der betonte erneut, dass der Sachverhalt des Falls klar, die Beweismittel überzeugend und ausreichend seien, Teng Xingshan habe einen Mord mit Zerstückelung und Weg-

---

„Bestimmungen der Volksrepublik China über Untersuchungshaftanstalten" heißt es: „Mit Genehmigung der den Fall behandelnden Behörde und der für Öffentliche Sicherheit dürfen Häftlinge während der Zeit der Untersuchungshaft mit Familienangehörigen korrespondieren und Besuch empfangen."

werfen der Leiche, um Spuren zu vernichten, begangen. Unter Berücksichtigung des besonders grausamen Verbrechens, der äußerst widrigen Tatumstände und des hohen Schadens für die Gesellschaft müsse dem Gesetz nach eine schwere Strafe verhängt werden.

Nachdem der Staatsanwalt Platz genommen hatte, bat der vorsitzende Richter den Verteidiger um sein Plädoyer. Anwalt Dai sagte, dass es in dieser Sache viele Beweismittel für Teng Xingshans Schuld gebe, die er nicht bewerten wolle. Er wolle das Gericht lediglich darauf aufmerksam machen, dass Teng als Soldat gut für das Vaterland gedient hatte. Und im vorliegenden Fall war sei es ja so gewesen, dass die Geschädigte zuerst sein Geld weggenommen hatte, die Tat sei also nicht grundlos, der Mord emotional bedingt erfolgt. Er bitte das Gericht, dies bei der Strafzumessung zu berücksichtigen.

Nachdem beide Seiten sich geäußert hatten, wurde Teng Xingshan um sein letztes Wort gebeten. Er stand auf und stotterte, er habe wirklich keinen Mord begangen, er sei sicher, dass die Regierung guten Menschen kein Unrecht tun werde. Diese beiden Sätze wiederholte er immer wieder, so dass der Vorsitzende ihn unterbrechen und auffordern musste, sich zu setzen. Im Gerichtssaal kamen heftige Diskussionen auf.

Mit Hilfe der Justizwachtmeister stellte der vorsitzende Richter die Ordnung im Saal wieder her. Dann verkündete er, weil der Sachverhalt des Falls klar, die Beweismittel überzeugend und ausreichend seien, werde noch in dieser Verhandlung das Urteil verkündet. Er erhob sich, gefolgt von den anderen beiden Richtern, der Staatsanwaltschaft und dem Anwalt. Die Justizwachtmeister forderten Teng Xingshan auf, erneut aufzustehen, und auch die Zuschauer, sich zu erheben. Der Vorsitzende räusperte sich und verlas mit lauter Stimme das „Strafurteil“ mit dem Aktenzeichen Xing Yi Chu Zi Nr. 49/1988 des Mittleren Volksgerichts der Region Huaihua: „In der Mordsache des Beschuldigten Teng Xingshan hat die Zweigstelle Region Huaihua der Volksstaatsanwaltschaft der Provinz Hunan beim hiesigen Gericht Klage eingereicht. Dieses hat den gesetzlichen Vorschriften nach eine Kammer gebildet und die Sache am 13. Dezember 1988 in Anwesenheit der Staatsanwälte Liu Hui und Gu Jianjun öffentlich verhandelt. Das Gericht hat als erwiesen angesehen: Nachdem der Angeklagte Teng Xingshan an einem Abend in der letzten Aprildekade des Jahres 1987 mit der mit ihm in einer anrüchigen Beziehung stehenden jungen Frau Yang Xiaorong bei ihm zu Hause außerehelichen Verkehr gehabt hatte, stellte er fest, dass Bargeld abhanden gekommen war und verdächtigte Yang, dieses gestohlen zu haben. Daraufhin folgte er ihr bis zur Malan-Sandinsel, fasste sie und erstickte sie bei lebendigem Leib, weil sie sich wehrte und um Hilfe schrie. Sodann zerstückelte er ihre Leiche mit einem Messer und einem Beil in sechs Teile, die er separat in den Jinjiang-Fluss warf, um Spuren zu verwischen. Am 6. Dezember 1987 wurde der Angeklagte Teng Xingshan festgenommen und vor Gericht gebracht. (...) Der Angeklagte Teng Xingshan ist des Mordes schuldig und wird mit dem Tod bestraft, seine politischen Rechte werden ihm auf Lebenszeit entzogen. Gemäß den Bestimmungen des Obersten Volksgerichts zur Bevollmächtigung der Oberen Volksgerichte, einen Teil von Todesurteilen zu bestätigen, wird dieses Urteil nach Überprüfung und Genehmigung durch das Obere Volksgericht der Provinz Hunan rechtskräftig. Wird das Urteil nicht angenommen, kann die Berufungsschrift mit zwei Abschriften ab dem Tag nach Erhalt des schriftlichen Urteils binnen drei Tagen bei dem hiesigen Gericht eingereicht werden. Berufungsgericht ist das Obere Volksgericht der Provinz Hunan."

Nach Verlesung des Urteils verkündete der vorsitzende Richter die Gerichtsverhandlung für beendet. Teng Xingshan stand immer noch wie angewurzelt da, sprachlos, fassungslos. Die Justizwachtmeister legten ihm wieder Handschellen an und zogen ihn an den Armen aus dem Gerichtssaal. Dort ging es turbulent zu – es wurde geschrien, geplaudert und gelacht, aber vage war auch so was wie ein Schluchzen zu vernehmen.

V Zu spät eingelegtes Rechtsmittel

Am Tag der Urteilsverkündung war Zhan Jinhua nicht als Zuhörerin im Gericht gewesen. Zum einen fand sie die Anwesenheit ihrer Person unpassend, zum anderen musste sie zu Hause auf die Kinder aufpassen. Nachdem Teng Xingshan im vergangenen Jahr abgeholt worden war, ging bei den Tengs alles drunter und drüber, und so hatte sie den achtjährigen Sohn zu sich nach Hause genommen, damit er mit seiner älteren Schwester zusammen sein konnte. Auch die Geschwister hatten mitbekommen, was ihrem Vater widerfahren war. Weil sie das Gerede und die kalten Blicke der anderen Leute nicht ertragen konnten, verkrochen sie sich oft zu Hause und gingen nicht nach draußen zu ihren Spielkameraden. Jinhua sagte ihnen immer wieder, euer Vater ist ein guter Mensch, er nicht imstande, was Böses tun. Sie glaubte wirklich nicht, dass er jemanden umbringen könnte, erst recht nicht, die Leiche dann noch zu zerstückeln. Teng Xingshan war zwar Schlachter und sah ziemlich grobschlächtig aus, aber Jinhua wusste, dass er wirklich herzensgut war. Er ehrte die Eltern, das war fundamental für einen anständigen Menschen. Schwiegermutter und Schwiegertochter hatten kein gutes Verhältnis, seine Mutter drängte ihn manchmal, seine Frau zu schlagen. Dann zog er sie in ihr Zimmer, schlug ein paar Mal „klatschklatsch", aber ans Bett oder auf den Hocker. Und wenn er wirklich nicht anders konnte als Hand an seine Frau zu legen, schlug er nur ganz leicht zu. Später, weil seine Mutter starrköpfig darauf bestand, kamen sie um die Scheidung nicht herum. Jinhua hasste ihren Mann aber nicht, denn sie wusste, dass er keine andere Wahl hatte. Ein solcher Mensch sollte imstande sein, jemanden umzubringen?

Jinhua verrichtete zu Hause ihre Arbeit. Sie war unruhig, ihre Augenlider bewegten sich unablässig. Am Mittag kam die Nachbarin, die in der Kreisstadt der Gerichtsverhandlung beigewohnt hatte, zurück und berichtete, dass Teng Xingshan zum Tode verurteilt worden war. Jinhua erstarrte, Tränen strömten ohne Ende. Die Nachbarin sprach ihr eine Weile gut zu und ging dann. Auch ihre Eltern machten ihr Mut, als sie die Nachricht erfuhren. Schließlich hörte Jinhua auf zu schluchzen. Sie dachte nach und sagte dann, sie wolle zur den Tengs gehen. Ihre Eltern waren nicht einverstanden, doch sie entgegnete, sie wolle mit ihnen beraten, ob es einen Weg gebe, Xingshan zu retten. Um einen Menschen zu retten, wäre ihr anderes völlig egal. Obwohl sie von Teng Xingshan geschieden war, hegte sie immer noch Gefühle für ihren Ex-Mann.

Jinhua betrat den Hauptraum des Hauses der Tengs. Xingshans Eltern und seine Brüder waren alle da, aber keiner sprach auch nur ein Wort, nur seine Mutter schluchzte vor sich hin. Als Vater Teng sie sah, fragte er stirnrunzelnd, was willst du denn hier? Jinhua war auf diese Frage vorbereitet: Jetzt geht es doch nur darum, wie Xingshan gerettet werden kann, alles andere sollte außen vor bleiben! Man müsste jemanden um Hilfe bitten, der was von Recht versteht. Der älteste Bruder Teng Xingben sagte, am Vormittag habe er vor dem Gerichtsgebäude Onkel Teng Ye gesehen. Früher hatte er mal gehört, dass Onkel Teng Ye außerhalb als Rechtsanwalt arbeite; keine Ahnung, warum er diesmal zurück gekommen war. Vater Teng sagte, Teng Ye sei sein Cousin, aber in den letzten Jahren hätten sie keinen Kontakt gehabt. Jinhua sagte, die Sache duldet keinen Aufschub, noch heute müssen wir ihn aufsuchen, und wollte gleich mit dem ältesten Bruder in die Kreisstadt fahren. Vater Teng entgegnete, es ist bereits spät, fahrt morgen früh.

Am frühen Morgen des nächsten Tages überquerten Zhan Jinhua und Teng Xingben mit dem Boot den Fluss und erreichten die Kreisstadt. Teng Ye, diesen bereits über 50-jährigen Anwalt, trafen sie in seinem Zuhause an. Nachdem die beiden ihr Anliegen vorgebracht hatten, sagte Anwalt Teng, er wisse von dem Fall. Ein Mörder in der seit mehreren hundert Jahren bestehenden Familie Teng sei eine Schande für die ganze Sippe. Er war der Auffassung, dass es Gründe und Beweise für das Urteil gebe – Beweismittel ausreichend, Sachverhalt klar, die Wahrscheinlichkeit, das Urteil zu revidieren, sei sehr gering. Zudem hatte das Gericht Teng Xingshan bereits einen Verteidiger bestellt, sich zusätzlich in die Sache einzumischen, sei unangemessen. Teng Xingben erwiderte, er sei am gestrigen Morgen bei der Gerichtsverhandlung gewesen, was jener Anwalt geäußert hat, ging vollkommen an der Sache vorbei, er schien sich auch nicht ein bisschen für Xingshan einzusetzen. In dem Moment „plumpste“ die an seiner Seite stehende Jinhua vor Teng Ye zu Boden und sagte unter Tränen: „Onkel, unserem Xingshan geschieht sicher Unrecht! Tun Sie was Gutes, retten Sie ihn!“ Anwalt Teng schien sich erweichen zu lassen. Jinhua fuhr fort: „Xingshan und ich waren viele Jahre verheiratet, ich halte meinen Kopf dafür her, dass er keinen Mord begangen hat. Xingshan ist ein ehrlicher Mensch, er tötet Schweine, aber ganz sicher keine Menschen. Er ist überhaupt nicht fähig, eine solch bestialische Tat zu begehen.“ Beeinflusst von Jinhuas Worten willigte Anwalt Teng ein zu helfen. In den kommenden Tagen hatte er in der Stadt Huaihua was zu erledigen, da konnte er sich zunächst bei dem Verteidiger über den Fall informieren.

Durch Vermittlung eines Bekannten suchte Anwalt Teng die Rechtsberatungsstelle der Region Huaihua auf und erfuhr dort, dass Teng Xingshan beschlossen hatte, Berufung einzulegen; die Rechtsberatungsstelle hatte die Anwälte Zhou Xianfeng und Zeng Guangfu zu seinen Verteidigern in der zweiten Instanz bestellt. Anwalt Teng suchte seinen Kollegen Zhou auf und erklärte ihm den Grund seines Kommens. Anwalt Zhou sagte: „Dieses Urteil ist nicht zu revidieren, mit der Berufung wird dem Verfahren genüge getan, nicht mehr.“ Anwalt Teng antwortete: „Auch ich weiß, dass dieses Urteil sehr schwer zu revidieren sein wird, aber trotzdem möchte ich gerne die Unterlagen einsehen. Ich habe den Auftrag erhalten und werde natürlich mein Bestes geben.“ Anwalt Zhou erwiderte: „Ich kann Ihnen das Gerichtsurteil und die von den Anwälten während der Durchsicht der Akten kopierten Unterlagen zeigen. Hoffentlich können Sie uns ein paar gute Hinweise für die Verteidigung in der zweiten Instanz geben. Aber es ist Eile geboten, denn die Sache wird sicher vor dem Frühlingsfest abgeurteilt werden.“

Bei der Durchsicht der Akten fielen Anwalt Teng einige Ungereimtheiten auf. Zunächst war da das Geständnis Teng Xingshans, dass er Yang Xiaorong mit der Hand erstickt hatte. Im Polizeibericht über die Untersuchung der Leiche hieß es, die Tote hatte ein gebrochenes Jochbein. Das bedeutete, dass sie am Kopf einen Schlag mit einem stumpfen Gegenstand erhalten haben musste; Zuhalten des Mundes mit den Händen konnte nicht zu einem Bruch des Jochbeins führen. Zweitens gab es weder auf dem Messer noch auf dem Beil, die Teng Xingshan als Tatwerkzeuge bezeichnet hatte, Blutspuren der Toten. Lediglich die Blutgruppe eines Haars auf dem Beilgriff war identisch mit der der Toten, aber das konnte keineswegs bestätigen, dass das Messer und das Beil die Tatwerkzeuge des Mörders gewesen waren. Und dann stand in dem Sachverständigengutachten der Experten für „Superprojektionsverfahren“, dass der zur Untersuchung eingesandte Schädelknochen mit dem Foto von Yang Xiaorong in manchen Merkmalen nicht übereinstimmte. Mit dieser Schlussfolgerung konnte also überhaupt nicht eindeutig bestätigt werden, dass es sich bei der Toten um Yang Xiaorong handelte.

Nach Aufdeckung dieser Ungereimtheiten wurde Anwalt Teng deutlich zuversichtlicher und schilderte dem Kollegen Zhou seine Auffassung. Der war sehr interessiert, stimmte aber nicht ganz zu. Er sagte, die Behörden für Öffentliche Sicherheit haben bereits ein Gutachten zu den Hackspuren auf dem Beil fertigen lassen, das ergeben hat, dass die Leiche mit diesem Werkzeug zerteilt wurde. Zudem hat das Sachverständigengutachten des Forschungsinstituts Nr. 213 des Amts für Öffentliche Sicherheit von Tieling im Wesentlichen bestätigt, dass es sich bei der Toten um Yang Xiaorong handelt, und auch ihre Familienmitglieder haben das rekonstruierte Schädelmodell aus Gips mit Yang Xiaorong verglichen und identifiziert. Was das gebrochene Jochbein betrifft, so kann nicht völlig ausgeschlossen werden, dass das beim Hinfallen oder Wegwerfen der Leiche passiert ist. Anwalt Teng sparte sich weitere Diskussionen, denn er wusste, dass die Richter der zweiten Instanz mit diesen wenigen Ungereimtheiten nicht überzeugt werden konnten, das Ersturteil zu revidieren. Er beschloss, für weitere Informationen noch mal nach Mayang zu reisen, in der Hoffnung, aussagekräftigere Beweise zugunsten Teng Xingshans finden zu können.

Am Vorabend des neuen Jahres kehrte Anwalt Teng nach Mayang zurück. Er befragte ein paar Dorfbewohner von Malan, die alle sagten, Teng Xingshan ist ein guter Mensch, aufrichtig und hilfsbereit. Viele äußerten zudem, wenn Anwalt Teng ein Schreiben „Meinung der Dorfbewohner" aufsetzen würde, in dem bezeugt würde, dass Teng Xingshan außerstande sei, einen Mord zu begehen, würden sie alle gerne unterschreiben. Die Befragungen brachten Anwalt Teng noch ein paar sehr wertvolle Spuren.

Hinweisen der Dorfbewohner folgend suchte Anwalt Teng den Fährmann Wang Mingzheng vom Fährübergang Manshui auf. Der bezeugte, dass er und ein paar weitere Fährleute im Fluss treibende Leichenteile gesehen hatten, bevor der Fall hier entdeckt worden war. Sie hatten Anzeige bei der Polizei erwogen, aber dann tat es doch keiner. Erst später, als die Polizei für die Ermittlungen kam, hatten sie davon berichtet. Anwalt Teng fand diese Zeugenaussage sehr wichtig, denn die Polizei hatte als Ort, wo „der Mörder die Leiche wegwarf", die Malan-Sandbank ausgemacht, die aber flussabwärts vom Fährübergang Manshui liegt. Nach gesundem Menschenverstand können Leichenteile nur flussabwärts treiben. Sollte die Malan-Sandbank der Ort gewesen sein, wo der Mörder die Leiche weggeworfen hatte, hätten die Leichenteile definitiv nicht am Fährübergang Manshui auftauchen können.

Die Dorfbewohner erzählten Anwalt Teng zudem, dass es zu der Zeit, als der Fall passierte, starken Regen und Hochwasser gegeben hatte. Die Wege, die die Sandinseln im Mayang-Fluss mit dem Ufer verbinden, waren alle überschwemmt, die Inseln nur per Boot erreichbar. Anwalt Teng hatte die Akten durchgesehen; so wie die Ermittlungsbeamten den Tathergang festgestellt hatten, war Teng

Xingshan in der Nacht Yang Xiaorong auf die Malan-Insel gefolgt, hatte sie dort zunächst erstickt, dann von zu Hause Messer und Beil geholt und die Leiche zerstückelt. Wenn das Flusswasser damals den Weg überschwemmt hatte, hätten Yang Xiaorong und Teng Xingshan nur schwimmend oder per Boot auf die Malan-Sandinsel gelangen können, doch das hatte sich ganz sicher nicht so zugetragen. Und so fuhr Anwalt Teng extra zur Hydrologiestation Taoyi, die der Hydrologiestation der Provinz Hunan nachgeordnet ist, und bat die dortigen Mitarbeiter um Ausstellung einer Bescheinigung: „In der letzten Dekade des April 1987 fiel in Mayang starker Regen, der Jinjiang-Fluss war angeschwollen. Der einzige Weg, der vom Wohnort Teng Xingshans im Dorf Malan zur Malan-Sandinsel führt, dem ‚Ort, wo der Mörder die Leiche weggeworfen hatte', und während der Trockenzeit passierbar ist, war damals vollständig vom Hochwasser überschwemmt."

Nach über 15 Tagen Lauferei fand Anwalt Teng, dass er genügend Beweise zusammengetragen hatte, um die Unschuld Teng Xingshans belegen zu können, und verfasste sorgfältig einen „Einspruch". Basierend auf den aufgeführten Ungereimtheiten zog er folgende Schlussfolgerungen: erstens, Yang Xiaorong, die Geschädigte in dieser Sache, ist mit einer Wahrscheinlichkeit von 80% noch am Leben, die Ermordete ist mit einer Wahrscheinlichkeit von 90% nicht Yang Xiaorong. Zweitens, mit den Beweismitteln in dieser Sache kann nicht belegt werden, dass Teng Xingshan der Mörder ist, stattdessen, dass er keines Mordes fähig ist und auch nicht die Voraussetzungen für den Mord erfüllte. Auch wies er auf ein paar Probleme hinsichtlich der Personen, die den Fall bearbeitet hatten, hin: erstens, keine in die Tiefe gehenden Untersuchungen, zweitens, keine gewissenhaften Überprüfungen, drittens, dem Streben nach Erfolg geschuldetes illegal erzwungenes Geständnis, viertens, keine Rücksicht auf Recht und Ordnung, Missachtung von Menschenleben. Abschließend schrieb er: „Ich hoffe, dass das Mittlere Volksgericht einen kühlen Kopf bewahren, das Obere Volksgericht Sorgfalt an den Tag legen und die Wahrheit in den Tatsachen suchen wird, denn noch ist es nicht zu spät. Wird hingegen dem Mittleren Volksgericht komplett zugestimmt, wird ein zu Unrecht um sein Leben Gebrachter nicht in Frieden sterben. Die diesen Fall bearbeitet haben, werden zur gesetzlichen Verantwortung gezogen werden, mit nicht auszudenkenden Konsequenzen – das sollte dreimal überdacht werden."[10] Auf der Rückseite des „Einspruchs" hatten über 100 Dorfbewohner ihre Unterschrift gesetzt.

Am 24. Januar 1989 verließ Anwalt Teng mit dem „Einspruch" Mayang. In Anbetracht der knappen Zeit fuhr er nicht noch mal zur Rechtsberatungsstelle

10 S. Jin Ling auf sina.com, 15.06.2005: 16 Jahre, nachdem der „Mörder und Leichenzerstückeler" erschossen wurde, ist die ‚Ermordete' noch munter und wohlauf. (Quelle: „Xin Kuai Bao")

Huaihua, sondern direkt nach Changsha, wo er den „Einspruch" den Zuständigen des Oberen Volksgerichts der Provinz Hunan übergab. Beim Verlassen des Gerichtsgebäudes atmete er erleichtert auf, als ob er eine heilige Mission erfüllt habe.

VI Das Recht auf Überprüfung der Todesstrafe

Schuld und Sühne ist in der Strafjustiz ein ewiges Thema. Nach dem Strafrechtsgrundsatz der „Verhältnismäßigkeit von Tat und Strafe" hat das Gericht gemäß dem Maß der Schuld des Täters eine entsprechende Strafe zu verhängen; auf schwere Schuld folgt schwere Strafe, auf leichte Schuld folgt leichte Strafe. In der Forderung nach angemessener Strafe sind einfache Wertevorstellungen der menschlichen Gesellschaft wie „Fluch der bösen Tat" und „wohlverdiente Strafe" verkörpert. Allerdings gab es zu verschiedenen Zeiten immer verschiedene Antworten auf die Frage, was Verhältnismäßigkeit von Tat und Strafe sei. In vielen Ländern wurden Strafmethoden nach der „Talionsformel", wie Auge um Auge, Zahn um Zahn angewendet, in vielen Ländern wurden manche Straftäter mit Körperstrafen oder Entehrung belegt, und viele Länder setzten bei der Vollstreckung der Todesstrafe rohe Methoden ein wie Enthaupten, Verbrennen, Tod durch den Strang, ja sogar „Fünf Pferde spalten den Körper" *[Anm. d. Ü.: Anbinden der Gliedmaßen an fünf Pferde, die dann in verschiedene Richtungen auseinandergetrieben wurden]* und „Tod der tausend Schnitte". Ohne Zweifel lagen nach den Wertvorstellungen der Chinesen des Altertums Strafen wie Brandmarkung eines Straftäters durch Tätowierung von Schriftzeichen auf sein Gesicht oder Strafkastration im Rahmen der Verhältnismäßigkeit. Den Wertvorstellungen der alten islamischen Völker entsprechend waren Abhacken der Hand eines Diebs und Steinigung von Ehebrechern ebenfalls angemessene Strafen. Den Wertvorstellungen im mittelalterlichen Europa nach galten Brandmale für manche Straftäter oder Verbrennen bei lebendigem Leib auch noch als verhältnismäßige Strafen. Mit dem Fortschritt der menschlichen Zivilisation ging jedoch auch ein Wandel der Wertvorstellungen über Gerechtigkeit in der Justiz einher. Die Menschen erkannten allmählich, dass die „Talionsformel" barbarisch, die Körperstrafe inhuman war, es galt, sie einzuschränken oder abzuschaffen. Zugleich gab es große Veränderungen in der Haltung zur Todesstrafe.

Die Todesstrafe ist die älteste Strafmethode in der Menschheitsgeschichte. Einen Mord mit seinem Leben bezahlen zu müssen galt von alters her als gerechte Norm. Als eine Strafe, die das Recht auf Leben entzieht, trägt sie den Charakter härtester Bestrafung, effektivster Eindämmung und stärkster Abschreckung. Doch sie steht in krassem Widerspruch zum zivilisatorischen Fortschritt der

Menschheit und entspricht nicht dem immer stärker werdenden Trend zur Humanität. Seit Mitte des 20. Jahrhunderts haben viele Länder sukzessive die Todesstrafe abgeschafft. In einigen Ländern, in denen sie weiter besteht, unterliegt ihre Anwendung starken Einschränkungen.

In Festland-China ist die Frage der Beibehaltung oder Abschaffung der Todesstrafe sehr umstritten. Selbst in Juristenkreisen gibt es auf beiden Seiten Befürworter. Mit Blick auf die kulturellen Traditionen und die gegenwärtige Lage Chinas wird es offenkundig sehr schwer sein, in absehbarer Zeit die Unterstützung der Bevölkerung für eine Abschaffung der Todesstrafe zu erhalten, ihre Beibehaltung ist eine vergleichsweise vernünftige Wahl.[11] Allerdings, in Anpassung an den internationalen humanistischen Trend sollte die grundlegende Tendenz Festland-Chinas bei der Umsetzung seines Systems der Todesstrafe eine stark eingeschränkte, seltene und vorsichtige Anwendung sein. Und so befürworten immer mehr Wissenschaftler eine schrittweise oder etappenweise Abschaffung der Todesstrafe. Zum einen müssen durch die Gesetzgebung allmählich die Straftatbestände für die Todesstrafe verringert werden[12], zum anderen muss die

---

11 Am 11. Mai 2001 nahm ich am „Chinesisch-Europäischen Menschenrechtsdialog" in Peking teil, der die „Todesstrafe" zum Thema hatte. Als Experte der chinesischen Seite hielt ich auf dem Symposium den Vortrag „Todesstrafe und Volkes Meinung". Damals war ich gegen die Abschaffung der Todesstrafe in Festland-China, hauptsächlich weil die absolute Mehrheit der Bevölkerung dagegen war. In Vorbereitung auf den Vortrag hatte ich an der Fakultät für Rechtswissenschaften der Volksuniversität Chinas im Unterricht eine Fragebogenumfrage durchgeführt, ob die Todesstrafe abgeschafft werden sollte. Gegen die Abschaffung sprachen sich 87% der Studentinnen und Studenten aus, 13% waren dafür. Am 25. April 2013 nahm ich auf Einladung der französischen Botschaft in Peking am dort durchgeführten „Forum zu Fragen der Todesstrafe" teil und hielt eine Grundsatzrede mit dem Titel „Fehlurteile in Strafsachen und die Todesstrafe". Ich bin der Auffassung, dass Festland-China die Todesstrafe noch nicht umgehend abschaffen kann, aber wir sollten uns für eine beschleunigte Abschaffung einsetzen und noch mehr Landsleute dazu bringen, die Mängel der Todesstrafe zu erkennen. In der Strafjustiz unseres Landes gibt es gewisse Fehlerbereiche, die zu Fehlurteilen führen können, wir können nicht garantieren, dass alle Todesurteile korrekt und fehlerlos sind. Auch das ist ein wichtiger Grund für die Abschaffung der Todesstrafe. Am 12. Oktober 2013 führte ich anlässlich des „Internationalen Tag(s) gegen die Todesstrafe" (10. Oktober) an der Fakultät für Rechtswissenschaften Chinas im Unterricht erneut die Fragebogenumfrage durch, ob die Todesstrafe abgeschafft werden sollte. Dagegen sprachen sich 40% der Studentinnen und Studenten aus, für ihre sofortige Abschaffung 16%, und 44% waren für eine schrittweise Abschaffung binnen der nächsten 20 Jahre.

12 Das in Festland-China 1979 erlassene „Strafgesetz" enthielt 68 Straftatbestände, die mit der Todesstrafe geahndet werden konnten. In der 2011 vom Ständigen Ausschuss des Nationalen Volkskongresses verbschiedeten „8. geänderte(n) Fassung des Strafgesetzes" wurden aus diesem Katalog 13 Straftatbestände gestrichen.

Justiz an der Strafpolitik „wenig und vorsichtig töten“ festhalten, schrittweise die Anwendung der Todesstrafe verringern und sich zivilisierterer, humanerer Methoden ihrer Vollstreckung bedienen.

Bei der Vollstreckung der Todesstrafe gibt es in den Ländern auf der Welt unterschiedliche Traditionen. Im alten China waren die gebräuchlichsten Methoden Enthaupten und Zerhacken des Kopfs, daneben gab es noch grausamere Methoden wie Zerhacken mit einer Axt, Herausschneiden des Herzens, Verbrennen, in siedendes Öl Werfen, Vierteilen, Tod der tausend Schnitte und Fünf Pferde spalten den Körper. In anderen Ländern wurden überwiegend Tod auf dem Scheiterhaufen und Tod durch den Strang angewendet, darüber hinaus Ertränken, Kreuzigen, Steinigen u.a. Im Zuge des wissenschaftlich-technischen Fortschritts in der jüngeren Zeit gingen einige Ländern zu neuen Vollstreckungsmethoden der Todesstrafe über wie Erschießen, elektrischer Stuhl, Gaskammer. Die Gerichte in Festland-China wendeten lange das Erschießen an, aber seit den 80er Jahren des 20. Jahrhunderts wurden auch alternative Methoden der Vollstreckung erkundet.[13]

Um die Gerechtigkeit und Korrektheit der Anwendung der Todesstrafe zu gewährleisten, wurde in den Gesetzen Festland-Chinas auf der Grundlage des „Zwei-Instanzen-Wegs“ ein spezielles Verfahren der Überprüfung von Todesurteilen etabliert. Gemäß den Bestimmungen des „Strafprozessgesetz(es)“ erfolgen Überprüfung und Bestätigung von Todesstrafen mit zweijährigem Vollzugsaufschub durch die Oberen Volksgerichte, von Todesstrafen mit sofortiger Vollstreckung durch das Oberste Volksgericht. Egal ob der Angeklagte Berufung eingelegt hat oder nicht, bei Todesstrafen muss automatisch das Überprüfungsverfahren durchgeführt werden. 1983 bevollmächtigte das Oberste Volksgericht die Oberen Volksgerichte, in Fällen, die die gesellschaftliche Ordnung ernsthaft gefährden wie Mord, Vergewaltigung, Raub und Straftaten mit Sprengstoff, das Recht auf Überprüfung und Bestätigung der Todesstrafe auszuüben, um Straftaten schnell und mit Härte bekämpfen zu können, was eine gewisse Lockerung der Überprüfung der Todesstrafe und der Kontrolle ihrer Verhängung mit sich brachte. Weil

---

13 Das in Festland-China 1979 erlassene „Strafprozessgesetz“ bestimmte, dass die Todesstrafe durch Erschießen vollstreckt wird. In seiner 1996 revidierten Fassung heißt es, die Vollstreckung der Todesstrafe erfolgt durch Erschießen, letale Injektion u. a. Methoden. Am 28. März 1997 ließ das Mittlere Volksgericht der Stadt Kunming in der Provinz Yunnan zum ersten Mal die Todesstrafe durch letale Injektion vollstrecken. Am 13. September 2001 veranstaltete das Oberste Volksgericht eine Arbeitskonferenz zur Anwendung der letalen Injektion für die Vollstreckung der Todesstrafe durch die Gerichte im ganzen Land. Es forderte von allen Gerichten der Provinzhauptstädte und Metropolen landesweit, die Anwendung der letalen Injektion für die Vollstreckung der Todesstrafe auf praktikable Weise zu propagieren.

die Oberen Volksgerichte der Provinzen, regierungsunmittelbaren Städte und Autonomen Regionen in Strafsachen mit Todesstrafe in der Regel die zweitinstanzlichen Gerichte sind, führte deren Autorisation zur Überprüfung der Todesstrafen dazu, dass die zweite Instanz und die Überprüfung der Todesstrafe in die Zuständigkeit des gleichen Gerichts fiel. Das Verfahren der Überprüfung der Todesstrafe, das eigentlich eingeführt worden war, um ihre Anwendung streng zu kontrollieren, war seines Ruhmes nicht mehr wert.[14] Vor diesem gesellschaftlich-historischen Hintergrund ging der Fall Teng Xingshan in die zweite Instanz.

Nach Verhängung der Todesstrafe in erster Instanz genoss Teng Xingshan in der Untersuchungshaftanstalt ein „Einzelzimmer". Er lag in der kleinen Zelle, in die kein Tageslicht fiel, und schlief, durcheinander und traurig, volle 24 Stunden durch. Er war einfach zu kaputt. Als er erwachte, sah er einen Aufpasser an der Tür stehen, rappelte sich sofort auf, rieb sich die Augen, war etwas verdutzt. Der Polizist schnauzte ihn nicht an, sondern sagte in gelassenem Ton: „Sie sollten was essen". Da erst bemerkte er die große Schüssel in seiner Hand. Hastig ergriff er sie und starrte den Polizisten entgeistert an. Der sagte nichts, verließ die Zelle und verschloss die Eisentür. Teng Xingshan ging zur Tür, warf einen Blick nach draußen, kehrte langsam zum Bett zurück und verschlang wie ein Wolf sein Essen. Er hatte wirklich Hunger.

Nach dem Essen blieb er auf dem Bett sitzen. Sein Hirn begann wieder normal zu funktionieren. Wenn er nach der Verhängung des Todesurteils so seine Tage verbringen könnte, wäre das gar nicht übel, dachte er. Er musste nicht arbeiten, keiner störte ihn, Essen wurde gebracht, das war doch wie ein Leben im Paradies! Aber natürlich war ihm klar, dass zum Tode Verurteilte erschossen werden. Einmal „peng", und alles ist vorbei. Er nahm ein Essstäbchen und drückte es gegen seine Schläfe, schloss die Augen. Nach einer Weile legte er das Stäbchen runter und tat einen leichten Seufzer.

Was mochte es für ein Gefühl sein, eine Kugel zu bekommen? Als er in der Armee war, sollten bei einer Übung Handgranaten geworfen werden, mit scharfer Munition. Ein Soldat warf schief, fast hätte es ihn zerrissen. Später sagte der Kompanieführer, als Soldat darf man keine Angst vor dem Tod haben. Aber sinnlos sterben, und auch noch durch die Hände der eigenen Leute? War er damals beinahe durch die eigenen Leute umgekommen, so würde er diesmal wohl wirklich durch die Hände der eigenen Leute den Tod finden. Der Instrukteur hatte

---

14 Um die Gerechtigkeit und Korrektheit der Anwendung der Todesstrafe zu gewährleisten, zog das Oberste Volksgericht im Jahr 2007 das Recht auf Überprüfung und Bestätigung von Todesstrafen wieder komplett an sich. Gegenwärtig müssen alle Todesstrafen mit sofortiger Vollstreckung dem Obersten Volksgericht zur Überprüfung vorgelegt werden.

gesagt, ein Soldat darf auf keinen Fall stümpern, denn das kleinste Versehen kann Leben kosten. Er war schon mal gerade mit dem Leben davon gekommen. Doch was war diesmal das Versehen?

Der Richter hatte gesagt, dass durch die Beweismittel belegt werden konnte, dass er die Tat begangen habe. Warum passte das so? War etwa alles vom Schicksal vorherbestimmt? Wessen Versehen war es? Wieso traf es ihn? Waren ihm selbst Versehen unterlaufen? Vielleicht hätte er nicht lügen sollen, als die Polizei angefangen hatte, ihn nach seinen Beziehungen zu fragen. Die Scheidung von Jinhua war Wille seiner Eltern gewesen, dagegen hatte er nichts tun können. Nach der Scheidung hatten sie sich ab und zu treffen können, Jinhua war manchmal heimlich zu ihm nach Hause gekommen, um mit ihm zu schlafen. Als die Polizei ihn verhörte, wollte er Jinhua nicht nennen und hatte sich so eine Frau, die nicht aus der Gegend kam, ausgedacht. Dass im Fluss eine Frauenleiche entdeckt worden war, hatte er gehört, doch im Traum nicht gedacht, dass diese Sache mit ihm in Verbindung gebracht werden würde. Hätte er gewusst, dass er des Mordes verdächtigt wurde, hätte er doch nicht die Geschichte mit der Zugereisten erfunden. Wäre er ohne diese Lüge vielleicht nicht von der Polizei zum Mörder gestempelt worden? Und er wäre besser standhaft geblieben, als sie ihn zu dem Mord befragten. Hätte ihn die Polizei für schuldig befinden können, wenn er auf den Tod nichts zugegeben hätte? Er war zu weich, die Bezeichnung „Soldat" verdiente er wirklich nicht. Aber die Leute waren auch zu rücksichtslos vorgegangen, er hatte sich wirklich nicht wehren können und deshalb dieses unüberlegte Geständnis gemacht. War das sein Fehler? Und dann hatte er doch den Staatsanwälten und den Richtern die Wahrheit gesagt, warum glaubten die ihm nicht? Alle sagen, dass die Regierung guten Menschen auf keinen Fall Unrecht tut, aber ihm geschah nun wirklich Unrecht. „Unrecht" – dieses Wort drückte auf seine Brust, so dass er kaum atmen konnte. Er machte zwei Schritte zur Tür, hämmerte gegen die Eisentür und schrie: „Unrecht! Unrecht!" ...

Zwei Polizisten kamen herbeigelaufen und brüllten ihn an, er solle aufhören zu schreien. Der Polizist, der ihm das Essen gebracht hatte, fuhr ihn noch an: „Unrecht oder nicht, hier rumzuschreien nützt gar nichts, das müssen Sie dem Gericht erzählen. Sie haben doch Berufung eingelegt, also warten Sie auf die Verhandlung in der zweiten Instanz. Ihre Anwälte haben uns bereits kontaktiert, sie kommen morgen vorbei. Warten Sie ab, es besteht ja noch Hoffnung." Teng Xingshan stand eine Weile starr da und zog sich dann langsam zum Bett zurück.

Am nächsten Vormittag kamen die Anwälte tatsächlich. Polizisten legte Teng Xingshan Hand- und Fußschellen an und führte ihn aus der Zelle in den Hof. Die Strahlen der Wintersonne hatten zwar keine Kraft, aber auf seinem Gesicht machten sie ihn leicht schwindlig. Er hob den Kopf, blinzelte mit den Augen und bewegte sich langsam vorwärts. Wie viele Tage schon hatte er die Sonne nicht mehr gesehen? Das Sonnenlicht schien wärmend auf seinen Körper, richtig angenehm. Auf Sonnenlicht mochte er wirklich nicht verzichten. Aber der Hof war klein, zu schnell hatte er den Schatten der Gebäude aus der ersten Reihe erreicht.

Der Besucherraum war nicht groß, in der Mitte befanden sich eine niedrige Wand und ein Eisengitter, die ihn in zwei Hälften teilten. Auf der einen Seite standen zwei Holzstühle, auf der anderen ein Eisenstuhl, die alle fest in den Boden eingelassen waren. Der Eisenstuhl war mit einem Stuhlbrett und Fesselgurten für Hände und Füße ausgerüstet. Der Polizist forderte Teng Xingshan auf, sich auf den Eisenstuhl zu setzen. Er schnallte ihn am Stuhlbrett fest, machte die Schlösser aber nicht zu. In dem Augenblick öffnete sich die Tür auf der anderen Seite des Eisengitters, herein kamen zwei Männer mittleren Alters, gefolgt von einem Polizisten.

Die beiden Anwälte stellten sich zunächst vor. Auch sie waren von der Rechtsberatungsstelle der Region Huaihua, einer hieß Zhou, der andere Zeng. Sie hatten sich bereits über den Fall informiert und eine Vollmacht sowie die Berufungsschrift vorbereitet. Nachdem sie ein paar einfache Fragen gestellt hatten, baten sie Teng Xingshan, auf der Vollmacht zu unterschreiben. Mit hoffnungsvollem Blick fragte er die Anwälte: „Lässt sich mein Urteil noch kippen?" Anwalt Zhou antwortete: „Sehr schwer, hauptsächlich weil Ihr Geständnis vorliegt." Teng Xingshan rechtfertigte sich: „Da hab' ich dummes Zeug geredet!" Er warf einen Blick auf den Polizisten neben der Tür; zu sagen, dass die Polizei Leute schlägt, traute er sich nicht. Anwalt Zhou erwiderte: „Wir werden unser Bestes geben. Schauen Sie, in der Berufungsschrift haben wir bereits auf einige Lücken und Ungereimtheiten bei den Beweismitteln der Staatsanwaltschaft hingewiesen. Aber Sie sollten nicht zu große Hoffnungen hegen. Wir streben an, dass das Obere Volksgericht der Provinz das Urteil in Todesstrafe mit Vollzugsaufschub ändert." Teng Xingshan fragte: „Was ist Todesstrafe mit Vollzugsaufschub?" Anwalt Zhou antwortete: „Das bedeutet Todesstrafe mit zweijähriger Aussetzung der Strafvollstreckung. Wenn Sie keine neuen Straftaten begehen, wird die Todesstrafe nicht vollstreckt." Teng Xingshan fragte weiter: „Dann würde ich also nicht erschossen?" Anwalt Zhou nickte.

Zurück in der Zelle nahmen die Polizisten ihm die Fesseln wieder ab, Teng Xingshan fühlte sich ein wenig erleichert. Natürlich wollte er nicht sterben. Ein Sprichwort lautet: Ein guter Tod ist schlechter als ein lausiges Leben. Er hatte Eltern, Kinder, alle brauchten ihn. Und da war ja auch noch Jinhua! Nach der Scheidung hatte er nicht wieder geheiratet, Jinhua auch nicht, denn sie malten sich aus, dass sie in ein paar Jahren wieder zusammen kommen könnten. Solange er nicht erschossen würde, hegte er noch Hoffnung. Und es konnte ja sein, dass die Richter ihn frei sprechen würden! Die Richter auf der Provinzebene waren hochqualifiziert, ganz sicher würden sie das ihm geschehene Unrecht aufklären können. Auf dem Bett liegend stellte er sich vor, wie seine Anwälte ihn vor Gericht verteidigten, und plante die Worte, die er dann sagen wollte. Er bereute, dass er im erstinstanzlichen Verfahren die Sache nicht klar dargestellt hatte. Zum ersten Mal hatte er sich beim Reden so vielen Leuten gegenüber gesehen, er war zu nervös gewesen. Diesmal würde er Erfahrung haben: nicht zu viel reden, dafür klar und eindeutig. Langsam fielen ihm die Augen zu ...

... Plötzlich drang von der Tür das Geräusch des Öffnens des Schlosses zu ihm, hastig setzte er sich auf. Ein für Umerziehung zuständiger Gefängnispolizist kam herein und sagte, jemand aus Ihrer Familie ist hier, um Sie zu besuchen. Was? Er traute seinen Ohren nicht recht. Jemand aus Ihrer Familie ist gekommen, um Sie zu besuchen! Nun beeilen Sie sich schon! Der Polizist legte ihm Hand- und Fußschellen an und führte ihn wieder in den Besucherraum. Er setzte sich auf den Eisenstuhl und schaute zum Eingang, überlegend, wer ihn wohl besuchen käme. Mutter? Der älteste Bruder? Die Tür ging auf, ein Polizist führte Zhan Jinhua herein. Mit weit aufgerissenen Augen fragte er: „Was machst Du denn hier?" Jinhua antwortete: „Ich wollte Dir sagen, dass Dein Urteil revidiert werden kann, das Frühlingsfest kannst Du ganz sicher zu Hause feiern. Alle warten darauf, dass Du ein Schwein schlachtest!" Er lachte und beeilte sich zu sagen, „Dann koche ich auch noch einen großen Topf Schweinefleisch, damit Ihr drei Frauen mal ordentlich was zu essen habt!"

Mit Hoffnung im Herzen waren die Tage in der Unterschungshaft nicht ganz so schwer zu ertragen. Teng Xingshan sagte sich täglich die Worte vor, die er vor Gericht vorbringen wollte, und nahm immer wieder Änderungen und Ergänzungen vor. Insgeheim zählte er auch die Tage bis zum Frühlingsfest. Bald, in weniger als einem Monat würde es gefeiert werden! Aber wieso kam keine Nachricht vom Gericht? Er hielt es wirklich nicht mehr aus und fragte den für Umerziehung zuständigen Gefängnispolizisten. Der sagte, auch sie hätten keine Ahnung von den Angelegenheiten des Gerichts. Allerdings, früheren Erfahrungen nach beraume das Gericht der zweiten Instanz nicht unbedingt eine Verhandlung an, im Allgemeinen würden die Richter nach Aktenlage entscheiden und dann in der Untersuchungshaft das Urteil verkünden. Teng Xingshans Hoffnungen trübten sich wieder.

Am 22. Januar kamen zwei Polizisten in seine Zelle und sagten ihm, Leute vom Gericht seien gekommen. Ihre ernste Miene ließ Teng Xingshan nichts Gutes ahnen. Sie legten ihm Fesseln an und führten ihn in den Vernehmungsraum des Untersuchungsgefängnisses. Nachdem die zwei Richter des Oberen Volksgerichts der Provinz Hunan seine Identität überprüft hatten, verlasen sie feierlich den Urteilsspruch des Gerichts:

Das Obere Volksgericht der Provinz Hunan hat am 19. Januar 1989 das „Strafurteil" mit dem Aktenzeichen Xing Yi Zhong Zi Nr. 1/1989 erlassen: ... Das hiesige

Gericht bestätigt: der Sachverhalt, der im Ersturteil festgestellt wurde, ist klar, die Beweismittel sind überzeugend und ausreichend, die Festsetzung der Strafe ist korrekt, die Strafzumessung angemessen, das Verfahren war gesetzeskonform. Der Berufungsführer Teng Xingshan hat von sich aus den Mord und die Zerstückelung der Leiche gestanden. Das deckt sich mit den wissenschaftlichen Untersuchungen und Sachverständigengutachten und wird durch einen Teil der gesicherten Sachbeweise bekräftigt. Der Grund des Berufungsführers, er „habe keinen Mord begangen, was er zuvor gestanden habe, sei dahergeredet gewesen" entspricht nach Überprüfung nicht den Tatsachen. Der Mord und die Zerstückelung der Leiche sind ausgesprochen grausam erfolgt, die Tatumstände besonders widrig, die Folgen äußerst schwerwiegend, die Tat muss mit Exekution bestraft werden. Gemäß Art. 132 und 53 Abs. 1 „Strafgesetz der Volksrepublik China", Art. 136 Absatz 1 „Strafprozessgesetz der Volksrepublik China" und des Beschlusses des Verfahrensausschusses des hiesigen Gerichts im Anschluss an die zur Sache erfolgten Diskussion ergeht folgendes Urteil: Die Berufung wird zurückgewiesen, das Ersturteil aufrecht erhalten. Dieses Urteil ist das Endurteil. Gemäß den Bestimmungen des Obersten Volksgerichts zur Autorisierung der Oberen Volksgerichte, einen Teil von Todesurteilen zu überprüfen und zu bestätigen, ist dieses Urteil Bestätigung der Todesstrafe für den Berufungsführer Teng Xingshan und Beschluss zum Entzug seiner politischen Rechte auf Lebenszeit.

Die Richter hatten das Urteil noch nicht zu Ende verlesen, da weinte Teng Xingshan bereits still vor sich hin. Die beiden Polizisten versuchten ständig, ihm Einhalt zu gebieten. Nach der Verlesung fragten die Richter, ob er Einwände gegen das Urteil des Gerichts habe. Er heulte: „Ich habe keinen Mord begangen! Das ist Unrecht!" Die Richter versprachen, ihren Vorgesetzten von seinem Einwand zu berichten, ließen ihn dann auf dem Verlesungsprotokoll unterschreiben und seinen Fingerabdruck machen.

Die Richter gingen, Teng Xingshan wurde in seine Zelle zurückgebracht. Da schien er sich schon wieder gefasst zu haben. Als die Polizisten ihm die Schellen abnahmen, fragte er sie: „Wann werde ich sterben?" Sie antworteten: „Das Obere Volksgericht der Provinz müsste heute den Vollstreckungsbefehl an das Mittlere Volksgericht übergeben. Den Vorschriften nach hat die Vollstreckung durch das Mittlere Volksgericht binnen sieben Tagen zu erfolgen." Teng fragte weiter: „Kann ich meine Familie noch mal sehen?" Die Polizisten entgegneten: „Das Gericht wird Ihre Familie den Vorschriften nach unterrichten."

Die Polizisten waren gegangen, die Eisentür war zu. Teng Xingshan stand an der Tür, rechnete im Kopf: heute ist der 14. Tag des zwölften Monats *[Anm. d. Ü.: Zählung nach dem chinesischen Mondkalender]*, in sieben Tagen der 21. Wie gut wäre es, wenn er noch zwei Tage länger warten könnte, dann könnte er am 23. zusammen mit dem Herdgott in den Himmelspalast aufsteigen! „In den Himmelspalast aufsteigen" – was für ein Quatsch! Erschossen werden, das kommt! Beim Gedanken daran sank er niedergeschlagen auf den Boden.

Unter seelischen Qualen wartete Teng Xingshan auf seine Familie, wartete auf die Todesstrafe. Diese Warterei war einfach nicht zum Aushalten! Manchmal hoffte er, die Zeit würde schneller vergehen, dann wiederum hoffte er, sie würde langsamer vergehen. Manchmal stellte er sich vor, wie er ausbrechen würde, und manchmal wollte er wirklich gegen die Wand rennen und sofort tot sein. Er wurde noch verrückt! Sieben Tage waren rum, niemand von der Familie war gekommen – die Todesstrafe war gekommen.

Am 28. Januar 1989 wurde Teng Xingshan zum Hinrichtungsplatz gebracht. Der für das Kommando der Exekution Zuständige des Gerichts überprüfte zunächst seine Identität und fragte ihn dann, ob er ein letztes Wort oder Briefe habe. Teng Xingshan schrie: „Ich habe keinen Mord begangen! Das ist Unrecht!" Die Justizpolizisten beendeten seinen Widerstand, die Exekution wurde vollzogen.

Vorschriftsgemäß veröffentlichte das Mittlere Volksgericht der Region Huaihua die Nachricht über den Vollzug der Todesstrafe an Teng Xingshan und teilte seiner Familie mit, sie solle den Leichnam und seine Hinterlassenschaften abholen. Die Familie begrub den Leichnam nicht im Familiengrab, sondern in den Bergen. Denn Teng Xingshan war exekutiert worden, er musste weit weg sein von den Gräbern der Ahnen.

Als Anwalt Teng Ye von Changsha nach Mayang zurückkehrte, erfuhr er, dass Teng Xingshan bereits exekutiert worden war. Dieser bereits über 50-jährige Anwalt konnte nicht anders – den Kopf gen Himmel gerichtet entfuhr ihm ein langer Seufzer, Tränen quollen aus seinen Augen.

Teng Xingshans Vater war sowohl aufgebracht als auch deprimiert, als er die Nachricht erhielt. Er konnte nichts essen, nicht schlafen. Nachdem sein Sohn begraben worden war, wurde er krank und verstarb kurz darauf. Zwei Jahre später verschied auch seine Mutter.

VII Die zurückgekehrte Geschädigte

Die Nachricht über die Exekution Teng Xingshans erreichte auch die Heimat Yang Xiaorongs. In dem Bergdorf des Kreises Songtao in der Provinz Guizhou rief sie jedoch weder Freude noch Trauer hervor. Ihre Familie war arm, die Eltern hatten sieben Töchter. Yang Xiaorong hatte schon früh die Heimat verlassen, um Arbeit zu suchen, und kam selten nach Hause. Im vorletzten Jahr, als sie erfahren hatten, dass Yang Xiaorong eines gewaltsamen Todes gestorben war, hatten Eltern und Schwestern eine Weile getrauert, waren aber schnell darüber hinweg gekommen. Die Nachricht, dass der Mörder exekutiert worden war, brachte der Familie nichts, worüber sie sich irgendwie freuen konnte. Die Sache war längst vorbei. Die Toten waren tot, die Lebenden mussten weiterleben. Nur die Fünfte Schwester Yang Guixian, die sich mit Yang Xiaorong am besten verstanden hatte, vergoss ihretwegen ein paar Tränen.

Ein paar Jahre waren verstrichen. Just als die Erinnerung der Familie an Yang Xiaorong fast verblasst war, erhielt sie einen seltsamen Brief. Die Anschrift auf dem Umschlag lautete „Provinz Guizhou, Kreis Songtao, Gemeinde Waxi, Dorf Luping, Gruppe Guanzimen“, Adressat war Yang Xiaorongs Mutter, „Xiong Jiacheng“. Die Anschrift des namentlich nicht genannten Absenders war Provinz Shandong, Kreis Yutai, Gemeinde Zhoutang, Dorf Qianzhao. Auf dem Briefpapier standen nur ein paar krakelige Schriftzeichen: „Mama, Fünfte Schwester: ich will nach Hause.“ Unterschrieben war der Brief mit „Yang Xiaorong“.

Zuerst waren Mutter und Töchter furchtbar erschrocken. Die Mutter dachte, der Geist der verstorbenen Tochter wolle zurückkehren, der Familie drohe Unheil. Sofort warf sie sich auf den Boden und machte Kotaus, um Schutz der Götter zu erbitten. Die Schwestern fürchteten, dass jemand sie im Namen der „Sechsten Schwester“ erpressen oder Vergeltung üben wollte. Bei genauerem Hinsehen fanden sie dann aber, dass die Schriftzeichen auf dem Briefpapier wirklich von der Sechsten Schwester stammen könnten. Sie hatte nur wenige Jahre die Schule besucht, keine guten Noten bekommen, konnte keine Briefe schreiben; gut möglich, dass sie jemanden gebeten hatte, den Briefumschlag zu beschriften. Das würde dann ja bedeuten, dass die Sechste Schwester nicht tot wäre! Nachdem sie sich besprochen hatten, beschloss die Familie, den Mann der Fünften Schwester, Zhang Changlu, nach Shandong zu schicken, um Yang Xiaorong ausfindig zu machen.

Im Herbst 1992 kam Zhang Changlu mit jenem Brief und einem Familienfoto im Gepäck nach Shandong. Auf gewundenen Wegen fand er Yang Xiaorong schließlich bei Zhao Jingyous Familie im Dorf Qianzhao der Gemeinde Zhoutang, Kreis Yutai. Er bat sie, die Personen auf dem Foto zu identifizieren, ohne Fehler erkannte sie die Schwestern wieder. Yang Xiaorong erzählte, dass sie 1987 unter dem Vorwand, „einen Arzneimittelhandel aufzuziehen“, von Menschenhändlern an die Familie Zhao in Shandong verkauft worden war. In den ersten zwei Jahren hatten die Zhaos ihr Kontakte mit nicht zur Familie gehörenden Leuten untersagt. Erst als sie ihnen einen Sohn und eine Tochter geschenkt hatte, erhielt sie Gelegenheit, mit Leuten von außerhalb Kontakt aufzunehmen. Die Zhaos hatten in erster Linie Kinder haben wollen, jetzt waren sie ganz gut zu ihr. Als sie ihnen eröffnete, sie wolle nach Hause, hatten sie nicht groß was dagegen.

Zurück in Guizhou berichtete Zhang Changlu der Familie Yang, was sich ereignet hatte. Xiong Jiacheng wollte die Sechste Tochter unbedingt nach Hause holen. Die Fünfte Schwester schrieb Yang Xiaorong einen Brief, den sie auch beantwortete, beigefügt war ein Foto ihrer beiden Kinder. Später schlossen die beiden Familien eine Vereinbarung, nach der Yang Xiaorong nach Hause zurückkehren konnte. Anfang 1994 wurde sie von Familienmitgliedern der Zhaos in die Stadt Jishou in der Provinz Hunan begleitet, von dort setzte sie alleine die Reise in die Heimat im Kreis Songtao in der Provinz Guizhou fort.

Ihre Rückkehr bereitete der Familie sowohl Trauer als auch Freude. Yang Xiaorong erzählte, wie es ihr in den Jahren ergangen war, ihre Familie erwähnte den damaligen Mordfall in Mayang, Hunan. Aber nur beiläufig; Yang Xiaorong fragte nicht weiter nach, und so kam die Familie auch nicht wieder darauf zu sprechen – es betraf ja Fremde. Nicht lange Zeit später heiratete Yang Xiaorong Liu Renshan aus der Gruppe Cuobajing des gleichen Dorfs und begann ein neues Leben.

In den Dörfern der Gemeinde Waxi gab es damals noch keine Einwohnermelderegister. Früher war das Büro der Gemeinderegierung für die Verwaltung der Einwohner verantwortlich gewesen, ab 1992 ging die Zuständigkeit auf die Polizeistation der Gemeinde über. Die Verwaltung des Einwohnermelderegisters war damals ziemlich chaotisch, man vertraute darauf, dass die Dorfbewohner von sich aus die Anmeldungen vornahmen. Da die Leute vom Land im Allgemeinen keine Wohnsitzbescheinigungen brauchten, wurden Veränderungen in der Zahl der Familienmitglieder häufig nicht an die Regierung gemeldet. Als Yang Xiaorong „ermordet" worden war, war ihr Wohnsitz nicht abgemeldet worden, und so musste sie nun, wo sie „lebendig zurück" gekommen war, auch nicht erneut angemeldet werden. Wäre es nicht später zu einem „zufälliges Treffen" mit einem alten Bekannten gekommen, hätte es wohl einen Schlussstrich unter diese Angelegenheit gegeben.

Im Winter 1994 kam Liu Kuoyuan, der Manager des „Gasthaus am Platz" in Mayang, nach Songtao in der Provinz Guizhou, um mit Zelkovenholz zu handeln. Zufällig traf er Yang Guixian. Während sie sich unterhielten, erwähnte sie, dass ihre Sechste Schwester noch am Leben sei. Manager Liu war platt und fragte sofort: „Ist das ein Scherz?" Yang Guixian antwortete: „Nein, das ist wahr, Sechste Schwester lebt noch." Dann erzählte sie, wie ihre Familie Yang Xiaorongs Brief erhalten hatte, wie sie verkauft worden und wieder nach Hause zurückgekehrt war. Manager Liu sagte: „Das ist ja ein Ding! Jener Schlachter Teng Xingshan ist damals vom Gericht wegen Mordes an Yang Xiaorong verurteilt und exekutiert worden, und jetzt stellt sich raus, dass sie nicht tot ist – er ist also vollkommen zu Unrecht hingerichtet worden!" Er fragte, wo Yang Xiaorong jetzt sei, er würde sie gerne sehen. Yang Guixian antwortete: „Sie hat wieder geheiratet und wohnt in der Gruppe Cuobajing, ich bringe Sie hin."

Manager Liu fand, Yang Xiaorong habe sich stark verändert. Als sie die Geschichte mit Teng Xingshan hörte, war auch sie geschockt. Dass durch ihr Verschwinden jemand sinnlos sein Leben verlieren würde, hätte sie nicht gedacht. Sie erzählte Manager Liu, sie kenne diesen Teng Xingshan überhaupt nicht, und schon gar nicht könne von einer irgendwie gearteten „anrüchigen Beziehung" die Rede sein. Aufgebracht sagte sie, sie werde einen Brief an das Gericht des Kreises Mayang schreiben und fordern, das Fehlurteil von damals, nach dem zwischen ihr und Teng Xingshan eine „anrüchige Beziehung" bestanden hatte und sie von ihm „ermordet" worden war, aufzuheben, ihren Ruf wiederherzustellen und Entschädigung für den Schaden zu zahlen. Zuletzt beklagten die drei noch Teng Xingshans Schicksal. Manager Liu war ein hilfsbereiter Mensch, er versprach, wenn er zurück sei, Tengs Familie zu unterrichten.

Von Guizhou nach Mayang zurückgekehrt, fuhr Manager Liu zwei Mal ins Dorf Malan, um Teng Xingshans Familie aufzusuchen. Er traf auf den ältesten Bruder Teng Xingben und erzählte ihm, wie er in Guizhou Yang Xiaorong getroffen hatte. Doch Teng Xingben war gar nicht so aufgewühlt, wie Manager Liu es sich vorgestellt hatte. Erst nach einer Weile des Schweigens sagte er, das muss mit der Familie besprochen werden. Manager Liu erwiderte, sie könnten sich an ihn wenden, wenn sie Hilfe bräuchten. Teng Xingben bedankte sich umgehend.

Seinen drei Brüdern erzählte er, was er von Manager Liu erfahren hatte. Sie befanden, dass es nicht angeraten war, die Sache an die große Glocke zu hängen: erstens, wie der Fall Teng Xingshan behandelt werden sollte, hatte die Regierung festgelegt, wenn ihre Familie jetzt schmutzige Wäsche waschen würde, bedeutete das ja, sich mit der Regierung anzulegen und würde sicher weitere Unannehmlichkeiten nach sich ziehen. Zweitens, für einen Prozess brauchte man Geld, für einen Anwalt brauchte man auch Geld, arme Leute hatten gerade mal genug Geld zum Leben, wo war da was übrig, um zu prozessieren! Und drittens, der Zweite Bruder war nun mal bereits tot, die Sache war vorbei, niemand erwähnte sie mehr. Selbst wenn die Regierung einwilligen würde, das Urteil zu revidieren, könnte der Tote nicht wieder zum Leben erweckt werden, das Ganze machte wenig Sinn. Kurzum, die Angelegenheit sollte nicht wieder aufgerollt werden. Die Familie beschloss, nichts nach außen zu tragen. Teng Xingben fand jedoch, dass Zhan Jinhua Bescheid wissen sollte, immerhin waren Teng Xingshans zwei Kinder bei ihr.

Er suchte Zhan Jinhua auf und erzählte, was vorgefallen war. Erneut brach ein Schwall Tränen hervor. Teng Xingben wusste, dass Jinhua es in diesen Jahren nicht leicht gehabt hatte, alleine zwei Kinder groß zu ziehen, und tröstete sie geduldig, bis sie zu weinen aufhörte. Vor dem Gehen schärfte er ihr ein: wenn du keine Probleme bekommen willst, sag' den Kindern erst mal nichts, sie sind noch klein. Jinhua nickte und erwiderte, ja, so denke auch sie.

Nachdem Teng Xingben gegangen war, saß Jinhua starr zu Hause. Sie konnte nicht nachvollziehen, wie das Ganze hatte passieren können. Die Regierung hatte so viele fähige Leute, warum war es zu dem Fehlurteil gekommen? Im Kreis Mayang lebten so viele Menschen, wieso hatte dieses Unrecht ausgerechnet Xingshan getroffen? Xingshan war ein so toller Name! Als sie heirateten, hatte sie noch zu ihm gesagt, wegen deines Namens habe ich dich geheiratet. Er war wirklich ein herzensguter Mensch gewesen. Es heißt, Gutes wird mit Gutem vergolten, Böses mit Bösem. Wieso war ihm nicht Gutes zurückgegeben worden? Hatte er das Unheil etwa angezogen, weil er Schweineschlachter war? Sie meinte, einen Ausspruch der Alten in Erinnerung zu haben: Leute, die Gutes tun, können keine Lebewesen töten. War Schweineschlachten gleichbedeutend mit dem Töten von Lebewesen?

Jinhua war bedrückt. Zu gerne wollte sie sich mit den Leuten von der Regierung anlegen. Nach langem hin und her Überlegen fand sie dann aber doch, dass Xingben recht hatte. Wir sind einfache arme Leute, wir dürfen die Regierung nicht in die Klemme bringen! Hauptsächlich wegen der Kinder dachte sie so. Nach Teng Xingshans Tod hatte sie an seinem Grab geschworen: egal ob er schuldig oder unschuldig gewesen war, sie werde die beiden Kinder groß ziehen, als Ausdruck der Gefühle zwischen den Eheleuten. Jetzt waren die Kinder fast erwachsen, die Tochter 17, der Sohn 15. Aber beide waren sehr eigen, gehorchten immer weniger. Sicher war es der Tod des Vaters, der auf ihnen lastete! Xingben hatte recht: nicht auszudenken, was die Geschwister anstellen würden, wenn sie ihnen erzählte, dass ihr Vater zu Unrecht gestorben war!

Jinhua ging aus dem Haus und verließ das Dorf gen Westen. Sie folgte dem gewundenen Weg bis zu einer schroffen Felswand am Berghang. Neben einer Kiefer befand sich ein ganz mit Unkraut bewachsener und vom Regenwasser fast eingeebneter kleiner Erdhügel. Vor diesem Erdhaufen war ein kleines, grobes Holzschild aufgestellt, auf dem fünf kaum mehr lesbare schwarze Schriftzeichen standen: Grab von Teng Xingshan. Jinhua kniete vor dem Holzschild nieder und starrte auf die mit Unkraut übersäte gelbe Erde. Ihre Augen verschwommen, große Tränen tropften auf den Lehmboden neben dem Holzschild.

VIII Der lange Weg der Rehabilitierung

Mit dem Stigma behaftet, dass der Vater ein „Mörder" war, wuchsen Teng Dayan und Teng Xiaohui auf. In dem Jahr, als der Vater abgeholt worden war, war Teng Dayan 10 Jahre alt, Teng Xiaohui 8. In der Schule hielten sich viele Mitschüler fern von ihnen, manche spuckten sogar nach ihnen und beschimpften sie, ihr Vater sei ein Mörder. Dayan stellte sich dann immer schützend vor ihren kleinen Bruder. Beide fühlten sich ungerecht behandelt und wollten nicht mehr in die Schule, aber die Mutter bestand darauf, dass sie sie weiter hin gingen. Einmal schnauzte ein Mitschüler Xiaohui an, der konnte es nicht mehr ertragen und schimpfte zurück, worauf zwei Jungs herbei kamen und ihn verdroschen. Dayan sah das, eilte herbei, um ihren Bruder zu beschützen, mit dem Ergebnis, dass beide von den Mitschülern verprügelt wurden. Während der Lehrer eine Standpauke hielt, kam kein einziges Wort über ihre Lippen. Hinterher liefen sie an einen einsamen Ort und weinten, den Kopf in die Hände gestützt, bitterlich. Am nächsten Morgen verließen die Geschwister wie üblich das Haus, aber sie gingen nicht zur Schule, sondern liefen zum Grab des Vaters und saßen dort den ganzen Tag. In der Schule Schikanen ausgesetzt, die Familie arm – nachdem Dayan und Xiaohui mit diversen Unterbrechungen die Grundschule beendet hatten, begannen sie zu Hause als Bauern zu arbeiten.

Als sie älter wurden, fingen Teng Dayan und Teng Xiaohui an, während der Nebensaison in der Kreisstadt Nebenjobs zu machen, so dass es der Familie allmählich besser ging. Das war die Zeit, wo manche Leute vom Land begannen, sich in der wirtschaftlich entwickelten Provinz Guangdong als Arbeiter zu verdingen. Nach dem Frühlingsfest des Jahres 1998 kam auch Teng Dayan zusammen mit Leuten aus ihrem Dorf nach Zhuhai. Durch Vermittlung einer Person aus ihrer Heimat fing sie in einer Fabrik für Handtaschen an. Diese Chance schätzte sie überaus hoch, gab sich alle Mühe und erhielt sogar Auszeichnungen. Aber eines Tages eröffnete ihr der Personalmanager: „Sie sind entlassen." Teng Dayan fragte: „Wieso?" Der Manager erwiderte: „Wir haben erfahren, dass Ihr Vater ein Mörder war." Was sollte sie dem entgegen setzen? Schweigend ging sie fort. Später fand sie einen neuen Job, aber nachdem sie dort eine Weile gearbeitet hatte, wurde sie wieder entlassen. Binnen weniger Jahre klapperte sie ganz Zhuhai ab und übernahm die schwersten und am schlechtesten bezahlten Jobs. Manche Leute aus ihrem Dorf erlebten Entwicklung und Aufstieg, dagegen war auch nichts zu sagen, aber ihre Gefühle waren zwiespältig. Auch wenn sie mitbekam, dass Kolleginnen einen Freund gefunden hatten, empfand sie einen schwer in Worte zu kleidenden Schmerz. Sie war nicht dümmer und doofer als andere, aber die Chancen, die das Leben bot, schienen für sie immer unerreichbar. Ihr war klar, dass der Grund für all das Stigma der „Tochter eines Mörders" war, das an ihr klebte.

Anfang 2004 fuhr Teng Dayan zum Neujahrsfest nach Hause. An einem Tag unterhielt sie sich mit ihrer Mutter über ihr hartes Los in Zhuhai und konnte nicht anders, als sich zu beklagen. „Alles wegen dir! Wenn du meinen Vater damals nicht verlassen hättest, hätte er sich nicht eine andere Frau suchen müssen, dann hätte er keinen Mord begangen. Alles ist dein Fehler!" Zhan Jinhua erstarrte, dann weinte sie traurig. Dayan fand, dass sie zu harte Worte gewählt hatte, und tröstete die Mutter. Jinhua hörte zu weinen auf und sagte bedächtig: „Da gibt es etwas, was ich dir sagen sollte. Jene Yang Xiaorong ist damals überhaupt nicht gestorben, deinem Vater ist Unrecht geschehen!“ Dayan riss die Augen auf: „Was sagst du?“ Jinhua berichtete ihr von der Nachricht, die Liu Kuiyuan vor zehn Jahren aus Guizhou mitgebracht hatte. Dayan war wütend: „Warum erzählst du mir das jetzt, nach zehn Jahren?“ Jinhua entgegnete: „Dein Onkel meinte, ich sollte es euch nicht sagen. Auch ich dachte, was macht es für einen Sinn, wo die Sache doch von der Regierung festgelegt worden war. Zudem waren wir arm und haben nicht gewagt, uns mit der Regierung anzulegen, also mussten wir es so hinnehmen. All die Jahre bedrückt mich das, denkst du etwa, ich stecke das so einfach weg?“ Dayan verstummte. Die Falten in Mutters Gesicht, ihre weiß gewordenen Haare – mit einem Mal schien sie zu verstehen, was in ihr vorging. Den Kopf in die Hände gestützt, weinten Mutter und Tochter bitterlich.

Teng Xiaohui hörte Weinen und kam herein, um zu fragen, was los sei. Dayan erzählte ihm die Geschichte. Xiaohui wollte sofort losziehen, um das Gericht zur Rechenschaft zu ziehen, doch Jinhua hielt ihn zurück. Dayan, die durch ihre Zeit in Zhuhai an Erfahrungen reicher geworden war, ermahnte den Bruder: mit dem Kopf durch die Wand geht nicht, man muss den Rechtsweg einschlagen. Früher war es für arme Familien wie unsere ein Ding der Unmöglichkeit, gegen die Regierung zu prozessieren, aber die Zeiten haben sich geändert. China macht Fortschritte und will die Herrschaft des Rechts durchsetzen, das einfache Volk kann die Regierung vor Gericht anklagen. Nachdem sie sich eine Weile beratschlagt hatten, beschlossen sie, erst mal mehr von jenem Manager Liu in Erfahrung zu bringen und dann in Huaihua einen Anwalt zu suchen, um auf dem Rechtsweg die Unschuld ihres Vaters wiederherzustellen.

Teng Dayan suchte Manager Liu auf und befragte ihn detailliert zu Yang Xiaorong. Mit Hilfe anderer formulierte sie einen „Einspruch“, darin hieß es: Die in den Akten als Geschädigte aufgeführte Yang Xiaorong verschwand im März 1987, als sie in Mayang einer Arbeit nachging, und so wurde der Schluss gezogen, dass sie die Tote sei. Tatsächlich war sie damals von Dritten an den Bauern Zhao Jingyou aus dem Kreis Yutai in der Provinz Shandong als Ehefrau verkauft worden, und erst 1992, nachdem sie diesem einen Sohn und eine Tochter geboren hatte, konnte sie ihre Verwandten in der Heimat in Guizhou kontaktieren und in der Folge nach Hause zurück kehren.

Mit diesem Einspruch in der Hand suchte Teng Dayan das Zentrum für Rechtshilfe der Stadt Huaihua auf und stellte einen Antrag auf Rechtshilfe, um Rechtsmittel in der Strafsache einlegen zu können. Sie führte aus, dass ihr Vater damals immer wieder beteuert hatte, keinen Mord begangen zu haben, dass die relevanten Beweismittel für die Entscheidung in der Sache unzählige Lücken aufgewiesen hatten und es gravierende Fehler gegeben hatte. Und dennoch war ihr Vater des Mordes für schuldig befunden und zum Schluss exekutiert worden. Als seine Kinder würden sie und ihr Bruder bis zum bitteren Ende gegen dieses dem

Vater angetane Unrecht vorgehen, um seine Unschuld zu beweisen. Das Zentrum für Rechtshilfe prüfte ihre Unterlagen und beschloss, den Fall anzunehmen und Anwalt Zhou Kaisong als Prozessbevollmächtigten in der Strafsache zu bestellen. Nachdem Anwalt Zhou die relevanten Unterlagen überprüft hatte, legte er in Vertretung von Teng Dayan bei der Volksstaatsanwaltschaft der Provinz Hunan Rechtsmittel ein.

Am 23. Juli beschloss die Volksstaatsanwaltschaft der Provinz Hunan, den Einspruch von Teng Dayan anzunehmen. Binnen eines Jahres suchte der Staatsanwalt des Referats für Einsprüche über zehn Städte und Kreise in den Provinzen Hunan, Guizhou, Shandong, Guangdong und Liaoning sowie der regierungsunmittelbaren Stadt Beijing auf, um den Mordfall Teng Xingshan zu überprüfen. Er trug viele zusätzliche Beweismittel zusammen, einschließlich der Zeugenaussagen von Yang Xiaorongs Mutter und Schwestern. Die Überprüfung ergab, dass die damals vom Gericht als Geschädigte identifizierte Yang Xiaorong die sechste Tochter der Dorfbewohnerin Xiong Jiacheng aus der Provinz Guizhou, Kreis Songtao, Gemeinde Waxi, Dorf Luping, Gruppe Guanzimen war. Anfang 1987 hatte sie im „Gasthaus am Platz" von Mayang in der Provinz Hunan zu arbeiten begonnen und war dann an die Familie von Zhao Jingyou in der Provinz Shandong, Kreis Yutai, Gemeinde Zhoutang, Dorf Qianzhao verkauft worden. Erst 1992, nachdem sie der Familie Zhao einen Sohn und eine Tochter geboren hatte, hatte sie brieflich mit ihrer Familie in Guizhou Kontakt aufgenommen. 1994 war sie nach Hause zurückgekehrt und hatte später Liu Renshan aus dem gleichen Dorf geheiratet. Während der nationalen Volkszählung im Jahr 2000 hatten Beamten der Einwohnermeldebehörde entdeckt, dass Yang Xiaorong nicht bei Liu Renshans Familie angemeldet war, hatten für sie das Formular zur Registrierung der Bevölkerung mit permanentem Wohnsitz ausgefüllt und ihr einen Personalausweis ausgestellt. Nachdem Yang Xiaorong nicht schwanger geworden war, hatten sie und Liu Renshan sich wieder scheiden lassen, Yang Xiaorong war in die Stadt Qingzhen gezogen, um dort Arbeit zu suchen. 2002 hatte sie den dort ansässigen Liu Fan geheiratet und im Jahr darauf eine Tochter geboren. Da die Verwaltung des Einwohnermelderegisters der Dorfbewohner der Gemeinde Waxi erst 1992 von der Polizeistation übernommen worden war, lagen bei den zuständigen lokalen Behörden keine Aufzeichnungen über Änderungen der Meldeadresse von Yang Xiaorong vor. Eine DNA-Analyse stützte die Annahme, dass Yang Xiaorong die leibliche Tochter von Xiong Jiacheng war, die Wahrscheinlichkeit für eine Verwandtschaftsbeziehung zwischen den beiden lag bei 99,9985%. Schlussfolgerung der Überprüfung durch das Referat für Einsprüche war: die jetzt lebende Yang Xiaorong aus der Provinz Guizhou, Kreis Songtao, Gemeinde Waxi, Dorf Luping, Gruppe Guanzimen ist identisch mit der Yang Xiaorong, die unter der gleichen Adresse gemeldet und verschwunden war, bevor sich der bereits abgeschlossene Fall ereignet hatte.

Am 13. Juni 2005 sandte die Staatsanwaltschaft der Provinz Hunan das Staatsanwaltschaftliche Empfehlungsschreiben mit dem Aktenzeichen Xiang Jian Fa Kong Shen Jian Zi Nr. 1/2005 an das Obere Volksgericht der Provinz Hunan und überstellte die während der Überprüfung zusammengetragenen relevanten Beweismittel. In dem Schreiben wurde darauf hingewiesen, dass die im „Strafurteil" des Oberen Volksgerichts der Provinz Hunan mit dem Aktenzeichen Xing Yi Zhong Zi Nr. 1/1989 für erwiesen erachtete Tatsache – Yang Xiaorong wurde von Teng Xingshan ermordet, ihr Leichnam zerstückelt und weggeworfen – fehlerhaft sei, und die Empfehlung ausgesprochen, dass das Obere Volksgericht der Provinz das Überprüfungsverfahren einleite und ein neues Urteil in der Sache fälle.

Am 9. Juni 2005 hatte auch der Bevollmächtigte von Teng Dayan und Teng Xiaohui, Anwalt Zhou Kaisong, beim Oberen Volksgericht der Provinz Hunan Rechtsmittel eingelegt und die Wiederaufnahme des Falls Teng Xingshan gefordert. Am 13. Juni erging von diesem Gericht der Beschluss (Aktenzeichen Xiang Gao Fa Xing Jian Zi Nr. 15/2005) zur Wiederaufnahme des Verfahrens. Gemäß dem Überprüfungsverfahren erging am 25. Oktober vom Oberen Volksgericht der Provinz Hunan das Urteil im Wiederaufnahmeverfahren Teng Xingshan. In dem „Strafurteil" mit dem Aktenzeichen Xiang Gao Fa Xing Jian Zi Nr. 15/2005 wurde nach einem Abriss über den Sachverhalt und die Beweismittel des Falls verkündet: Gemäß Art. 206 und Art. 189 Absatz 3 „Strafprozessgesetz der Volksrepublik China" ergeht nach Diskussionen und Beschluss des Verfahrensausschusses des hiesigen Gerichts folgendes Urteil: erstens, das Strafurteil des hiesigen Gerichts mit dem Aktenzeichen Xing Yi Zhong Zi Nr. 1/1989 und das Strafurteil des Mittleren Volksgerichts der Region Huaihua mit dem Aktenzeichen Xing Yi Chu Zi Nr. 49/1988 werden aufgehoben. Zweitens, der Angeklagte des abgeschlossenen Verfahrens, Teng Xingshan, ist unschuldig. Dieses Urteil ist das Endurteil.

Nach der Änderung des Urteils in der „Mordsache Teng Xingshan" wurden die damals Hauptverantwortlichen für die Bearbeitung des Falls „parteiintern verwarnt", Teng Dayan und Teng Xiaohui erhielten eine staatliche Entschädigung von 666.660 Yuan.[15]

---

15 In diesem Text ist Teng Xingshan der echte Name, für alle anderen Personen wurden Pseudonyme verwendet. Der vorliegende Text stützt sich hauptsächlich auf die Urteile und das Aktenmaterial im Fall Teng Xingshan. Darüber hinaus wurden das Werk von Guo Xinyang, „Bewertung und Analyse von Justizirrtümern in Strafsachen" (Verlag der Universität für öffentliche Sicherheit der Volksrepublik China (Beijing) 2011, S. 438–445) und der Eintrag „Teng Xingshan" bei „Baidu Baike" (http://baike.baidu.com) als Referenzmaterial herangezogen.

Selbstverständlich ist der Fall Teng Xingshan nur ein Einzelfall für eine zu Unrecht erfolgte Hinrichtung. Aber wir wagen nicht zu behaupten, dass es im heutigen China der einzige war, auch wagen wir nicht zu behaupten, dass künftig nicht wieder solche Unrechtsfälle passieren. Angesichts des Umstands, dass die Todesstrafe noch nicht abgeschafft worden ist, müssen die Justizbehörden deren Anwendung deshalb strikt kontrollieren. Am 1. Januar 2006 bestimmte das Oberste Volksgericht, dass sämtliche Fälle mit Todesstrafen, gegen die wegen schwerwiegender Sachverhalte und problematischer Beweismittel Berufung eingelegt wird, in der zweiten Instanz vor Gericht verhandelt werden müssen. Zum 1. Januar 2007 zog es die Zuständigkeit für die Überprüfung und Bestätigung sämtlicher Todesurteile wieder an sich.

Kapitel 2
Zweifelhafte Nachweise – der Justizskandal She Xianglin

I Eine merkwürdige unbekannte Frauenleiche

Die Provinz Hubei liegt in der Mitte Chinas, der Kreis Jingshan in der Mitte Hubeis und wird seit eh und je „Smaragd von Hubei" genannt. Er befindet sich am Fuß der Südseite des Dahong-Berges, am nördlichen Rand der Jianghan-Ebene, ist reich an bewaldeten Bergen und Hügeln, an Flüssen und Seen. Die lokalen Volksbräuche sind urwüchsig, die Gegend blickt auf eine lange Geschichte zurück. Vor etwa 2000 Jahren hatte die zweitgrößte Bauernrevolution in der Geschichte Chinas, der „Lülin-Aufstand" *[Anm. d. Ü.: „lü lin" bedeutet „grüne Wälder"]* dort ihren Ursprung; in dem Kreis gibt es eine Großgemeinde, die noch heute den Namen „Lülin" trägt. In Lülin gibt es eine Schlucht mit steil aufragenden Wänden, deren Name bei Verliebten gut ankommt: „Mandarinenten-Bach" *[Anm. d. Ü.: Ein Paar Mandarinenten ist in China Symbol für Verliebte.]*. Die Landschaft dort ist bezaubernd – blaues Wasser, grüne Wälder – und wird bis heute mit „Mandarinenten-Bach mit einer zehn Meilen langen Bildergalerie entlang seiner neun Kurven" gepriesen. Im Südwesten von Lülin gibt es eine ebenfalls sehr bekannte Großgemeinde mit dem Namen Yanmenkou. Ihre Berühmtheit verdankt sie allerdings einem ganz China schockierenden Mordfall.

Am frühen Morgen des 11. April 1994 brachte ein Bewohner des Dorfs Lüchong der Großgemeinde Yanmenkou im Kreis Jingshan sein Kind in die Schule. Auf dem Rückweg entdeckte er in einem Teich am Berghang etwas auf dem Wasser Treibendes, scheinbar einen Menschen, und so ging er zurück und holte den Dorfvorsteher. Bei genauem Hinsehen stellten beide fest, dass es sich tatsächlich um eine Leiche handelte, und so erstatteten sie Meldung bei der Polizeistation von Yanmenkou.

Polizisten der Wache trafen schnell vor Ort ein und zogen mit Hilfe von Dorfbewohnern die Leiche heraus. Obwohl sie bereits verwest und ihr Gesicht aufgeschwemmt war, ließ sich das Äußere noch erkennen, es war eine junge Frau. Die Polizisten fragten die umstehenden Dorfbewohner, ob sie diese Frau kennen würden. Die verneinten, sie hätten sie noch nie gesehen, sicher sei sie nicht von hier. Bei der Untersuchung der Kleidung der Toten fand sich nichts, was sie hätte identifizieren können, und so beschlossen die Polizisten, dem übergeordneten Amt für Öffentliche Sicherheit des Kreises Bericht zu erstatten.

Nachdem das Amt für Öffentliche Sicherheit des Kreises Jingshan am 11. um 14.25 Uhr die telefonische Meldung des Instrukteurs der Polizeistation von Yanmenkou erhalten hatte, wurden umgehend technische Ermittler der Kriminalpolizei an den Fundort geschickt. Der lag an der Yao'ao-Staumauer bei der Gruppe Nr. 9 des Dorfs Lüchong von Yanmenkou im Kreis Jingshan; die Staumauer hat eine Ost-West-Ausdehnung von 35 Metern Länge und ist in Nord-Süd-Richtung 30 Meter breit. Die ans Ufer gezogene Leiche war 1,55 Meter groß, bereits hochgradig verwest und hatte ein monströses Aussehen angenommen. Der Oberkörper war mit einem BH, einer schwarzen Bluse mit roten Blumen und einer gelben Wollweste bekleidet, der Unterkörper mit einer blauen Unterhose, einer schwarzen Strumpfhose und schwarzen Leggings mit Steg, an den Füßen trug sie schwarz-rote Ringelsocken und auberginenfarbene, warme Schuhe. Bei der äußeren Leichenschau stellte der Gerichtsmediziner am Kopf sechs Wunden und einen Schädelbasisbruch fest. Anhand der Stellen und Form der Wunden befand er, dass diese nicht von einem Sturz herrührten, sondern von Schlägen mit einem stumpfen Gegenstand. Ob die Leiche nach Tötung mit dem stumpfen Gegenstand versenkt worden oder ob die Frau, nachdem sie mit dem stumpfen Gegenstand bewusstlos geschlagen worden war, ins Wasser gefallen und ertrunken war, lasse sich aber noch nicht beurteilen. Die Tote war um die 30 Jahre alt und hatte bereits eine Geburt hinter sich. Ihrem Äußeren und der Kleidung nach nahm der Gerichtsmediziner an, dass der Eintritt des Todes bereits vor langem erfolgt war, möglicherweise vor mehr als zwei Monaten.

Eine Frage gab der Polizei Rätsel auf. Der Teich war nicht sonderlich groß, und obwohl er am Berghang lag, kamen häufig Leute vorbei, manche sogar zum Angeln. Wenn nun die Leiche schon über zwei Monate in dem Teich gelegen hatte, wieso war sie die ganze Zeit nicht entdeckt worden? Verwesung treibt eine im Wasser versunkene Leiche an die Oberfläche, aber das kann eigentlich nicht erst zwei Monate später passieren. Offensichtlich kam sie von woanders her, der Fundort wäre mithin nicht der erste Tatort, an dem der Mord stattgefunden hatte. Der Teich war ein stehendes Gewässer, so konnte die Möglichkeit ausgeschlossen werden, dass die Leiche von einem anderen Ort hierher getrieben war, also musste jemand sie hergebracht haben. Doch warum musste eine Leiche noch woanders hin gebracht werden, wenn die Person bereits über zwei Monate tot war? Hatte der Mörder die Leiche loswerden wollen, hätte er nicht so lange gewartet. Natürlich gab es noch eine weitere Möglichkeit: die Leiche hatte die ganze Zeit auf dem Grund des Teichs gelegen. Aber warum so lange? Und warum war sie gerade jetzt plötzlich an die Oberfläche gekommen? Der Gerichtsmediziner hatte keine Muße, dieser Frage nachzugehen; mit Bestimmtheit konnte gesagt werden, dass es sich bei diesem Fall um einen Mord handelte, und für die Untersuchungen war die Kriminalpolizei zuständig.

Die Polizisten der Kriminalpolizei entdeckten am Fundort keine Spuren, die möglicherweise mit diesem Fall in Verbindung stehen konnten. Nachdem sie fotografiert und den Tatortbericht geschrieben hatten, brachten sie die Leiche zum Amt für Öffentliche Sicherheit des Kreises, um die erforderlichen Konservierungsmaßnahmen durchzuführen zu lassen und über eine Obduktion zu beschließen.

Der Kreis Jingshan war, was die öffentliche Sicherheit betrifft, ziemlich sicher, Mord und andere schwere Straftaten passierten selten. Aus diesem Grund schenkte die Leitung des Amts für Öffentliche Sicherheit des Kreises dem Fall besondere Aufmerksamkeit und stellte umgehend eine Sonderermittlungsgruppe zusammen. Der stellvertretende Leiter des Amts, Han Hua, übernahm persönlich die Leitung, Lu Cheng, der Abteilungsleiter Kriminalpolizei des Amts für Öffentliche Sicherheit, die stellvertretende Leitung. Zwei weitere wichtige Mitglieder der Sonderermittlungsgruppe, He Liang und Pan Jun, waren ebenfalls erfahrene Kriminalbeamte. Nachdem sich die Sonderermittlungsgruppe den Tatortbericht angehört hatte, beschloss sie, zunächst Vermisstenanzeigen nachzugehen, um die Identität der Toten herauszufinden. Sie forderten Yanmenkou und die Großgemeinden und Dörfer der Umgebung auf, in letzter Zeit vermisste Personen zu melden. Schnell erhielten sie eine wertvolle Spur: jemand hatte Meldung gemacht, dass die Tochter vor mehreren Monaten verschwunden und ihr Aufenthaltsort bis zum gegenwärtigen Zeitpunkt nicht geklärt worden war. Die Vermisste hieß Zhang Aiqing. Umgehend baten die Ermittler ihre nahen Angehörigen, die Leiche zu identifizieren. Es erschienen die Mutter und der älteste Bruder.

Zunächst wurde Zhang Aiqings Mutter gebeten, die Vermisste zu beschreiben. Sie sagte, Aiqing sei 29 Jahre alt, 1,55 Meter groß, weder dick noch dünn, habe ein rundes Gesicht, kurze Haare, eine leichte Himmelfahrtsnase. Zudem sei ihre Tochter modebewusst und habe sich Ohrlöcher stechen lassen. Und noch etwas, sie habe eine schwierige Geburt gehabt, deshalb sei ein Dammschnitt gemacht worden.

Im Anschluss ließen die Ermittlungsbeamten Mutter und Sohn die Leiche identifizieren. Bei deren Anblick brach die Mutter in Tränen aus, nickte schluchzend und sagte, das sei ihre Tochter. Der Bruder schien Bedenken zu haben, meinte nur, der Leichnam sei Aiqing sehr ähnlich, aber die Kleidung scheine nicht die ihrige zu sein. Die Ermittler baten ihn, noch mal genau hinzusehen. Er fragte sie, ob es weitere Methoden gebe, die Identität der Toten zu klären. Die bejahten: zum Beispiel Superprojektion und DNA-Analyse, die aber nicht hier durchgeführt werden können, dafür müssen Experten aus der Provinzhauptstadt oder aus Peking herbeigeholt werden. Die Kosten sind sehr hoch, ca. 20.000 Yuan. Wenn Sie darauf bestehen, müssen sie die Kosten dafür selber aufbringen. Der Bruder wehrte sofort ab, nein, nein, unsere Familie hat kein Geld. Die Mutter hatte zu weinen aufgehört, auch sie sagte, die Kleidung ist nicht von Aiqing. Die Ermittler erwiderten, identifiziert werden soll die Person, nicht die Kleidung, die kann man wechseln. Und so bestätigte sie, dass die Tote Aiqing sei; auch der

Bruder äußerte nichts Anderslautendes mehr. Danach ließen die Ermittler noch die Arbeiterin Tang Xiaoqing, die mal zusammen mit Zhang Aiqing in der Maschinenfabrik von Yanmenkou gearbeitet hatte, die Tote identifizieren. Auch sie fand, es sei Zhang Aiqing, und ergänzte, dass auch Aiqing ein Paar schwarze Leggings mit geflicktem Hosenboden gehabt habe.

Nach der Identifizierung der Leiche führte der Gerichtsmediziner erneut eine detaillierte Leichenschau durch. Er fand heraus, dass sich die Beschreibung von Zhang Aiqings Mutter im Wesentlichen mit den Körpermerkmalen der Toten deckte. Durch eine umfassende Analyse meinte er bestätigen zu können, dass es sich bei der Toten um Zhang Aiqing handele, und zwar aus den folgenden Gründen: 1) die durch die Leichenschau angenommene Todeszeit deckte sich mit der Zeit von Zhang Aiqings Verschwinden; 2) gleiches Aussehen, Himmelfahrtsnase; 3) Anordnung und Form der Zehen wie die von Zhang Aiqing; 4) Zhang Aiqing hatte an der linken Schamlippe eine Narbe, die von dem Dammschnitt bei der Geburt herrührte, was sich vollkommen deckte mit dem Zustand der Leiche bei der Leichenschau; 5) Haarlänge und Ohrlochstiche der Leiche waren identisch mit Zhang Aiqings; 6) gleiche Länge des Leichnams und Körpergröße von Zhang Aiqing; 7) Zhang Aiqing hatte zu Lebzeiten Ohrringe getragen, das deckte sich mit den Ergebnissen der Leichenschau; 8) auch Zhang Aiqing hatte schwarze Leggings wie die, mit denen die Leiche bekleidet war; 9) gleiches Alter; 10) Zhang Aiqing trug gewöhnlich keine dicken Strumpfhosen, bei der Leichenschau wurde keine dicke Strumpfhose gefunden; 11) die Nägel von Zhang Aiqings beiden Zeigefingern waren nach unten gebogen, bei der Leichenschau wurde das gleiche festgestellt. Ein offizielles Sachverständigengutachten konnte der Gerichtsmediziner allerdings erst nach der Obduktion abgeben. Darüber hinaus gab es noch ein paar Fragen, die er beantworten musste: hatte der Schlag mit dem stumpfen Gegenstand gegen den Kopf oder Blockierung der Atmung durch Ertrinken zum Tod geführt, wann genau war der Tod eingetreten? Und dann natürlich die Frage, über die er sich den Kopf zerbrach: warum war die Leiche, die so viele Tage in dem Teich gelegen hatte, nicht entdeckt worden?

Nach Klärung der Identität der unbekannten Leiche war für die Sonderermittlungsgruppe klar, in welche Richtung die Ermittlungen gehen mussten; anders ausgedrückt: das Umfeld, in dem Verdächtige gesucht werden mussten, war klar. Und so baten die Ermittler Mutter und Bruder um Informationen zu Zhang Aiqing und möglicherweise mit dem Fall zusammenhängende Hinweise. Die Mutter sagte, nach dem Verschwinden der Tochter habe sie gleich den Verdacht gehegt, dass sie ermordet worden sei. Eine Mutter versteht am besten, was in der Tochter vorgeht. Und dann erzählte sie von dem Unglück, das ihrer Tochter im Leben widerfahren war.

II Glückliche Ehe mit Gefahren

Zhang Aiqing war ein intelligentes, wissbegieriges Mädchen vom Land. Als sie die Mittelschule besuchte, las sie gerne, insbesondere ausländische Kriminalromane. Oft sagte sie, Liebesromane schleppen sich dahin, außerdem kennt man schon nach der ersten Seite den Ausgang der Geschichte. Auch verfolgte sie gern die Nachrichten und diskutierte ab und zu mit Leuten aus dem Dorf über die große Politik. Sie war ausgeglichen, ruhig und dachte viel nach. In der Nebensaison, wenn die Arbeit auf dem Feld getan war, saß sie oft mit den Nachbarsmädchen unter dem großen Baum vor dem Hof, stickte und flickte Schuhe. Manchmal saß sie auch nur still da, schaute auf die bewaldeten Berge in der Ferne und die weißen Wolken am Himmel.

Nach dem Abschluss der oberen Mittelschule ging Zhang Aiqing nicht auf die Universität. Damals galten Mädchen vom Land, die die obere Mittelschule absolviert hatten, schon als besonders begabt. In der Maschinenfabrik von Yanmenkou fing sie an zu arbeiten. Mit ihren drei älteren Brüdern und den Schwägerinnen zum Markt zu radeln, war ein großes Vergnügen für sie, auch ohne irgendetwas zu kaufen. Ihr Äußeres hob sich nicht vom Durchschnitt ab, aber sie hatte ebenmäßige Gesichtszüge und sah nett aus. Im Kreis der anderen Mädchen vom Land war sie es, die sich gerne hübsch machte und sich traute, mit der Mode zu gehen. Sie war die erste in ihrem Dorf, die Schlaghosen anzog, und auch die erste mit hochhackigen Schuhen. Einmal hatte sie in der Kreisstadt Plastiksandalen mit hohen Absätzen gekauft; ihre Mutter verbot ihr das Tragen und versteckte sie. Doch Aiqing suchte sie heimlich hervor, streifte sie über und stolzierte durch die Gassen des Dorfs.

Später lernte sie einen jungen Mann aus dem Dorf Heyang kennen, er hieß She Xianglin. Xianglin war ein Jahr jünger als sie, von kräftiger Statur, intelligent und geschickt und hatte sogar den Kampfsport Wushu trainiert. Auch wenn er nicht die obere Mittelschule besucht hatte, war er ein ambitionierter junger Mann. Sie verliebten sich, und Aiqing nahm seinen Heiratsantrag an, obwohl Xianglins Familie arm war. Sie war überzeugt: wenn zwei intelligente Leute zusammenfinden, werden sie sicher ein gutes Leben führen. Am 18. September 1986 feierten die beiden eine einfache Hochzeit. Sie lebten nicht im Wohlstand, waren aber eine recht harmonische kleine Familie. Xianglin gab sich mit dem Dasein als Bauer nicht zufrieden, wollte immer raus aus dem Dorf und neue Erfahrungen sammeln. Mal wollte er sich im Süden des Landes als Arbeiter verdingen, ein anderes Mal sprach er davon, in Peking Geschäfte zu machen. Als er 1987 als Wachmann in der Fabrik für Baumaterialien von Yanmenkou anfing, war er, könnte man sagen, endlich dem Dorf entronnen. Ein Jahr später wurde die Tochter geboren. Im Juli 1990 kam er zur Sicherheitsmannschaft der Polizeistation am Gaoguan-Stausee, und im Januar 1993 wechselte er als Streifenpolizist zum Madian-Revier.

Aiqing scheute keine Mühen, um eine gute Ehefrau und Mutter zu sein. In den Jahren, wo Xianglin in der Sicherheitsmannschaft der Polizeistation am Gaoguan-Stausee arbeitete und nur selten nach Hause kam, wohnten sie und die Tochter im Schlafsaal der Maschinenfabrik. Um sich tagsüber um die Kleine kümmern zu können, übernahm sie oft die Nachtschicht und hatte täglich weniger als vier Stunden Schlaf, aber sie beklagte sich so gut wie nie bei ihrem Mann. Aiqing war geschickt, sie machte der Tochter aus alter Kleidung eine Weste, bestickte und verzierte sie mit Glasperlen – Freunde waren voller Bewunderung. Xianglin hatte was von einem Macho; wenn er auch nicht viel redete, war er gerne mit Freunden zusammen, und er trank gerne. Bei Einladungen zum Essen nahm er manchmal seine Frau mit. Aiqing war redegewandt und fühlte sich in solcher Gesellschaft nicht unwohl. Einmal hatte Xianglin seine Vorgesetzten eingeladen. Aiqing war dabei, unter aller Beifall trank sie mehr als zehn Gläser Schnaps. Das mache ich hauptsächlich aus Sorge, dass Xianglin sich blamiert, wenn er betrunken ist, erklärte sie. Sie war wirklich so gut zu ihm! In einem Sommer bekam Xianglin hohes Fieber, das nicht weggehen wollte, nicht mal mehr aufrecht stehen konnte er. Geld für eine Behandlung war nicht da, und so gab Aiqing ihm 45 Tage lang Massagen, bis er wieder gesund war. Für Außenstehende waren sie eine glückliche Familie.

Und dennoch, Konflikte im Eheleben sind nicht zu vermeiden. Zwischen den beiden waren sie in erster Linie finanziell begründet. Als Streifenpolizist des Reviers schob Xianglin oft Nachtdienst. Im Monat konnte er mehr als 100 Yuan verdienen, aber zum Monatsende war das Geld meist aufgebraucht. Aiqing fragte ihn nach dem Warum, er entgegnete, es gehe für Einladungen zum Essen und die Erledigung von Angelegenheiten drauf. Dann gab er sogar die von der Familie über die Jahre gesparten mehreren tausend Yuan aus. Auf Aiqings Frage, wo das Geld geblieben sei, fand er keine klare Antwort. Sie fingen an zu streiten, Xianglin wurde sogar handgreiflich. Er war leicht erregbar, obwohl er nach außen wortkarg, einfach gestrickt und ehrlich wirkte. Aiqing ließ sich viel gefallen, in kritischen Momenten machte immer sie einen Rückzug, weil sie die Ehe nicht zerstören wollte. Doch allmählich fand sie heraus, dass ihre Charaktere doch sehr unterschiedlich waren. Aiqing wollte alles zuverlässig und solide machen, egal ob es sich um Liebe oder Arbeit handelte. Ihr Lebenswunsch war, eine Sache von Anfang bis Ende ordentlich zu erledigen. Xianglin dagegen gab sich nie mit dem Erreichten zufrieden, fast jeden Morgen baute er Luftschlösser von einem neuen Leben. Dieser Charakter ihres Mannes flößte Aiqing Sorge, ja sogar Angst ein.

1991 lernte She Xianglin am Gaoguan-Stausee eine junge Frau namens Chen kennen. Es hieß, die beiden hätten Zuneigung füreinander entwickelt, weil Xianglin ihr einmal geholfen hatte, als er auf Streife war. Sie war alleinstehend,

Xianglin ohne seine Familie, manchmal verbrachten sie die Nacht zusammen. Im Volksmund heißt es ganz richtig: auf dieser Welt gibt es keine luftundurchlässige Wand. Nach nur kurzer Zeit drang die Nachricht an Aiqings Ohr und traf sie wie ein Schlag, denn sie war immer davon ausgegangen, dass sie und ihr Mann viel füreinander empfanden. Als sie sich wieder beruhigt hatte, machte sie ihm keine Szene, sondern suchte diese Frau Chen auf. Einen ganzen Nachmittag spielten sie Karten und unterhielten sich offen über ihre Gefühle. Xianglin war er sehr ergriffen, als er davon erfuhr. Einmal, nachdem er getrunken hatte, offenbarte er seiner Frau, wie schuldig er sich fühle.

Aiqing war eine starke und auf ihren Ruf bedachte Person. Sie mochte weder klagen noch ihren Gefühlen Luft machen, Unrecht und Kummer verbarg sie tief in ihrem Inneren. 1993, als es der Maschinenfabrik wirtschaftlich immer schlechter ging und die Einstellung der Produktion bevorstand, stand auch Aiqing vor der Entlassung. Familiärer und äußerer Druck und lange Zeit aufgestaute Schwermut führten zu mentalen Problemen. Manchmal verfiel sie aus heiterem Himmel in Angstzustände, manchmal war sie vergesslich. Die Eheleute stritten sich von Tag zu Tag mehr. Einmal sagte Aiqing zu ihrer Mutter, sie habe das Gefühl, am Rande des Todes zu stehen. Im Oktober wurde sie dann krank, ihr Mann musste sich um alles kümmern. Aiqings Zustand verschlechterte sich so sehr, dass sie nicht mal mehr immer bei vollem Verstand war.

Kurz nach Neujahr 1994 verschwand Zhang Aiqing. She Xianglin sagte, sie hätten sich gestritten, daraufhin sei seine Frau wutentbrannt von Zuhause weggelaufen. Die Zhangs schenkten dem keinen Glauben, sie verdächtigten She Xianglin des Mordes an Aiqing. In der Erwartung, Beweise für eine Ermordung ihrer Tochter zu finden, suchte die Mutter mal die Familie She auf. Sie fand zwar keine, entdeckte aber, dass alle ihre Jacken und Mäntel dort hingen. Es war Winter, ihre Tochter war doch sicher nicht ohne Mantel oder Jacke fort! She Xianglin entgegnete, doch, und er sei sicher, dass Aiqing in wenigen Tagen wieder zurück sei. Aber eine Woche später war Aiqing immer noch nicht zurück, es gab auch kein Lebenszeichen von ihr. Die Mutter mochte nicht länger warten und ließ ein Mitglied der Familie bei der Öffentlichen Sicherheit eine Vermisstenanzeige aufgeben. Sie hatte eine Art Vorahnung, dass ihre Tochter von She Xianglin ermordet worden war.

III Ein fragwürdiges Schuldgeständnis

Als die Mitglieder der Sonderermittlungsgruppe die Schilderung von Zhang Aiqings Mutter angehört hatten, befanden sie, dass She Xianglin unter dringendem Tatverdacht stehe und beschlossen, zunächst Untersuchungen in seinem Umfeld anzustellen. Von den Sicherheitsleuten der Polizeistation Madian erfuhren sie, dass She Xianglin, nachdem Zhang Aiqing erkrankt war, mal gesagt habe, er wolle sie „loswerden". Als sie verschwand, solle er bei der Suche auch nicht sehr aktiv gewesen sein. In jener Zeit habe er sich anormal verhalten, sich oft sinnlos besoffen und nachts in seinen Klamotten geschlafen. Nach weiteren Beratungen beschloss die Sonderermittlungsgruppe, sofort zu handeln und She Xianglin zu verhaften.

Am Abend des 12. April trafen die Kriminalbeamten He Liang und Pan Jun in der Gemeinde Madian ein. Mit Hilfe von Polizisten des Reviers machten sie She Xianglin ausfindig, brachten ihn zu einem kleinen Hotel am Ort, wo er unter „Hausarrest"[16] gestellt wurde. Im Hotelzimmer eröffneten die Ermittler ihm: „Ihre Frau ist gefunden worden, aber sie ist tot, sie wurde ermordet." She Xianglin war überwältigt von Trauer. Er wollte den Leichnam seiner Frau sehen, aber die Ermittler entgegneten, das sei nicht zu machen, weil es zu weit weg sei. Sie forderten ihn auf, zunächst mehr zum Verschwinden seiner Frau zu erzählen.

---

16 Art. 38 des 1979 verabschiedeten „Strafprozessgesetz(es)" bestimmte: „Die Volksgerichte, Volksstaatsanwaltschaften und Sicherheitsorgane können den Beschuldigten je nach den Tatumständen in Gewahrsam nehmen, ihn gegen Sicherheitsleistung freilassen oder aber seine Wohnung überwachen. Ein Beschuldigter, dessen Wohnung überwacht wird, darf den ihm zugewiesenen Bereich nicht verlassen. Die Überwachung der Wohnung wird von der örtlichen Sicherheitsstation oder der hiermit beauftragten Volkskommune oder der Einheit des gewöhnlichen Aufenthalts des Beschuldigten durchgeführt." *[Anm. d. Ü.: Quelle der Übersetzung: CHINA aktuell, September 1979. Der Terminus „Wohnung überwachen" wird von der Ü. mit „Hausarrest" übersetzt.]* Hausarrest sollte eigentlich eine freiheitsbeschränkende Zwangsmaßnahme sein, doch es gab Bearbeiter von Straffällen, die ihn als Mittel zur Inhaftierung ansahen, um unter Hausarrest stehende Verdächtige in inoffizielle „schwarze Gefängnisräume" zu stecken oder in Gasthäusern, Hotels, ja sogar in Haftzellen oder Lagern einzusperren. Um diesen Zustand abzuändern, wurde in der 1996 geänderten Fassung des „Strafprozessgesetz(es)" der unklare Begriff „zugewiesener Bereich" in „zugewiesene Unterkunft" geändert. In Art. 57 der geänderten Fassung heißt es: „Ein unter Hausarrest gestellter Verdächtiger oder Beschuldigter hat folgende Bestimmungen zu befolgen: 1) Ohne Genehmigung der Vollstreckungsbehörde darf die Wohnung nicht verlassen werden, Personen ohne festen Wohnsitz dürfen ohne Genehmigung die zugewiesene Unterkunft nicht verlassen (…)." Weil der Hausarrest als verdeckte Form der Haft aber nicht wirksam eingedämmt werden konnte, finden sich in der 2012 geänderten Fassung des „Strafprozessgesetz(es)" dazu eindeutigere Bestimmungen. In Art. 73 heißt es: „Hausarrest hat am Wohnsitz des Verdächtigen oder Beschuldigten vollzogen zu werden. Liegt kein fester Wohnsitz vor, kann der Hausarrest in einer zugewiesenen Unterkunft vollzogen werden. Bei Verdacht auf Straftaten, die die nationale Sicherheit gefährden, Terrorstraftaten und schwere Korruptionsdelikte kann der Hausarrest mit Genehmigung der Volksstaatsanwaltschaft oder der Behörde für Öffentliche Sicherheit der nächsthöheren Ebene in einer zugewiesenen Unterkunft vollzogen werden, wenn die Möglichkeit besteht, dass bei Vollzug am Wohnsitz die Ermittlungen behindert werden. Die Zuweisung eines Haftortes oder eines Ortes, an dem Fälle bearbeitet werden, zur Vollstreckung des Hausarrests ist unzulässig."

She Xianglin berichtete, wie seine Frau psychisch krank geworden und von Zuhause weggelaufen war. Die Ermittler fragten, wie er und seine Frau miteinander klar gekommen wären. Erst antwortete er, sie hätten große Zuneigung füreinander gehabt, doch im Verlauf des Verhörs gab er zu, dass sie sich mehrfach gestritten hätten. Auf die Frage, ob er mit einer anderen Frau zusammen wäre, rutschte ihm erst ein Nein heraus, doch dann blieb ihm nichts anderes übrig als zuzugeben, dass er am Gaoguan-Stausee mal mit einer jungen Frau eine „Beziehung“ gehabt habe. Er blieb dabei, dass er den Kontakt abgebrochen habe, nachdem Aiqing davon erfahren hatte.

In dem Moment änderte sich die Haltung der Ermittler. Streng forderten sie ihn auf, den Mord an seiner Frau Zhang Aiqing ehrlich zu gestehen. She Xianglin war zwar etwas verwirrt, beharrte aber darauf, keinen Mord begangen zu haben, Aiqing sei wirklich von Zuhause weggelaufen. Immer wieder verlangte er, den Leichnam zu sehen – er konnte nicht glauben, dass seine Frau wirklich tot war. Die Ermittler schenkten seiner Forderung keine Beachtung, sie wollten nur erreichen, dass er ein ehrliches Geständnis abgebe. Zudem bearbeiteten sie ihn politisch: bei Geständnis gibt' s Milde, bei Leugnung Härte.

Das Verhör in jener Nacht verlief ergebnislos. Am darauffolgenden Vormittag überstellten die Ermittler She Xianglin an die Kriminalpolizei-Abteilung des Amts für Öffentliche Sicherheit des Kreises.

Im Beisein des stellvertretenden Leiters des Amts für Öffentliche Sicherheit, Herrn Han, beriet die Sonderermittlungsgruppe unter Vorsitz von Herrn Lu, dem Abteilungsleiter Kriminalpolizei, über den Sachverhalt. Anhand der im Magen der Verstorbenen gefundenen Kieselalgen konnte gefolgert werden, dass Zhang Aiqing noch am Leben war, als sie ins Wasser fiel, und die Blockierung der Atmung durch Ertrinken zum Tod geführt hatte. Das offizielle Gutachten würde in ein paar Tagen vorliegen. He Liang berichtete über den Verlauf der Festnahme She Xianglins und das anschließende Verhör. Er fand She Xianglins Schilderung, wie seine Frau von Zuhause weggelaufen war, sehr konkret, sie könnte der Wahrheit entsprechen. Natürlich konnte es auch eine Geschichte sein, die er sich schon früh sorgfältig zu recht gelegt hatte. Nach der ersten Begegnung am Abend zuvor hatte er das Gefühl, dass She Xianglin entweder ein einfach gestrickter und ehrlicher Mensch war oder aber einer, der sich gut verstellen konnte. Pan Jun stimmte He Liangs Einschätzung im Wesentlichen zu: She Xianglin hinterlässt einen ziemlich komplizierten Eindruck, er hat eine Doppelnatur. Einerseits wirkte der Gefühlsausdruck, den er bei der Nachricht des Todes seiner Frau an den Tag gelegt hat, aufgesetzt. Andererseits war seine Mimik, als er gesagt hat, seine Frau ist nicht tot, und als er immer wieder den Leichnam sehen wollte, ziemlich aufrichtig. Sollte er die Wahrheit gesagt und die Tat wirklich nicht begangen haben, müsste Zhang Aiqing nach ihrem Weglaufen von zu Hause vergewaltigt und ermordet worden sein, denn in diesem Fall sind keine Faktoren erkennbar, die auf einen Racheakt oder einen Mord aus Geldgründen deuten.

Nach gewissenhafter Diskussion kam die Sonderermittlungsgruppe zu der einhelligen Meinung, dass She Xianglin unter dringendem Tatverdacht stehe, wenn auch nicht vollständig ausgeschlossen werden konnte, dass Zhang Aiqing nach ihrem Weglaufen von zu Hause von Dritten ermordet worden war. Mangels Spuren, die zu weiteren Verdächtige führen konnten, wurde She so zur Zielscheibe für die Lösung des Falls. Hinzu kam, dass praktisch keine Beweismittel wie Blutspuren, Fuß- oder Handabdrücke gesichert werden konnten, weil die Geschädigte bereits viele Tage tot war und der Leichnam im Wasser gelegen hatte. So musste das Schwergewicht der Ermittlungen auf die Verhöre des Verdächtigen gelegt werden.

Die Sonderermittlungsgruppe beschloss eine Arbeitsteilung, verteilt auf zwei Einheiten. Eine mit He Liang und Pan Jun an der Spitze, ergänzt um zwei junge Kriminalpolizisten, sollte She Xianglin verhören. She hatte viele Jahre auf einer Wache im Sicherheitsdienst gearbeitet und war mit der polizeilichen Arbeit vertraut. Sollte er wirklich die Tat begangen haben, hatte er sicher alles sorgfältig geplant, bei ihm würden sie auf Granit beißen, so dass sie sich auf einen „langen Kampf" vorbereiten mussten. Die andere Einheit unter Abteilungsleiter Lu bestand aus technischem Personal der Abteilung Kriminalpolizei und Polizisten der Wache. Sie sollten im Dorf Heyang ermitteln, She Xianglins Zuhause durchsuchen und auch in der Umgebung des Teichs nach Sachbeweisen suchen. Der Suchbereich sollte erweitert werden: gab es am Ufer keine Sachbeweise, konnten sich welche im Wasser finden, auch im umliegenden Wald.

Am Nachmittag des gleichen Tages trafen die Kriminalpolizisten des Amts für Öffentliche Sicherheit des Kreises, geführt von Polizisten der Wache, im Dorf Heyang ein. Zunächst suchten sie She Xianglins Zuhause auf, wo sie seine Familienangehörigen vernahmen. Seine Tochter war erst 6 Jahre alt. Sie versteckte sich hinter der Oma, ihre Augen verrieten Angst. Die Forderung von Shes älterem Bruder, den Leichnam Aiqings zu sehen, wurde abgelehnt. Die Forderung seiner Mutter, ihren Sohn zu besuchen, wurde ebenfalls abgelehnt. Sie sagte, Aiqing ist wirklich von Zuhause weggelaufen, das hatte sie schon zwei Mal gemacht, doch wurde jedes Mal von der Familie zurückgeholt. Die Ermittler fanden in Shes Zuhause keine Beweismittel, die mit dem Mord in Verbindung gebracht werden konnten, auch die Erkundigungen im Dorf und die Suche im Wald verliefen ergebnislos. Die Hoffnungen auf Aufklärung des Falls schienen nur auf dem Verhör liegen zu können.

Um das umfassend vorzubereiten, recherchierten die Ermittler am Gaoguan-Stausee zu She Xianglins „Seitensprung" und nahmen Zeugenaussagen relevanter Personen auf. Jene „Chen" heißende Frau hatte kurz nach dem Gespräch mit

Zhang Aiqing an einem anderen Ort eine Arbeit angenommen, war aber zur Feier des Frühlingsfestes Ende des vergangenen Jahres zurückgekommen. Leute hatten gesehen, dass She Xianglin sie wieder besucht hatte. Die Ermittler suchten diese Frau Chen auf, die zugab, dass sie mehrfach mit ihm sexuellen Kontakt gehabt hatte. Nach dem Verschwinden Zhang Aiqings habe She Xianglin sie ein paar Mal aufgesucht und gebeten, seine Frau zu werden. Anhand dieser Umstände legten die Ermittler die Verhörstrategie fest: ihn mit dieser Frage voll unter Druck setzen und Schritt für Schritt nötigen, sich in Lügen zu verstricken. Die Ermittler teilten sich in zwei Gruppen auf, die She Xianglin abwechselnd verhörten. Zwei Tage und zwei Nächte später brach seine Gegenwehr schließlich zusammen. Er gab zu, dass er wegen der neuen Liebe seine psychisch kranke Frau Zhang Aiqing ermordet habe. Mit den konkreten Umständen der Begehung der Tat rückte er aber weiterhin nur stotternd und sich wiederholend heraus.

In den insgesamt zehn Tagen Verhör vollzog She Xianglin einen Wandel vom Abstreiten der Tat zum Geständnis und weiter zu Aussagen über den „vollständigen" Tathergang. Was in der Zeit passiert ist, lässt sich für Außenstehende nur schwer in Erfahrung bringen. Aber vielleicht lassen sich manche Anhaltspunkte den dicken Verhörprotokollen entnehmen, wie die erwähnenswerte Tatsache, dass She Xianglin nach Gestehen der Tat vier unterschiedliche Aussagen zum Hergang und dem Wie der Ermordung gemacht hatte. Die Zeilen der Protokolle lassen vage die Konfrontation und das Spiel zwischen den Verhörenden und dem Verhörtem erkennen.

Aussage Nr. 1 (15. April): Am Abend des 20. Januar 1994 bin ich mit Aiqing aus dem Haus gegangen und hab' beiläufig einen Holzstock neben der Eingangstür mitgenommen. Wir sind zum Abhang bei der „Rote Fahne"-Schotterfabrik von Yanmenkou gegangen, dort habe ich sie mit dem Holzstock erschlagen und die Leiche dann im Wassergraben versenkt.

Die Ermittler fanden das Geständnis nicht ehrlich, She Xianglin versuche nur herauszufinden, ob die Leiche gefunden worden war. Um seine Selbstsicherheit zu zerstören, beschlossen sie, ihn verbal „unter Druck zu setzen". Einer sagte zu ihm: „Denken Sie bloß nicht, wir hätten keine Ahnung, was Sie getan haben. Hören Sie gut zu: wenn Sie die Leiche vergraben haben, heben wir den Boden einen Meter tief aus. Wenn Sie die Leiche im Wasser versenkt haben, legen wir die Stelle trocken. Kapiert? Wir legen sie trocken!"

Aussage Nr. 2 (17. April): Am Abend des 20. Januar 1994 bin ich mit Aiqing aus dem Haus gegangen. Gegenüber von der Veterinärstation spielte mein Freund Bruder Wei gerade Billard, ich bat ihn, Aiqing im Pumphaus außerhalb des Dorfs einzusperren. Drei Tage später sind wir zwei zum Pumphaus und haben Aiqing mit einem Stein erschlagen. Die Leiche haben wir dann in den Brunnen geworfen.

Bei dieser Aussage schwankten die Ermittler zwischen Glauben und Zweifel. Das Pumphaus als erster Tatort würde das Rätsel lösen, warum die Leiche zwei Monate im Teich gelegen hatte und nicht entdeckt worden war. Außerdem konnte es hilfreich für die Aufklärung des Sachverhalts sein, wenn She Xianglin einen Mittäter hatte, immerhin gab es eine Spur mehr. Also setzten sie das Verhör fort und begannen zugleich mit entsprechenden Nachforschungen. Die ergaben zunächst, dass das Pumphaus nicht der erste Tatort gewesen sein konnte, wo der Mord passiert war, denn in der fraglichen Zeit hatten Dorfbewohner dort übernachtet und tagsüber war das Pumphaus abgeschlossen. Hinzu kam, dass die Aussage, Zhang Aiqing sei alleine mit Bruder Wei zum Pumphaus gegangen und dort drei Tage eingesperrt worden, nicht gerade glaubhaft war. Deshalb fanden die Ermittler, dass er immer noch kein ehrliches Geständnis abgegeben habe, und warnten ihn, er solle sich nicht für „superschlau" halten, seine plumpen Lügen seien leicht zu entlarven. Sie hielten es für notwendig, She Xianglin glauben zu lassen, dass sie bereits ausreichende Beweise hätten, und machten entsprechende Andeutungen: „Stellen Sie sich nicht blöd! Als ob es nur in Brunnen Wasser gäbe! Gibt es in Stauseen etwa keins? Und in Teichen? Auch Teiche können trockengelegt werden, verstanden?"

Am frühen Morgen dieses Tages kamen gute Nachrichten von den kriminaltechnischen Beamten, die am Teich nach Sachbeweisen suchten. Sie hatten einen mit einem Strick umwickelten Gewebesack aus Kunststoff, der vier Steine enthielt, aus dem Wasser gefischt. Sie nahmen an, dass She Xianglin, nachdem er Zhang Aiqing bewußtlos geschlagen hatte, die vier Steine in den Sack gesteckt, diesen mit einem Strick an ihrem Körper festgeschnürt und ins Wasser gestoßen hatte, damit sie nicht entdeckt werden konnte. Doch nach der langen Zeit, die die Leiche im Wasser gelegen hatte, musste sich der Strick durch die Wasserströmung und andere Faktoren gelockert haben. Wegen des verwesten Leichnams hatte dann wohl der Auftrieb zugenommen, die Leiche sich von dem Strick gelöst und war an die Oberfläche getrieben. Also fuhren die Ermittler während des Verhörs mit der „Belehrung" fort: „Lassen Sie sich nicht jeden Wurm einzeln aus der Nase ziehen. Wenn Sie die Sache ein für alle Mal klar stellen, können wir immer noch berichten, dass Sie beim Geständnis ein positives Verhalten an den Tag gelegt haben und Milde verdienen. Nur damit Sie es wissen: wir haben den kompletten Tathergang aufgeklärt! Glauben Sie Schlaumeier etwa, wir würden eine Leiche, die an einen mit Steinen beschwerten Sack aus Schlangenleder[17] geschnürt und im Wasser versenkt wurde, nicht finden? Hören Sie auf zu träumen!"

---

17 Gemeint ist der Gewebesack aus Kunststoff, ein Schlangenleder-Imitat.

Aussage Nr. 3 (19. April): Am 20. Januar 1994 tagsüber habe ich bei der Veterinärstation Bruder Wei getroffen und ihn eingeladen, am Abend zu mir nach Hause zu kommen. Er kam um 23 Uhr, zusammen sind wir mit Aiqing zum Pumphaus, haben ihr was anderes angezogen, sie dann zur Senke am Berg gebracht und dort mit einem Stein erschlagen. Dann haben wir sie an einen mit vier Steinen beschwerten Sack aus Schlangenleder geschnürt und ihre Leiche im Teich versenkt.

Zu dem Zeitpunkt hatten die Ermittler bereits herausgefunden, dass der Bruder Wei nicht an der Tat beteiligt gewesen sein konnte, weil er zur fraglichen Zeit schwer erkrankt war und im lokalen Krankenhaus behandelt wurde; der behandelnde Arzt des Krankenhauses stellte auch eine entsprechende Bescheinigung aus. Die Ermittlungsbeamten nahmen an, dass She Xianglin absichtlich eine unbeteiligte Person mit hereinziehen wollte, um Verwirrung zu stiften und sie letztlich in die Defensive zu bringen. Also hoben sie die Lücken in seinen Aussagen hervor und setzten ihn weiterhin „unter stärkeren Druck", um ihn zu dem Geständnis zu bringen, alleine den Mord an seiner Frau begangen zu haben.

Aussage Nr. 4 (20. April): Am 20. Januar 1994 hab' ich Aiqing um 22 Uhr aus dem Bett geholt und bin mit ihr zu einem einsamen Lagerschuppen außerhalb des Dorfs, wo ich sie eingesperrt habe. Um zwei Uhr in der Nacht hab' ich die Tochter ins Zimmer der Eltern getragen und vorgetäuscht, die Frau ist weggelaufen, ich geh' sie suchen. Mit einer Taschenlampe, einem Strick und im Voraus bereit gelegten Kleidungsstücken bin ich dann zu dem Schuppen. Zuerst hab' ich ihr was anderes angezogen, dann den vorab dort deponierten Schlangenleder-Sack genommen und bin mit ihr zu einem Teich am Rand der Berge gegangen, wo ich wild mit einem Stein auf ihren Kopf eingeschlagen hab', bis sie das Bewusstsein verloren hat. Mit dem Strick hab' ich den Schlangenleder-Sack, in den ich vier Steine gepackt hatte, um ihren Körper gewickelt und sie ins Wasser gestoßen. Am Nachmittag des folgenden Tags hab' ich die Kleider und Schuhe, die ich ihr ausgezogen hatte, zu Hause im Ofen verbrannt.

Die Ermittler fanden, dass diese Aussage She Xianglins dem „objektiven Sachverhalt des Falls entspricht" und sich mit anderen Beweismitteln deckte. Die vorhandenen Beweise zusammengefasst stellte sich der Sachverhalt für sie wie folgt dar: Weil She Xianglin eine Geliebte hatte, wollte er sich seiner psychisch kranken Ehefrau entledigen. Nach sorgfältiger Planung und umfassender Vorbereitung führte er den Mord aus. Vorab hatte er nicht nur den Gewebesack zum Versenken der Leiche vorbereitet, sondern auch die zu wechselnden Kleidungsstücke, um die Ermittlungen auf eine falsche Fährte zu lenken. Im Anschluss an die Tat verbreitete er überall die Nachricht, seine Frau sei von Zuhause weggelaufen. Nach der Festnahme kämpfte er mit dem Rücken zur Wand und wies die Tat weit von sich. Doch auch ein noch so schlauer Fuchs entkommt keinem guten

Jäger! Nachdem sie sein Geständnis erhalten hatten, begannen die Ermittler, die Beweismittel zu komplettieren.

Am 20. April war das von drei Gerichtsmedizinern – zwei vom Amt für Öffentliche Sicherheit und einer von der Volksstaatsanwaltschaft des Kreises Jingshan – gemeinsam erstellte „Gerichtsmedizinische Gutachten, Az. Jing Gong Xing Fa Jian Zi Nr. 43/1994" fertig. Dessen Ergebnis war: Zhang Aiqing wurde mit einem stumpfen Gegenstand gegen den Kopf geschlagen, bis sie bewusstlos wurde, ins Wasser geworfen und starb durch Ertrinken.

Die Ermittlungsbeamten beschlossen, dass She Xianglin den Ort des Mordes identifizieren solle. Nach zehn Tagen unablässiger Verhöre war er an den Rand seiner Kräfte gelangt. Die Ermittler ließen ihn zunächst eine „Wegbeschreibung" zeichnen. She Xianglin war benommen, er brachte keine Zeichnung zustande, und so malten sie ihm eine als „Anleitung" auf. Am Abend des 21. April wurde She Xianglin zur Identifizierung an den Tatort geführt. Im „Protokoll über die Identifizierung des Tatorts durch She Xianglin" ist festgehalten: „Aufbruch um 20 Uhr von Gruppe Nr. 9 des Dorfs Heyang. She Xianglin führt die den Fall bearbeitenden Personen zu einem Lagerschuppen, wo er einen Gewebesack aus Kunststoff hinterlegt und Zhang Aiqing eingesperrt hatte. Die Tür weist nach Osten, ist unverschlossen, drinnen ist ein Holzbett. Durch die Hauptstraße der Großgemeinde, dann 500 Meter entlang der Landstraße geht es nach Osten, entlang einer unbefestigten Straße in Richtung Gruppe Nr. 9 des Dorfs Lüchong bis zu einer Kreuzung und weitere 500 Meter bis zu einem Teich. She Xianglin zeigt auf den Ort und sagt, er habe Zhang 30 Meter vom Rand des Teichs entfernt erschlagen und dann die Leiche versenkt."

Zur Herkunft des Gewebesacks aus Kunststoff gab She Xianglin an, er habe ihn von einem dreirädrigen Personentransporter aus der Gegend aufgelesen. Die Ermittler gingen dem nach, doch niemand hatte den zwischen Dezember 1993 und Februar 1994 eingetretenen Verlust eines solchen Sacks von einem dreirädrigen Personentransporter aus Yanmenkou gemeldet. Allerdings fanden die Ermittlungsbeamten, das sei eine unbedeutende Detailfrage.

Am 22. April verkündete das Amt für Öffentliche Sicherheit des Kreises Jingshan, der Mord von She Xianglin an Zhang Aiqing sei aufgeklärt, und beschloss zugleich, ihn bis zur Ausstellung eines Haftbefehls vorläufig festzunehmen. Am folgenden Tag reichte die Sonderermittlungsgruppe bei der Volksstaatsanwaltschaft des Kreises Jingshan den Antrag auf Genehmigung zur Verhaftung[18] She

18 Gemäß den Bestimmungen des „Strafprozessgesetz(es)" Chinas ist die Verhaftung eine Zwangsmaßnahme, mit der einem Verdächtigen oder Beschuldigten seine persönliche Freiheit entzogen wird. Sie wird von der Staatsanwaltschaft oder vom Gericht angeordnet und von den

Xianglins ein, dem am 28. April stattgegeben wurde. Daraufhin wurden die Akten geordnet, die „Allgemeine(n) Unterlagen" und der „Hergang der Aufklärung des Falls" zu den Ermittlungsarbeiten erstellt und die komplette Akte an die Untersuchungshaft-Abteilung des Amts für Öffentliche Sicherheit abgegeben, deren Mitarbeiter nach Prüfung die „Position zu einer Anklage" verfassten. Die polizeilichen Ermittlungen waren damit abgeschlossen, der Fall wurde zur Anklageerhebung an die Staatsanwaltschaft abgegeben. Für das Amt für Öffentliche Sicherheit war die komplikationslose Aufklärung eines solch schweren Mordfalls Anlass für eine größere Veranstaltung, auf der der Erfolg gefeiert und Auszeichnungen verliehen wurden. Auch die lokale Presse berichtete, wie die Behörden für Öffentliche Sicherheit den Mord von She Xianglin an seiner Frau aufgeklärt hatten.

Nach Erhalt der Akten befragten Staatsanwälte She Xianglin in der Untersuchungshaftanstalt. Der war sehr erregt und beteuerte immer wieder, keinen Mord begangen zu haben, die mündlichen Geständnisse seien von den Polizisten erzwungen worden. Die Staatsanwälte versprachen, seine Einlassung ernst zu nehmen und sorgfältig zu überprüfen. Nach Durchsicht des Aktenmaterials riefen sie bei der Abteilung Kriminalpolizei des Amts für Öffentliche Sicherheit an. Deren Auskunft war, ihre Arbeit erfolge gesetzeskonform, ein unter Folter erzwungenes Geständnis sei absolut auszuschließen, und außerdem sei die Tat ganz gewiss von She Xianglin verübt worden. Für die Staatsanwälte war es keine Ausnahmeerscheinung, dass ein Verdächtiger während der Prüfung, ob Anklage erhoben werden sollte, sein Geständnis widerrief.

She Xianglins Mutter erhielt endlich die Genehmigung, ihren Sohn in der Untersuchungshaft besuchen zu dürfen. Er sagte ihr, er habe keinen Mord begangen, Aiqing sei wirklich von Zuhause weggelaufen. Seine Mutter glaubte ihm, und sie war überzeugt, dass ihr Sohn nur dann gerettet werden konnte, wenn die Schwiegertochter gefunden würde. Beim Verlassen des Gefängnisses fasste sie einen Entschluss: sie würde sie sich die Hacken ablaufen, um die Schwiegertochter ausfindig zu machen!

Behörden für Öffentliche Sicherheit vollzogen. In der Praxis nehmen die Behörden für Öffentliche Sicherheit im Allgemeinen die verdächtige Person vorläufig fest und stellen erst im Anschluss bei der Staatsanwaltschaft Antrag auf Genehmigung zur Verhaftung, so dass in der Realität der Beschluss zu einer Verhaftung nicht den Beginn der Haft darstellt, sondern ihre Fortsetzung. Die Haftdauer nach der Verhaftung kann sich über den gesamten Strafprozess hinziehen.

IV Die zu spät eingegangene „Bescheinigung nach bestem Wissen und Gewissen“

Da es sich im Fall She Xianglin um Verdacht auf Mord handelte, der mit lebenslänglicher Freiheitsstrafe oder sogar Todesstrafe geahndet werden konnte, war dem Gesetz nach das zum Kreis Jingshan gehörige Mittlere Volksgericht der Region Jingzhou zuständig. Die Prüfung, ob Anklage erhoben werde, hatte mithin durch die Zweigstelle Region Jingzhou der Volksstaatsanwaltschaft zu erfolgen. Am 17. Mai 1994 übergab die Volksstaatsanwaltschaft des Kreises Jingshan den Fall an die Zweigstelle Region Jingzhou der Volksstaatsanwaltschaft. Die befand, dass die Beweismittel nicht ausreichend seien, und reichte den Fall mit Schreiben vom 30. Mai unter dem Aktenzeichen „Tui Cha Han Nr. 49“ an die Staatsanwaltschaft des Kreises Jingshan zurück, mit der Aufforderung, weitere Ermittlungen anzustellen. Am 28. August übergab die Staatsanwaltschaft des Kreises Jingshan nach ergänzenden Ermittlungen den Fall erneut an die Zweigstelle Jingzhou der Staatsanwaltschaft. Die erhob am 22. September Anklage in der Mordsache She Xianglin.

In der Zwischenzeit hatten die Angehörigen der Geschädigten Zhang Aiqing eine „gemeinsame Eingabe“ verfassen lassen, die von über 200 Leuten aus der Gegend unterzeichnet wurde. In dieser Eingabe hieß es: She Xianglin nimmt keine Rücksicht auf die Gesetze des Landes, ist moralisch verkommen, ständig stockbesoffen und provoziert dann Streitereien und Schlägereien. Der Himmel wird nicht tolerieren, dass er seine kranke Ehefrau umgebracht hat, als er eine Affäre hatte, und auch der Volkszorn ist groß. Die Regierung wird aufgefordert, den Mörder She Xianglin hart zu bestrafen. Diese Aktion setzte die lokale Regierung unter immensen Druck.

Nach den Bestimmungen des damals geltenden „Strafprozessgesetz(es)“ hatte das Volksgericht spätestens 7 Tage vor Beginn der Verhandlung dem Angeklagten eine Kopie der Anklageschrift der Staatsanwaltschaft zuzustellen und ihn zu belehren, dass er das Recht habe, einen Verteidiger zu beauftragen[19]. Ein Richter des

---

19 Art. 33 „Strafprozessgesetz“ in der geänderten Fassung von 1996 bestimmte: „In Fällen mit öffentlicher Klage hat der Beschuldigte ab dem Tag, an dem der Fall zur Prüfung, ob Anklage erhoben wird, abgegeben wird, das Recht, einen Verteidiger zu beauftragen.“ Der gleiche Artikel in der geänderten Fassung von 2012 bestimmt: „Der Verdächtige hat ab dem Tag, an dem er von den Ermittlungsbehörden zum ersten Mal vernommen wird oder ab dem Zwangsmaßnahmen durchgeführt werden, das Recht, einen Verteidiger zu beauftragen. In der Ermittlungsphase darf nur ein *Anwalt* als Verteidiger beauftragt werden. Der Beschuldigte hat zu jeder Zeit das Recht, einen Verteidiger zu beauftragen. Die Ermittlungsbehörden haben den Beschuldigten bei der ersten Vernehmung oder ab der Durchführung von Zwangsmaßnahmen zu belehren, dass er das Recht hat, einen Verteidiger zu beauftragen.“

Mittleren Volksgerichts der Region Jingzhou hatte She Xianglin am Vorabend des Nationalfeiertags entsprechend unterrichtet, doch weil die Familie She verkehrsmäßig schlecht zu erreichen und arm war und She Xianglin selber nicht wusste, wie er einen Anwalt beauftragen konnte, bestellte das Gericht für ihn einen Verteidiger. Das damals geltende „Strafprozessgesetz" enthielt zwar keine entsprechenden ausdrücklichen Bestimmungen, doch in der Praxis war es üblich, dass die Gerichte Angeklagten, die mit der Todesstrafe rechnen mussten, einen Verteidiger zur Seite stellten[20]. Da die Gerichtsverhandlung auf einen Tag kurz nach dem Nationalfeiertag anberaumt worden war. machte der Verteidiger sich umgehend an die Arbeit, las bei Gericht die Akten und machte Auszüge aus den Unterlagen, doch die Zeit, die ihm für die Vorbereitung der Verteidigung blieb, war mehr als knapp.

Am Freitag, dem 7. Oktober 1994 fand vor dem Mittleren Volksgericht der Region Jingzhou die Verhandlung in der Mordsache She Xianglin statt. Es waren nicht viele Zuhörer gekommen, lediglich Verwandte und Freunde der Geschädigten und des Angeklagten. Der vorsitzende Richter eröffnete das Verfahren, dann führten zwei Justizwachtmeister den Angeklagten She Xianglin durch den Seiteneingang herein und ließen ihn auf dem Stuhl für den Angeklagten Platz nehmen. Der Vorsitzende befragte ihn zunächst nach Name, Alter und weiteren Angaben zur Person, wann er festgenommen wurde und ob er die Anklageschrift erhalten habe. Dann verkündete er die Namen der Richter der Kammer, des Protokollführers, der Staatsanwaltschaft sowie des Verteidigers und unterrichtete den Angeklagten über seine Rechte, einen Befangenheitsantrag zu stellen, sich selber zu verteidigen, Zeugen zu befragen, Beweisanträge zu stellen und das letzte Wort zu sprechen. Als er sich vergewissert hatte, dass der Angeklagte diese ihm zustehenden Rechte kannte und keinen Befangenheitsantrag stellen wollte, ergänzte er, wenn die Verteidigung die Ladung neuer Zeugen, Herbeischaffung neuer Sachbeweise oder Urkundenbeweise, Augenscheinseinnahme oder Gutachten beantrage, werde vom Gericht beschlossen, ob dem Antrag stattgegeben werde.

Nach der Verkündung des Beginns der gerichtlichen Untersuchung bat der Vorsitzende zunächst die Staatsanwaltschaft, die Anklageschrift zu verlesen. Der Staatsanwalt erhob sich und verlas die Anklageschrift. Er klagte She Xianglin gemäß Art. 132 des chinesischen „Strafgesetz(es)" des Mordes an Zhang Aiqing

---

20 Art. 34 „Strafprozessgesetz" in der geänderten Fassung von 1996 bestimmte: „Das Volksgericht hat für einen Angeklagten, der möglicherweise zum Tode verurteilt wird und selber keinen Verteidiger beauftragt hat, einen Pflichtverteidiger zu bestellen." Der gleiche Artikel in der geänderten Fassung von 2012 bestimmt: „Das Volksgericht, die Volksstaatsanwaltschaft und die Behörden für Öffentliche Sicherheit haben einen Beschuldigten oder Angeklagten, der möglicherweise eine lebenslängliche Freiheitsstrafe erhält oder zum Tode verurteilt wird und keinen Verteidiger beauftragt hat, zu unterrichten, dass er über die Rechtshilfe einen Verteidiger erhält."

an, der dem Gesetz nach zur strafrechtlichen Verantwortung gezogen werden müsse. Danach forderte der vorsitzende Richter den Angeklagten auf, den Tathergang zu schildern, und betonte, er habe sich wahrheitsgemäß zu äußern. She Xianglin sagte, ich habe keinen Mord begangen, das Geständnis beim Amt für Öffentliche Sicherheit ist durch Schläge erpresst worden. Weder der Staatsanwalt noch der Verteidiger hatten Fragen an den Angeklagten. Nachdem der vorsitzende Richter den Protokollführer einige Beweismittel der Staatsanwaltschaft aus den Akten hatte auszugsweise verlesen lassen und feststellte, dass die Prozessbeteiligten keine Einwände hatten, erklärte er die Untersuchung durch das Gericht für abgeschlossen, nun seien die Plädoyers an der Reihe.

Der Vorsitzende bat zuerst den Staatsanwalt um seine Ausführungen. Die waren simpel: erneut ging er kurz auf den in der Anklageschrift aufgeführten Straftatbestand und die relevanten Beweismittel ein, danach sagte er, der Sachverhalt des Falls ist klar, die Beweismittel sind überzeugend und ausreichend, der Volkszorn ist groß, das Gericht wird gebeten, den Mörder dem Gesetz nach streng zu bestrafen.

Nachdem der Staatsanwalt Platz genommen hatte, bat der vorsitzende Richter den Verteidiger um sein Plädoyer. Der erhob sich und sagte, die Beweismittel für die Anklage She Xianglins sind nicht ausreichend. Die Staatsanwaltschaft hat zwar ein gerichtsmedizinisches Sachverständigengutachten, Zeugenaussagen und andere Beweismittel vorgelegt, aber alle sind Indizienbeweise, die lediglich den Tod von Zhang Aiqing und die Tatsache, dass She Xianglin Motive hatte, nachweisen können. De facto ist das Geständnis das einzige Beweismittel für seinen Mord an Zhang Aiqing. Der Angeklagte hat aber bereits gesagt, dass dieses unter Folter erzwungen wurde, das Gericht darf es nicht verwerten. Und noch einen Schritt zurück: der Angeklagte hat sukzessive vier Variationen zum Wie der Mordausführung ausgesagt, die Staatsanwaltschaft war aber von nur einer überzeugt, das ist nicht nachvollziehbar. Darüber hinaus hat die Staatsanwaltschaft gesagt, dass She Xianglin nach dem Mord die Kleidungsstücke Zhang Aiqings mit nach Hause genommen und dort verbrannt habe, aber das ist durch keinerlei Beweise belegt. Zusammengefasst, die Beweise der Staatsanwaltschaft können nicht überzeugend und ausreichend nachweisen, dass She Xianglin Zhang Aiqing ermordet hat, anhand der vorliegenden Beweise kann die Möglichkeit nicht ausgeschlossen werden, dass Zhang Aiqing nach ihrem Weglaufen von Zuhause von Dritten ermordet wurde. Der Verteidiger plädierte daher auf Freispruch.

Der Vorsitzende wandte sich wieder an den Staatsanwalt und fragte, ob er weitere Einwände habe. Der erhob sich erneut und sagte, das Wichtigste in dieser Sache ist, dass sich das Geständnis She Xianglins mit den anderen Beweismitteln deckt, wie mit den relevanten Inhalten der „gerichtsmedizinischen Leichenschau“ und den Beweismitteln Gewebesack aus Kunststoff und Steine, die die

Ermittlungsbeamten aus dem Teich geholt und gesichert hatten. Unter diesen Beweismitteln ist der Gewebesack das wertvollste, denn wie den Protokollen aus den Akten zu entnehmen ist, haben die Ermittler ihn aufgrund der Aussage She Xianglins in dem Teich entdeckt und gesichert. Die Erfahrung zeigt, wenn ein Beschuldigter Aussagen zu für die Ermittler unbekannten Details einer Tat macht und dadurch neue Beweismittel aufgefunden werden, ist sein Geständnis wahr und valide. Dass die Ermittler bei She Xianglin zu Hause im Ofen keine Asche der verbrannten Kleidungsstücke gefunden haben, ist nur normal, denn bis zum Auffinden der Leiche waren mehr als zwei Monate vergangen.

Der vorsitzende Richter stellte fest, dass die beiden Verfahrensbeteiligten keine weiteren Einwände hatten, und ließ den Angeklagten das letzte Wort sprechen. She Xianglin wiederholte immer wieder, dass er keinen Mord begangen habe und die Polizei Leute schlagen würde. Der Vorsitzende entgegnete, das Gericht werde die Frage, ob sein Geständnis unter Folter erzwungen worden war, bei der Beratung im Anschluss an die Verhandlung berücksichtigen. Damit schloss er die Verhandlung, das Urteil werde zu einem späteren Zeitpunkt verkündet.

Am 13. Oktober war Doppelneunfest *[Anm. d. Ü.: der 9. Tag des 9. Monats nach dem chinesischen Mondkalender]*, das Mittlere Volksgericht der Region Jingzhou in der Provinz Hubei fällte das erstinstanzliche Urteil: She Xianglin wird wegen Mordes zum Tode und zum Entzug seiner politischen Rechte auf Lebenszeit verurteilt. Nachdem ein Richter ihm im Untersuchungsgefängnis das Urteil verkündet hatte, äußerte She Xianglin, er nehme das Urteil nicht an und werde Berufung einlegen. Der Richter belehrte ihn, dass, egal ob er Berufung einlege oder nicht, das Obere Volksgericht der Provinz Hubei diesen Fall überprüfen werde, weil die Todesstrafe verhängt wurde.

Zu jener Zeit erkundigte sich She Xianglins Mutter überall nach dem Verbleib von Zhang Aiqing. Zu Fuß überquerte sie Berg und Tal und klapperte alle großen und kleinen Dörfer des Kreises und der Nachbarkreise ab. Mühen werden belohnt: Im Dezember 1994 fand sie im Dorf Yaoling der Stadt Tianmen, die im Norden an den Kreis Jingshan angrenzt, endlich eine Spur zu Zhang Aiqing. Leute aus dem Dorf erzählten, vor zwei Monaten sei eine geisteskranke Frau ins Dorf gekommen. Dass sie weder zu essen noch zu trinken hatte, müsse nicht extra betont werden, aber manchmal habe sie sogar auf dem Friedhof geschlafen. Den Dorfbewohnern habe sie leid getan, sie hätten ihr Kleidung und Essen gebracht, eine Familie habe sie sogar für zwei Tage bei sich aufgenommen. Dann sei sie wieder verschwunden, wohin, wüssten sie nicht.

Die Mutter suchte umgehend den Sekretär der Parteizelle des Dorfs, Herrn Ni, auf. Nachdem er sich einen Überblick über die Angelegenheit verschafft hatte, schrieb er eine „Bescheinigung nach bestem Wissen und Gewissen" und stempelte sie mit dem Siegel „Komitee der Parteizelle der Kommunistischen Partei

Chinas des Dorfs Yaolin in der Großgemeinde Shihe, Stadt Tianmen“. Sie war auf den 30. Dezember 1994 ausgestellt und hatte den folgenden Inhalt: „Hiermit wird bescheinigt, dass Ni Xinhao, Ni Boqing, Li Qingzhi u. a. von der Gruppe Nr. 8 des hiesigen Dorfs Mitte Oktober auf dem Gebiet dieser Gruppe eine geisteskranke Frau entdeckt haben. Sie war um die 30 Jahre alt, circa 1,50 Meter groß, hatte ein pechschwarzes Gesicht und sprach mit Jingshan-Akzent. Sie sagte, sie heiße Zhang und habe ein sechs Jahre altes Kind, auf dem Weg zu Verwandten habe sie sich verlaufen. Ihre geistige Verfassung entsprach im Wesentlichen den Angaben ihrer Schwiegermutter. Zwei Tage und eine Nacht verbrachte sie bei der Familie von Ni Xinhao, ihr weiterer Verbleib ist unbekannt.“ She Xianglins Mutter bedankte sich tausendfach und brach wieder auf.

Zurück im Kreis Jingshan überreichte sie dem Amt für Öffentliche Sicherheit die „Bescheinigung nach bestem Wissen und Gewissen“. Nachdem ein Polizist sie gelesen hatten, sagte er nur einen Satz: Das kommt zu spät. Shes Mutter fragte, warum? Der Polizist antwortete, das Urteil ist bereits verkündet. Die Mutter erwiderte, aber beim Oberen Gericht der Provinz ist doch Berufung eingelegt worden! Der Polizist sagte, na gut, ich gebe das Dokument an die Leitung weiter, warten Sie zu Hause auf Nachricht.

Die Leitung des Amts für Öffentliche Sicherheit befand, die „Bescheinigung nach bestem Wissen und Gewissen“ sei nicht glaubhaft. Zhang Aiqing war schon lange tot, unmöglich, dass jemand sie über ein halbes Jahr später gesehen haben konnte. Mit Sicherheit handelte es sich um eine Gefälligkeitsbescheinigung, die She Xianglins Mutter hatte schreiben lassen, um ihren Sohn zu retten. Und selbst wenn die Bewohner jenes Dorfs wirklich eine Geisteskranke gesehen hatten, war es bestimmt nicht Zhang Aiqing. Die Bescheinigung musste nach der Beschreibung von Shes Mutter verfasst worden sein. Außerdem ging der Fall bereits in die zweite Instanz. Würde diese Bescheinigung hervorgeholt, gäbe es nur zusätzliche Scherereien. Und so beschloss die Leitung: „Erledigung nach Überprüfung und Verifizierung“.

She Xianglins Familie hatte von all dem keine Ahnung ... Sie ging davon aus, dass die „Bescheinigung nach bestem Wissen und Gewissen“ ihn ganz sicher retten werde. Und vielleicht könnte sie ja sogar dazu beitragen, dass die Regierung den wahren Mörder ergriff! Die Familie wartete ab.

Neujahr war unbedeutend, was die Leute ersehnten, war das Frühlingsfest.

V Absurd: im Zweifel Milde für den Angeklagten

Am 10. Januar 1995 verkündete das Obere Volksgericht der Provinz Hubei in der Mordsache She Xianglin die Entscheidung in zweiter Instanz: Sachverhalt unklar, Beweismittel nicht ausreichend, das Ersturteil wird aufgehoben, der

Fall zur Neuverhandlung zurückverwiesen[21]. Die Richter der zweiten Instanz wiesen in ihrer schriftlichen Entscheidung auf einige konkrete Probleme und Ungereimtheiten im Urteil der ersten Instanz hin, unter anderem: inkonsequente und ständig widerrufene Aussagen des Angeklagten; keine nachvollziehbaren Gründe, warum nur eine der vier unterschiedlichen Aussagen des Angeklagten zum Hergang des Mords an seiner Frau anerkannt wurde; allein das Geständnis des Angeklagten reicht nicht aus, um die Steine als Mordwerkzeug festzustellen; ungeklärter Verbleib der Kleidungsstücke, die Zhang Aiqing gewechselt worden waren; die vorhandenen Indizienbeweise ergeben keine lückenlose Beweiskette, die Möglichkeit, dass die Geschädigte nach dem Weglaufen von zu Hause von Dritten ermordet wurde, ist nicht vollständig auszuschließen. Auch wenn die Angehörigen der Toten petitioniert und eine „gemeinsame Eingabe" mit über 200 Unterschriften eingereicht hatten, in der eine schnellstmögliche Hinrichtung des Mörders gefordert wurde – in Fällen mit Todesstrafe musste unbedingt eine „erdrückende Beweislast" vorliegen.

Nach Erhalt der zweitinstanzlichen Entscheidung des Oberen Volksgerichts der Provinz gab das Mittlere Volksgericht der Region Jingzhou den Fall an die Staatsanwaltschaft zurück und diese wiederum an das Amt für Öffentliche Sicherheit. Die Staatsanwaltschaft forderte ergänzende Ermittlungen und listete fünf Probleme auf, die geklärt werden mussten: 1) Inkonsequente und ständig widerrufene Aussagen des Angeklagten, keine lückenlose Beweiskette mit den vorhandenen Indizienbeweisen. Allein das gerichtsmedizinische Gutachten und die Überzeugung, dass der Angeklagte She Xianglin Zeit für die Begehung der Tat und ein Tatmotiv gehabt hatte, reichen für eine Verurteilung nicht aus. 2) Vier Schuldgeständnisse des Angeklagten unterschiedlichen Inhalts, unangemessen, ohne ausreichende Beweise und triftige Gründe nur eines anzuerkennen. 3) Das Mordwerkzeug wurde nicht gefunden; unzureichend, nur gestützt auf das Geständnis des Beschuldigten die Steine als Mordwerkzeug festzustellen. Der Besitzer des verloren gegangenen Gewebesacks wurde nicht ausfindig gemacht, das Geständnis des Angeklagten konnte nicht verifiziert werden. Seinen Aussagen zufolge hat der Angeklagte She Xianglin die von Zhang Aiqing gewechselten Kleidungsstücke zu Hause im Ofen verbrannt. Weder liegen Überreste noch

21 Gemäß den Bestimmungen des „Strafprozessgesetz(es)" kann das Gericht der zweiten Instanz, wenn es nach der Verhandlung zu der Auffassung gelangt, dass im Ersturteil der Sachverhalt unklar und / oder die Beweismittel nicht ausreichend waren, das Urteil abändern, den Fall aber auch zur Neuverhandlung zurückweisen. In der Praxis kommt es allerdings selten vor, dass ein Gericht der zweiten Instanz direkt ein Urteil abändert, im Allgemeinen wird der Fall zur Neuverhandlung zurückverwiesen.

Beweise in Form von Zeugenaussagen vor, der Verbleib der Kleidungsstücke ist unklar. 4) Es liegt keine ärztliche Diagnose vor, nach der Zhang Aiqing psychisch erkrankt war. Obwohl Leute bezeugt haben, dass sie seit ihrer Erkrankung gewöhnlich nicht mehr außer Haus ging, kann die Möglichkeit nicht ausgeschlossen werden, dass sie alleine oder mit anderen von Zuhause fort ist. 5) She Xianglins Aussagen, die Leiche mit dem Gewebesack und den vier Steinen versenkt zu haben, weisen Wiederholungen oder Nichtübereinstimmung mit dem Sachverhalt auf, Beweiskraft unzureichend.

Nach ergänzenden Ermittlungen erging vom Amt für Öffentliche Sicherheit die folgende Antwort: 1) Die Aussage She Xianglins vom 20. Juni 1994 stimmt mit den zusammengetragenen Beweisen überein. 2) Am Abend des 21. April 1994 identifizierte She Xianglin die Wegstrecke der Tatausführung, identifizierte den Ort, wo er die Leiche versenkt hatte, und führte die Bearbeiter des Falls direkt an den Tatort. Das zeigt, dass seine Identifizierung der Wahrheit entspricht und glaubwürdig ist. 3) Der Anklagte She Xianglin hatte eine Zeit lang bei der Öffentlichen Sicherheit gearbeitet, er verfügt über gewisse Fähigkeiten, Ermittlungen und Verhöre zu hintertreiben, ein vollkommen der Wahrheit entsprechendes Geständnis des Tathergangs ist nicht zu erwarten. 4) Der Anklagte She Xianglin hatte mehrfach ausgesagt, dass er die Tat mit Steinen ausgeführt habe. Dem gerichtsmedizinischen Gutachten zufolge waren die Wundränder an sechs Stellen des Kopfes der Toten ungleichmäßig, das entspricht der objektiven Sachlage des Falls. Hinzu kommt, dass die Umgebung des Tatorts mit Steinen übersät ist. Zwischen dem Geständnis Shes und der Tatzeit lagen drei Monate, das genaue Tatwerkzeug war nicht mehr auffindbar. 5) Während der Nachforschungen von Sonderermittlern meldete niemand den zwischen Dezember 1993 und Februar 1994 eingetretenen Verlust eines Gewebesacks von einem dreirädrigen Personentransporter beim Dorf Xiongdian in Yanmenkou in der Zeit Dezember 1993 bis Februar 1994, der Besitzer des Sacks konnte nicht ausfindig gemacht werden. 6) Der Ofen, in dem She Xianglin die Kleidungsstücke verbrannt hatte, ist untersucht worden. Seiner Mutter Yang Wuxiang zufolge war die Schlacke aus dem Ofen bereits auf die Saatfelder für den Frühreis gekippt worden. Drei Monate später konnten die Beweise nicht mehr erlangt werden. 7) Nachdem Zhang Aiqing im Oktober 1993 erkrankt war, hatte She Xianglin sie nicht umgehend zur Diagnose und Behandlung ins Krankenhaus gebracht, deshalb gibt es keine schriftliche ärztliche Diagnose über ihre psychische Erkrankung. In Kürze: vorbei ist vorbei, es gab keine neuen Beweise. Aus dem Grund fügte das Amt für Öffentliche Sicherheit eine „Erklärung zum Sachverhalt" hinzu, in der der Verlauf der Aufklärung des Falls geschildert und betont wurde, dass „der gesamte Ermittlungsprozess legal, kein Geständnis unter Folter erzwungen" war. Gestempelt war das Schriftstück mit dem Siegel des Amts für Öffentliche Sicherheit des Kreises Jingshan.

Nachdem die Staatsanwaltschaft die Unterlagen über die ergänzten Ermittlungen erhalten und sich mit dem Gericht beraten hatte, befand sie, dass diese Beweismittel die Forderungen des Oberen Gerichts der Provinz Hubei immer noch nicht erfüllten, und beschloss erneut „Zurückgabe zwecks Ergänzungen“. Das Amt für Öffentliche Sicherheit bestand darauf, dass die Beweismittel ausreichten, um den Mord She Xianglins nachzuweisen, und führte keine weiteren „ergänzenden Untersuchungen“ durch. So blieb der Fall einfach liegen. Die lokale Regierung sah sich jedoch Druck von zwei Seiten ausgesetzt: zur einen von den Angehörigen Zhang Aiqings, die ständig Petitionen einreichten und unter Berufung auf die „gemeinsame Eingabe“ forderten, den Mörder She Xianglin hart zu bestrafen. Zur anderen von der Familie She Xianglins, die ebenfalls ständig Petitionen einreichte und auf der Grundlage der „Bescheinigung nach bestem Wissen und Gewissen“ den Freispruch She Xianglins forderte.

Auf der einen Seite die „gemeinsame Eingabe“, auf der anderen die „Bescheinigung nach bestem Wissen und Gewissen“ – dieser Fall, dessen Aufklärung bereits mit Belobigungen für große Verdienste gefeiert worden war, wurde für die Verantwortlichen der Öffentlichen Sicherheit, der Staatsanwaltschaft und des Gerichts des Kreises Jingshan plötzlich zu einer „heißen Kartoffel“. Einmal involviert, gab es kein Zurück mehr, sie steckten in der Zwickmühle. Damals ging es nicht mehr nur um den wahren Sachverhalt des Falls, sondern auch um den Ruf der Öffentlichen Sicherheit, der Staatsanwaltschaft und des Gerichts sowie um ihre eigene Karriere. Mit dem Rücken zur Wand kämpfen, eine andere Wahl hatten sie nicht. Die größte Bedrohung war jene „Bescheinigung nach bestem Wissen und Gewissen“, das war ihnen vollkommen klar, und so musste zu besonderen Mitteln gegriffen werden.

Da She Xianglins Mutter unablässig Petitionen einreichte, wurde sie von der Öffentlichen Sicherheit ins Untersuchungsgefängnis gesteckt, wo sie neun Monate eingesperrt blieb. Eigentlich eine kräftige Bauersfrau, war sie bei ihrer Entlassung halb taub und halb blind und verstarb wenige Monate später. Auch Xianglins zweitältester Bruder wurde wegen ständiger Petitionen von der Öffentlichen Sicherheit länger als 40 Tage eingesperrt. Bei seiner Entlassung warnte man ihn, weiter solche Petitionsbesuche zu machen. Noch schlimmer, die Öffentliche Sicherheit suchte auch die Bewohner des Dorfs Yaoling auf, die seinerzeit die „Bescheinigung nach bestem Wissen und Gewissen“ ausgestellt hatten, und forderte sie auf, ihre Zeugenaussage dahingehend zu ändern, dass sie die Frau nie gesehen hätten. Die wollten jedoch nichts gegen ihr Gewissen sagen, mit dem Ergebnis, dass manche für mehr als drei Monate ins Untersuchungsgefängnis des Kreises Jingshan eingesperrt wurden und andere sich gezwungen sahen, durch Flucht in Sicherheit zu kommen. Aus einer einfachen Strafsache war ein Kampf auf Leben und Tod zwischen verschiedenen Gruppen geworden!

Anfang der 90er Jahre begann in Festland-China die Welle der „Fusion von Präfekturen und Städten auf der Verwaltungsebene der Präfekturen". Im „Arbeitsbericht der Regierung" des Staatsrats von 1993 hieß es: „Die Reform der regionalen Institutionen muss einhergehen mit einer Anpassung der Einteilung der Verwaltungszonen. Auf allen Ebenen müssen Vertretungsorgane übergeordneter Regierungsstellen kräftig abgebaut werden. Prinzipiell müssen Präfekturen und Städte auf der Ebene der Präfekturen, die in einem Verwaltungsbezirk nebeneinander bestehen, fusionieren." Nachdem der Staatsrat am 2. Dezember 1996 die Änderung der „Region Jingzhou" in „Stadt Jingzhou" genehmigt hatte (Az. Guo Han Nr. 111/1996), wurde der verwaltungsmäßig der Stadt Jingzhou unterstehende Kreis Jingshan der Stadt Jingmen unterstellt. Und so wurde der Fall She Xianglin, diese „heiße Kartoffel", von Jingzhou an Jingmen übergeben. Besonders erwähnt werden muss, dass She Xianglins Untersuchungshaft die gesetzlich festgeschriebene Höchstdauer bereits bei weitem überschritten hatte. Weder konnte er auf freien Fuß gesetzt noch konnte ein Urteil gefällt werden – arge Kopfschmerzen für die lokale Führung. Weil Öffentliche Sicherheit, Staatsanwaltschaft und Gericht zu keiner einheitlichen Meinung finden konnten, kam die Kommission für Politik und Recht als Koordinator ins Spiel. Nachdem sich die Kommission für Politik und Recht des Kreises Jingshan über den Fall informiert hatte, erstattete sie der übergeordneten Kommission der Stadt Jingmen Bericht.

Im Oktober 1997 berief die Kommission für Politik und Recht der Stadt Jingmen eine Konferenz zur Koordinierung des Falls ein, an der die Verantwortlichen des Gerichts, der Staatsanwaltschaft und des Amts für Öffentliche Sicherheit der Stadt Jingmen, der Kommission für Politik und Recht des Kreises Jingshan und weiterer involvierter Behörden teilnahmen. Auf der Konferenz beharrte der Zuständige des Amts für Öffentliche Sicherheit darauf, dass She Xianglin der Mörder von Zhang Aiqing sei, wogegen der Vertreter des Gerichts betonte, dass manche der Fragen, die das Obere Volksgericht der Provinz Hubei aufgeworfen hatte, immer noch nicht geklärt waren. Nachdem alle Seiten ihre Meinungen vorgebracht hatten, entschied sich die Kommission für Politik und Recht für die Lösungsmethode „im Zweifel Milde für den Angeklagten". Konkret: Abgabe des Falls vom Mittleren Volksgericht nach unten an das Untere Volksgericht zur Verhandlung und folgende Schritte: erstens, Klageerhebung durch die Staatsanwaltschaft des Kreises Jingshan beim Gericht des Kreises Jingshan; zweitens, das Gericht des Kreises Jingshan sollte „in der ersten Instanz die Maximalstrafe verhängen", also den Angeklagten zur Höchststrafe innerhalb der eigenen Kompetenzen – 15 Jahren Haft – verurteilen; drittens, das Mittlere Gericht sollte in der zweiten Instanz das Urteil aufrecht erhalten, um den Fall auf der lokalen Ebene „verdauen" zu können und nicht erneut an das Obere Gericht der Provinz abgeben zu müssen.

Am 15. Juni 1998 verurteilte das Volksgericht des Kreises Jingshan She Xianglin wegen Mordes zu 15 Jahren Haft und zum Entzug seiner politischen Rechte für 5 Jahre. Am 22. September des gleichen Jahres wurde She Xianglins Berufung vom Mittleren Volksgericht der Stadt Jingmen zurückgewiesen, das Ersturteil aufrecht erhalten. Im „Strafurteil" hieß es, die Verhandlung habe ergeben, dass Sachverhalt und Umstände des Mordes durch den Angeklagten She Xianglin durch die Beweismittel wie gerichtsmedizinisches Gutachten, Fotos der Leichenschau, Tatortbericht belegt und durch Zeugenaussagen bekräftigt seien, und auch die „Wegbeschreibung" des Angeklagten sowie das Protokoll, wie er die Öffentliche Sicherheit an den Tatort geführt und diesen identifiziert hatte, seien Beweise. Nachdem der Instanzenweg erschöpft war, wurde das Urteil rechtskräftig und She Xianglin zur Strafverbüßung ins Shayang-Gefängnis von Hubei überstellt.

Im Gefängnis lamentierte She Xianglin unablässig, ihm geschehe Unrecht, er werde Rechtsmittel einlegen. Er schrieb dicke Beschwerdeunterlagen, auch mehrere Tagebücher. In den Beschwerdeunterlagen schilderte er einige sehr nachdenklich stimmende Details des Ermittlungsprozesses. Zunächst: „Diesmal hab' ich gesagt, dass ich den Mord mit Steinen ausgeführt habe. Und zwar deshalb, weil ich beim letzten Mal gesagt hatte, ich hätte einen Holzstock benutzt, und die Ermittler unbedingt wollten, dass ich den Holzstock herausrücke. Aber ich habe keinen umgebracht, wo sollte ich den Holzstock hernehmen? Diesmal fiel mir ein, dass überall Steine rumliegen, sollten sie dann von mir wollen, die Steine herauszurücken, könnte ich überall einen aufheben und müsste weniger leiden." Zweitens: „Vesenkung der Leiche mit dem Gewebesack aus Kunststoff – das haben mir die Ermittler in den Mund gelegt. Erst nachdem sie den Sack aus dem Teich gefischt hatten, ließen sie mich diese Aussage machen." Drittens: „Die Ermittler forderten von mir eine Konstruktionszeichnung der Anlage vom Guanqiao-Stausee, aber ich war noch nie dort, zudem habe ich keinen ermordet, was sollte ich da zeichnen? Am Nachmittag des 21. April 1995 zog mich einer der Ermittler, nachdem er gemerkt hatte, dass ich wirklich nicht den Ort der Toten angeben konnte, an den Schreibtisch, zeichnete mir eine „Wegbeschreibung" auf und ließ mich die abmalen." Viertens: „Auf dem Weg zum Tatort kamen wir an eine Kreuzung an einem Berghang. Benommen wandte ich mich in eine Richtung, doch die Ermittler hielten mich zurück und sagten, ‚Falsch, in die Richtung'". Fünftens: „Als wir am Teich ankamen, fragten sie mich, wo ich den Mord begangen hätte. Ich zeigte irgendwo hin, sie machten Fotos. Dann sollte ich die Steine für den Mord zeigen. Eigentlich wollte ich ihnen irgendeinen Stein geben, doch da waren gar keine! Als sie merkten, dass ich beim besten Willen keinen Stein finden konnte, verfrachteten sie mich direkt an eine andere Stelle des Teichs und fragten, wo ich die Leiche versenkt habe. Ich sah, dass die Ermittler den Teich im Blick hatten und dass da, wo wir standen, viel Papiermüll verstreut lag, und so sagte ich auf Verdacht „hier".

Das fotografierten sie." Sechstens: „Zehn Tage und zehn Nächte an grausamen Körperstrafen liegen hinter mir, ich bin abgestumpft und schon lange vollkommen lethargisch. Mein Körper ist voller Verletzungen, ich kann überhaupt nicht mehr gehen oder aufrecht stehen. Nur einen Wunsch habe ich: so bald wie möglich ausruhen zu können. Wenn sie mich nur eine Weile ausruhen lassen würden, würde ich ohne zu Zögern alle ihren Forderungen erfüllen."

Wer weiß, durch wessen Hände seine Beschwerdeunterlagen gingen, noch wer sie anschaute; wie im Meer versenkte Steine blieben sie ohne Echo. Bei jedem Besuch von Familienangehörigen bat She Xianglin sie, Petitionen einzureichen, aber auch die blieben vergebliche Liebesmüh.

Ein Tag folgte auf den anderen, ein Jahr auf das andere, She Xianglin musste viel durchmachen. In dieser ausweglosen Situation war seine einzige Hoffnung, dass der wahre Mörder Gewissensbisse bekommen würde. Wo diese Person steckte, wusste er nicht, die aber kannte bestimmt das ihm widerfahrene Unrecht. In seinen Träumen schrie er immer wider auf, doch nach dem Erwachen stand er vor bitterer Hoffnungslosigkeit. Seine Nerven stumpften allmählich ab, ihm war klar, dass er sich nicht realisierbaren Illusionen hingab!

VI Wundersame Rückkehr einer Toten

Am 28. März 2005 verbreitete sich im Kreis Jingshan in Windeseile eine dramatische Nachricht: Zhang Aiqing war zurück, sie lebte!

Zhang Aiqing ging nicht zu den Shes, sondern zu ihrer Familie. Als sie zur Tür rein kam, erstarrten alle. Unsicher schaute Aiqing sie an: Ich bin's, Aiqing! Ich bin wieder da! Die Mutter stürzte ihr entgegen, sie hielten sich in den Armen und weinten. Die ganze Familie begann zu weinen. Als die Tränen getrocknet waren, sagte ihr ältester Bruder, wir dachten, du bist schon lange tot. Aiqing entgegnete, ich war nahe dran, aber mein starker Wille zum Überleben hat gesiegt. Vor zwei Jahren habe ich euch einen Brief geschrieben, habt Ihr den etwa nicht bekommen? Der älteste Bruder antwortete, doch, den haben wir bekommen, aber wir haben alle nicht geglaubt, dass er von dir stammte. Wir fanden den Brief sehr seltsam, er war zwar von dir unterschrieben, aber enthielt nichts über dich, sondern nur die Bitte, aufs Kind aufzupassen, es gebe doch so viele Kinderhändler derzeit. Wir dachten, das ist ein Drohbrief, den jemand anders geschrieben hat. Noch dazu, wo die Handschrift der deinen nicht ähnlich sah. Ihre Mutter fragte, wie hast du all die Jahre verbracht? Aiqing drehte den Kopf – erst da bemerkten sie, dass in der Tür noch ein fremder Mann stand.

Der zweitälteste Bruder sagte, als wir deinen Brief bekommen haben, hatten wir alle Angst, wir dachten, jemand will Rache an uns nehmen. Weißt du, damals kam ein aus dem Gefängnis Entlassener zu uns und sagte, er sei mit She Xianglin in einer Zelle gewesen, er habe einen Brief dabei, in dem wir gebeten wurden, uns um seine Tochter zu kümmern. Aiqing fragte hastig, was ist mit meiner Tochter? Wieso ist Xianglin im Gefängnis? Die Familie schaute sich ratlos an und verstummte, bis der älteste Bruder zögernd hervorbrachte, es sieht so aus, als ob Xianglin Unrecht getan wurde. Und erzählte knapp den Hergang seiner Verurteilung. Aiqing biss sich auf die Lippen, brach hemmungslos in Tränen aus. Der älteste Bruder meinte, wir müssen bei der Polizei Meldung machen.

Nachdem die Polizeistation von Yanmenkou die Meldung entgegen genommen hatte, wurde sofort an das Amt für Öffentliche Sicherheit des Kreises Jingshan berichtet. Dessen Leitung nahm die Nachricht sehr ernst und beschloss, zunächst die Personalien dieser Frau zu überprüfen, und zwar nicht nur durch Verifizierung durch die Dorfkader, sondern auch durch ein wissenschaftliches Gutachten.

Das DNA-Gutachten lag am folgenden Tag vor: die Frau war tatsächlich die „Tote" Zhang Aiqing. Das Amt für Öffentliche Sicherheit erstattete der Kommission für Politik und Recht des Kreises Jingshan umgehend Bericht, und die wiederum sofort der Kommission für Politik und Recht der Stadt Jingmen, die noch in derselben Nacht eine Sitzung abhielt. Deren Teilnehmer befanden, dass diese Sache keinen Aufschub dulde, der Justizirrtum müsse schnellstens berichtigt werden.

Am 30. März hob das Mittlere Volksgericht der Stadt Jingmen in einer Dringlichkeitssache das Urteil der ersten und die Entscheidung der zweiten Instanz in der Mordsache She Xianglin an Zhang Aiqing auf und wies das Gericht des Kreises Jingshan an, den Fall erneut zu verhandeln. Zugleich verfügte es die Freilassung She Xianglins auf Kaution.

Am 1. April veließ der kreidebleiche und leicht kahlköpfig gewordene She Xianglin das Shayang-Gefängnis. Viele Journalisten hatten sich am Ausgang versammelt und hielten dieses historische Bild fest, das ganz China erschütterte.

Angesichts der Journalisten kamen bei She Xianglin die verschiedensten Gefühle hoch. Zhang Aiqings „von den Toten auferstanden" gegenüber empfand er sowohl Hass als auch Dankbarkeit. Doch am meisten sorgte er sich um seine Tochter. Mutter weg, Vater im Gefängnis, die Großmutter, die ihre Enkelin abgöttisch liebte, später gestorben. In dem kleinen Bergdorf hatte sie keine Spielkameraden, keine Freunde, mit Ach und Krach hatte sie die erste Klasse der Grundschule geschafft und dann die Schule abgebrochen. Mit einem Onkel war sie später nach Dongguan gegangen, wo sie in einer Elektronikfabrik Kinderarbeit verrichtete. She Xianglin wurde informiert, dass seine Tochter bereits Bescheid wusste und auf dem Weg nach Hause sei.

„Eine Tote kehrt zurück" – dieser Justizirrtum zog Journalisten aus allen Teilen des Landes an. Während sie auf die Eröffnung der Gerichtsverhandlung warteten, interviewten sie ständig in den Fall Involvierte. Der damalige stellvertretende Leiter der Sonderermittlungsgruppe, Lu Cheng, war inzwischen zum stellvertretenden Leiter des Amts für Öffentliche Sicherheit des Kreises Jingshan aufgestiegen. Er sagte den Journalisten, im Rückblick hege er tiefstes Bedauern über diesen Justizirrtum. Bedauern darüber, dass man damals die Bearbeiter des Falls keine DNA-Analyse hatten durchführen lassen. Hätte man Zhang Aiqings DNA mit der ihrer leiblichen Mutter verglichen, wäre die Sache damals bereits klar gewesen. Bei uns im Kreis Jingshan gab es zu der Zeit kein DNA-Analysegerät, aber im Forschungsinstitut Nr. 126 des Ministeriums für Öffentliche Sicherheit. Außerdem ist der Fall deshalb ein Justizirrtum geworden, weil der Hauptfehler die falsche Identifizierung der Leiche war, weil Zhang Aiqings Angehörige und Verwandten meinten, die unbekannte Leiche sei Zhang Aiqing. Aus heutiger Sicht hätte man den Zeugenaussagen keinen übermäßigen Glauben schenken dürfen. Auf Nachfragen der Journalisten hin verneinte er, dass die Ermittler She Xianglins Geständnis unter Folter erpresst hätten.

Im Fokus der Interviews stand natürlich Zhang Aiqing, denn alle Leute wollten wissen, wie sie damals von Zuhause weggelaufen war und dann die ganzen Jahre verbracht hatte. Ihr setzte die ganze Geschichte seelisch heftig zu, und sie zeigte wieder Anzeichen von psychischer Instabilität. Lokale Medien nahmen daraufhin Kontakt mit einer Psychatrie auf, wo man großes Mitleid mit ihr hatte und sie umsonst behandelte. Im Krankenhaus sagte sie den Journalisten, sie hätte eigentlich nur für zwei, drei Tage ihre Familie besuchen und dann wieder nach Hause fahren wollen, nicht im Entferntesten hätte sie gedacht, dass so viel passieren würde. Jetzt würde sie sich zu gerne mit Xianglin treffen und von Angesicht zu Angesicht reden, aber sie habe keine Ahnung, ob er das überhaupt wolle. Als sie hörte, dass der auf Kaution freigelassene She Xianglin körperlich schwer angeschlagen war und Nahrung verweigerte, bat sie einen Journalisten, ihm einen Strauß frischer Blumen zu bringen. Vor einem Anruf schreckte sie zurück, weil sie fürchtete, dass er einen Nervenzusammenbruch erleiden werde. Erst auf Ermunterung durch Journalisten griff sie zum Hörer. Du bist ein bereits zwei Mal „Gestorbener", du musst deine seelische Verfassung ins Gleichgewicht bringen und unbedingt durchhalten. Erinnerst du dich noch, als du mal mit 40° Fieber darauf beharrt hast, zur Arbeit zu gehen? Damals bist du einmal gestorben, jetzt musst du dich wieder in den Griff kriegen, alle Schwierigkeiten lassen sich überwinden. She Xianglin sagte nichts, hörte nur zu. Zum Schluss sagte sie mit leiser Stimme in den Hörer, „mir geht es gut", aber die Tränen quollen ihr dann doch aus den Augen.

Am 13. April fand vor dem Volksgericht des Kreises Jingshan die Verhandlung im Wiederaufnahmeverfahren des Falls statt. Die Nationalflagge auf dem majestätischen Gerichtsgebäude bewegte sich leicht und lautlos. Zu dem Prozessbeteiligten She Xianglin, den Zuhörern und Journalisten gewandt verkündete der vorsitzende Richter feierlich das Urteil: Der Angeklagte She Xianglin ist unschuldig!

Nach Verlassen des Gerichtsgebäudes suchte She Xianglin in Begleitung seiner Angehörigen und von Journalisten zuerst das Grab seiner Mutter auf, um der Verstorbenen zu gedenken. Endlos wiederholte er, wäre das mit ihm nicht passiert, hätte Mutter gewiss nicht so viel Schweres durchmachen müssen und wäre auch nicht so früh gestorben. Beim Wiedersehen mit seiner bereits 18-jährigen Tochter hatte er so viel auf dem Herzen, was er los werden wollte, doch nicht ein einziges Wort kam ihm über die Lippen. Vater und Tochter umarmten sich wortlos, nur Tränen flossen.

Nach Berichtigung des Fehlurteils kontaktierten die leitenden Personen der zuständigen Lokalbehörden She Xianglin und seine Angehörigen, um Fragen wie die staatliche Entschädigung und Hilfen seitens der Regierung zu besprechen.

Chinas „Staatsentschädigungsgesetz" *[Anm. d. Ü.: Quelle der Ü.: http://www.chinas-recht.de/940512.htm]* wurde am 12. Mai 1994 vom Ständigen Ausschuss des Nationalen Volkskongresses verabschiedet und trat am 1. Januar 1995 in Kraft. Da in der Sache She Xianglin der Schaden durch den strafrechtlichen Eingriff im Wesentlichen nach Inkrafttreten dieses Gesetzes eingetreten war, hatten die zuständigen Behörden die Entschädigung gemäß den Bestimmungen dieses Gesetzes zu leisten. Bei Fehlurteilen in Strafsachen wird im Allgemeinen Entschädigung für Invalidität, Behandlungskosten, Kosten für den Lebensunterhalt sowie für den durch versäumte Arbeit verursachten Einkommensausfall geleistet. Vom 12. April 1994 an, dem Tag, an dem er für Untersuchungen ins Lager gesteckt worden war, bis zum 1. April 2005, dem Tag der Freilassung auf Kaution, hatte She Xianglin insgesamt 3995 Tage zu Unrecht in Haft verbracht. Im „Staatsentschädigungsgesetz" heißt es: „Wenn Bürger ihrer Freiheit beraubt werden, wird der Ersatzbetrag für einen Tag nach dem vorjährigen durchschnittlichen staatlichen Tageslohn für einen Beschäftigten berechnet." *[Anm. d. Ü.: Quelle der Ü.: http://www.chinas-recht.de/940512.htm]* She Xianglin konnte also nach den 11 Jahren Verlust der Freiheit im Gefängnis etwa 220.000,00 Yuan „Arbeitslohn verdienen"! Für „seelisch erlittenen Schaden" gab es im damals geltenden „Staatsentschädigungsgesetz" noch keine Entschädigungsbestimmungen.[22]

---

22 Am 29. April 2010 verabschiedete der Ständige Ausschuss des Nationalen Volkskongresses den „Beschluss zur Änderung des ‚Staatsentschädigungsgesetz(es) der VR China'". In der geänderten Fassung waren Inhalte zur Entschädigung bei seelisch erlittenem Schaden hinzugefügt worden; sie trat am 1. Dezember 2010 in Kraft. In Art. 35 heißt es: „Bei Vorliegen eines der Umstände der Art. 3 oder 17 dieses Gesetzes, die zu seelischem Schaden geführt haben, erfolgt im Rahmen der Auswirkungen, mit dem das Handeln in die Rechte des Geschädigten eingegriffen hat, eine Entschuldigung, um diese Auswirkungen zu beseitigen und seinen Ruf wiederherzustellen. In Fällen mit schwerwiegenden Folgen wird eine entsprechende Trostzahlung für den seelisch erlittenen Schaden gezahlt."

Im September 2005 unterschrieben She Xianglin und das Mittlere Volksgericht der Stadt Jingmen die folgende Entschädigungsvereinbarung: Das Mittlere Volksgericht der Stadt Jingmen zahlt She Xianglin für den Eingriff in seine persönlichen Rechte eine Entschädigung in Höhe von 256.900,00 Yuan (inklusive der Bestattungskosten für eine unbekannte weibliche Leiche in Höhe von 1100,00 Yuan). Im Oktober erzielten She Xianglin und seine Angehörigen eine weitere Entschädigungsvereinbarung mit dem Amt für Öffentliche Sicherheit des Kreises Jingshan: Das Amt für Öffentliche Sicherheit des Kreises Jingshan entschädigt She Xianglin mit 226.000,00 Yuan, der ältere Bruder erhält für seine auf Fehlern beruhende Haft 4000,00 Yuan, für den Tod der Mutter wird die Familie mit 220.000,00 Yuan entschädigt. Darüber hinaus zahlte die lokale Regierung zahlte She Xianglin 200.000,00 Yuan Armenunterstützung.

Auch die beiden Bewohner des Dorfs Yaoling, die wegen der „Bescheinigung nach bestem Wissen und Gewissen" eingesperrt worden waren, erzielten eine Enschädigungsvereinbarung mit dem Amt für Öffentliche Sicherheit des Kreises Jingshan. Einer der beiden erhielt 22.000,00 Yuan staatliche Entschädigung, der andere 3000,00 Yuan.

Bei Justizirrtümern und Fehlurteilen haftet der Staat für den Eingriff in die Rechte von Verfahrensbeteiligten. Aber auch die betreffenden Bearbeiter eines Falls müssen Verantwortung für einen Justizirrtum übernehmen. Im April 2005 richtete die Kommission für Politik und Recht der Stadt Jingmen eine Arbeitsgruppe ein, um eine Untersuchung zu den für diesen Fall zuständigen Personen durchzuführen. Der Leiter der Sonderermittlungsgruppe im Fall She Xianglin, der damalige stellvertretende Leiter des Amts für Öffentliche Sicherheit des Kreises Jingshan, Han Hua, war bereits als stellvertretender Präsident an das Volksgericht des Kreises Jingshan versetzt worden. Der stellvertretende Leiter der Sonderermittlungsgruppe, der Abteilungsleiter Kriminalpolizei des Amts für Öffentliche Sicherheit des Kreises Jingshan, Lu Cheng, war zum stellvertretenden Leiter des Amts für Öffentliche Sicherheit des Kreises Jingshan befördert worden. Der Kriminalbeamte He Liang, ein wichtiges Mitglied der Sonderermittlungsgruppe, war zum Abteilungsleiter Kriminalpolizei des Amts für Öffentliche Sicherheit des Kreises Jingshan befördert worden, 2001 war er an Leberkrebs gestorben. Und der Kriminalbeamte Pan Jun, ebenfalls ein wichtiges Mitglied der Sonderermittlungsgruppe, war zum Instrukteur der Abteilung Kriminalpolizei des Amts für Öffentliche Sicherheit des Kreises Jingshan befördert worden.

Während die Untersuchungen zur Suspendierung vom Dienst liefen, klagte Pan Jun mehrfach, dass ihm Unrecht geschehe. Am 25. Mai 2005 suchte er einen öffentlichen Friedhof der Stadt Wuhan auf, wo er sich mit einem Metallplättchen die Handgelenke aufritzte und mit seinem Blut die drei Schriftzeichen für „mir geschieht Unrecht" auf einen anliegenden Grabstein schrieb. Dann erhängte er sich an einem Baum. Die Medien berichteten zwar nicht groß darüber, doch für die Untersuchungsgruppe und die leitenden Personen war es ein großer Schock. Wenig später beschloss die Untersuchungsgruppe: Das Verhalten der relevanten Personen in diesem Fall begründet die Tatbestände des Erpressens von Geständnis unter Folter und Pflichtverletzung. Zwei wichtige Bearbeiter des Falls sind bereits tot, sie können nicht mehr zur Rechenschaft gezogen werden. Han Hua wird seines Amts als stellvertrender Präsident des Volksgerichts des Kreises Jingshan enthoben, Lu Cheng seines Amts als stellvertretender Leiter des Amts für Öffentliche Sicherheit des Kreises Jingshan. Unter die Untersuchung zu den Verantwortlichkeiten wurde so ein unvollkommener und mit Blut behafteter Schlussstrich gesetzt!

VII Freud und Leid im Leben

She Xianglin hatte Pech, aber auch wieder Glück – er war zu Unrecht ins Gefängnis gekommen, doch voll rehabilitiert worden. Wäre Zhang Aiqing in der Fremde gestorben oder wegen Krankheit nicht nach Hause zurückgekehrt, wäre sein Urteil nie revidiert worden. Zhang Aiqing hatte Pech, aber auch wieder Glück – sie war obdachlos und arm dran gewesen, doch auf einen guten Menschen getroffen. Aus ihrem Mund erfuhren die Leute, wie es ihr in jenen Jahren ergangen war, doch einige Umstände konnte sie sich selbst nicht mal erklären.

Ende 1993 hatte die Krankheit Zhang Aiqing niedergeworfen. Wie es dazu gekommen war, konnte sie selbst nicht erklären. Damals hatte sie nur extremen Alltagsdruck empfunden, vieles in ihrem Inneren verborgen, es hatte keinen gegeben, dem sie sich mitteilen konnte. In ihrem Innersten war alles schwarz, später hatte sie überhaupt keine Gefühle mehr. Sie wollte nur weg, weit weit weg.

Nachdem sie von Zuhause weggelaufen war, streunte sie umher, hatte keine Bleibe, war Wind und Wetter ausgesetzt, bettelte um Essen und Trinken. Sie erinnerte sich nicht mehr genau, wo überall sie gewesen war, war wohl auch mal von Menschenhändlern nach Anhui verkauft worden und von dort wieder abgehauen. Sie fand, sie hatte einen starken Überlebenswillen damals, bei dem Desaster, aus dem sie dennoch herausgekommen war. Irgendwann später hatte es sie in die Gegend von Zaozhuang in Shandong verschlagen, wo sie auf einen gutmütigen Menschen traf, der sie aufnahm.

Die Familie Fan kümmerte sich damals um den Wald des Forstbetriebs vom Bergamt. An einem Tag traf der jüngste Sohn der Fans im Wald auf eine halb tot, halb lebendig auf dem Rasen liegende verwahrloste Frau und sprach sie an. Diese Frau sprach einen fremden Akzent, er verstand nur einen Teil, so was wie sie suche nach Essen, finde ihr Zuhause nicht; wo sie zu Hause war, konnte sie nicht sagen. Er empfand Mitleid mit ihr und nahm sie mit zu sich nach Hause.

Fans Eltern waren gutmütige Menschen und nahmen diese Frau, die sich Zhang Aiqing nannte, bei sich auf. Sie gaben ihr zu essen und zu trinken und andere Kleidung. Die Fans hatten vier Söhne, der älteste war nicht ganz richtig im Kopf, der zweite und dritte hatten bereits eine Familie gegründet und lebten nicht mehr im Haus, der vierte war noch ledig. Die Fans hatten keine Tochter und behandelten Aiqing wie die eigene Tochter. Nachdem sie irgendwann festgestellt hatten, dass Aiqing psychisch nicht ganz normal war, brachten sie sie ins lokale Krankenhaus, wo sie mehrere tausend Yuan für die Behandlung ausgaben. Aiqing war ihnen mehr als dankbar. Als sie körperlich wiederhergestellt war, half sie den Fans bei der Arbeit und scheute weder Mühen noch Müdigkeit.

Nach mehreren Monaten fand sie, dass die Familie wirklich anständig sei, und heiratete den vierten Sohn. Im Jahr darauf gebar sie einen Jungen. Aiqing erzählte den Fans, dass sie schon mal verheiratet gewesen war, ihr Ex-Mann aber ein Mistkerl sei. Die Fans waren gut zu ihr, doch ihnen war auch klar, dass Aiqing nicht wütend werden durfte, denn dann wurde sie sofort krank, aß nichts, trank nichts, aber arbeitete auch nicht und murmelte auf dem Bett liegend vor sich hin, sie wolle nach Hause – und konnte doch nicht sagen, wo ihr Zuhause war. Wenn sie nicht krank war, war Aiqing tüchtig, zudem sehr klug. Sie zog Schweine und Hühner auf, der Familie ging es immer besser. Zu ihrem Mann und den Schwiegereltern hatte sie ein gutes Verhältnis. Oft sagte sie: „Als Frau gut zu den Schwiegereltern ist das gleiche wie gut zum eigenen Mann zu sein."

Mehrere Jahre waren verstrichen, Zhang Aiqing war körperlich und seelisch wieder voll hergestellt, auch die Erinnerung kam langsam zurück. Nicht nur fiel ihr ihre Familie in Hubei wieder ein, erinnerte sie sich an ihren Ex-Mann und ihre Tochter, sondern auch an die Adresse ihrer Familie. Daraufhin schrieb sie ihrem älteren Bruder einen Brief, der jedoch unbeanwortet blieb. Manchmal starrte sie, über eine Landkarte gebeugt, vor sich hin. Sie wollte so gerne nach Hause, ihre Eltern, die Brüder und Schwägerinnen wiedersehen; am meisten natürlich sehnte es sie nach ihrer Tochter, sie war damals erst sechs Jahre alt gewesen. She Xianglin gegenüber hatte sie gemischte Gefühle. Im Volksmund heißt es: ein Tag Mann und Frau, ewig gegenseitige Liebe. Doch das Erlebte, an das sie nicht zurückdenken mochte, hatte in ihr ein Gefühl des Hasses auf She Xianglin hinterlassen.

Aiqing empfand ihr jetziges Leben als sehr glücklich. Die Person, die ihr am wichtigsten war, war ihr Sohn. Sie fand ihn sehr klug, so wie sie und ihre Landsleute aus Hubei. Die Shandonger achteten viel zu viel auf Konventionen, ihre Denke war verknöchert, nicht so flexibel wie die der Leute aus Hubei. Die Person, die der Sohn am meisten bewunderte, war seine Mama. Er sagte, zu Hause ist Mama die Älteste, er sei der Zweite, Papa der Dritte, denn der sei der dümmste. Der war wortkarg; kamen Leute, die nicht zur Familie gehörten, stand er oft abseits und beteiligte sich auch nicht am Gespräch. Hörte er seinen Sohn so reden, konnte er naiv lachen. Als Aiqing sagte, sie wolle ihre Familie in Hubei besuchen, hatte er nichts dagegen.

Nach dem Frühlingsfest des Jahres 2005 verkaufte Zhang Aiqing 10 Schweine. Mit den über 7000 Yuan Bargeld, die sie dafür erhalten hatte, begann sie die Vorbereitungen für die Reise in die Heimat. Am 27. März bestiegen sie und ihr Mann den Zug nach Hubei.

Zhang Aiqing wurde über Nacht eine Berühmtheit. Viele Journalisten machten sich in das abgelegene Bergdorf auf, um sie zu interviewen. Die Unterhaltungen mit ihnen machte ihr Spaß, und sie war gesprächig. Sie erzählte die Liebesgeschichte zwischen ihr und She Xianglin, erzählte, wie sie krank geworden und von Zuhause weggelaufen war, erzählte, was ihr passiert war, als sie umhergestreunt war, und erzählte auch von ihrem Leben, nachdem sie zu den Fans gekommen war. Über She Xianglin redete sie ohne Umschweife, obwohl ihr jetziger Mann neben ihr saß. Den Journalisten sagte sie, She Xianglin sei schlau, habe aber kein Verantwortungsgefühl. Das Leben sei ein Komplex aus Moral, Ethik und Verantwortung, von diesen Normen habe er sich entfernt gehabt, daher sei er ihr etwas schuldig. Hätte er sich damals nur ein bisschen mehr um die Familie gekümmert, wäre all das nicht passiert. She Xianglin habe keine Kultur, im Gegensatz zu ihr. Wenn immer die Rede auf ihn kam, war ihr Lieblingssatz: „Menschen, die nicht lesen, bringen es zu nichts." Sie wollte Xianglin gerne treffen und „von Angesicht zu Angesicht einen Schlusstrich setzen". Bei all dem, was ihm in den Jahren zugestoßen war, hatte sie Mitleid mit ihm, fand aber, das sei nicht ihr Problem. Was ihr damals durch den Kopf gegangen war, als sie von Zuhause weggelaufen war, wusste sie nicht mehr, aber nie hätte sie gedacht, dass es für ihn so verhängnisvoll enden würde. Sie wollte Klartext mit ihm reden, wie es eigentlich zu den Spannungen zwischen ihnen gekommen war, was diese menschliche Tragödie zwischen ihnen ausgelöst hatte. Dass er sie jetzt nicht sehen wollte, konnte sie verstehen. Sie könnte ihn ja treffen, wenn das offizielle Urteil raus sei. Sie konnte warten.

Das Treffen mit ihrer Tochter beruhigte Zhang Aiqing, denn sie hatte einen besonnenen Charakter, anders als ihr Vater. Ob sie sich an die Zeit mit Mama erinnere, als sie noch klein war? Die Tochter verneinte. Enttäuschung machte sich breit. Ihr war klar, dass ihre Tochter sie hasste, aber sie hatte nicht vor, irgendwas zu erklären. Viel durchgemacht hatte die Tochter in den Jahren, und sie selbst hatte nicht alles gegeben, um ihre Pflichten als Mutter zu erfüllen. Aber war das ihr Fehler gewesen? Schicksal! Dann war es eben so – die Tochter erinnerte sich nicht mehr an sie, sie musste sich wegen ihr keine Sorgen mehr machen und konnte sich voll und ganz ihrem Sohn widmen, eine Mutter sein, die den Namen verdiente.

Am 13. April war Zhang Aiqing nicht im Gericht, als She Xianglin frei gesprochen wurde. Ihr war klar, dass ihr Erscheinen dort nicht angemessen war. Sie wartete zu Hause, hoffte, Xianglin treffen zu können. Später hörte sie von Journalisten, dass er das Grab seiner Mutter besucht hatte. Das fand sie richtig. Als sie erfuhr, dass Xianglin sie nicht sehen wollte, war sie erst mal eine Weile sprachlos und tat dann einen tiefen Seufzer. Das Vergangene konnte nicht mehr offen auf den Tisch gebracht werden. Sie murmelte, wir sollten nach Hause; ihr Gesicht zeigte wieder ein Lächeln. Erneut erzählte sie den Journalisten, wie gut die Fans in diesen Jahren zu ihr gewesen waren, und wie dankbar sie ihnen sei. Die Journalisten baten ihren Ehemann, auch was zu sagen. Der lachte kurz auf: die Frau hat doch alles gesagt, dem gibt es nichts hinzuzufügen. Als Zhang Aiqing auf ihren Sohn zu sprechen kam, erhöhte sich ihr Redefluss merklich. Ihr Mann fand, dass sie zu viel redete, und gab ihr eine Schale Wasser zu trinken. Aiqing leerte sie, und es schien, als ob sie gleichzeitg einen Entschluss gefasst habe. Sie sagte, sie könne nicht in Hubei bleiben, ihr Zuhause sei in Shandong. Ihre Aussprache verriet bereits einen leichten Shandong-Akzent.

Am 15. April kehrten Zhang Aiqing und ihr Mann nach Shandong zurück. Kurz vor der Abreise schrieb sie ein Gedicht und bat einen Journalisten, es She Xianglin zu überbringen.

> Wind saust, Regen strömt,
> Suche nach Schutz im Trümmergestein, Erinnerung an einstige Frühlingstage.
> Urplötzlich erleuchtet ein Wegweiser mit Rosenstrauß –
> nichts wie hin zu ihm!
> Bist du verstört, pflücke ein Ahornblatt,
> und schmücke damit die Rosen, ein glänzender, strahlender Tag ist ihm sicher.
> Die umgeschlagene Seite ist schon Trümmerfeld, schätze und liebe das Leben.
> Wir sind nicht vom Glück verfolgt, doch haben unsren Stolz,
> in unsrer kurzen Zeit voll ausgekostet Freud und Leid.[23]

---

23 Im Herbst 2005 trafen sich Zhang Aiqing und She Xianglin, um die Formalitäten für die Scheidung zu erledigen. 2006 zogen sie, ihr Mann und der Sohn nach Wuhan, wo sie ein kleines Restaurant eröffneten. She Xianglin und seine Tochter leben zurückgezogen in einer Stadt in Hubei. In diesem Text ist She Xianglin der wahre Name, Zhang Aiqing ein Pseudonym, auch für die anderen Personen wurden Decknamen verwendet. Der vorliegende Text stützt sich in erster Linie auf Aktenmaterial zum Fall She Xianglin, daneben wurden das von Guo Xinyang herausgegebene Werk „Kommentar und Analyse zu Justizirrtümern in Strafsachen“ (Chinese People’s Public Security University Press / CPPSUP (Beijing) 2011, S. 200–212) und der Eintrag „She Xianglin“ bei „Baidu Baike“ (http://baike.baidu.com) als Referenzmaterial herangezogen.

Kapitel 3 Empirische Studien über Fehlurteile in Strafsachen

Nach der Enthüllung des Justizskandals She Xianglin richtete das Forschungsinstitut für Beweislehre die Forschungsgruppe „Fehlurteile in Strafsachen" ein, die mittels Symposien, Seminaren, schriftlicher Umfragen und Analysen exemplarischer Fälle empirische Studien zu Fehlurteilen in Strafsachen in China durchführte. So reiste zum Beispiel in der ersten August-Dekade 2006 ein Teil der Gruppe nach Harbin in der Provinz Heilongjiang und veranstaltete ein Symposium zu Fragen wie „Definition von ‚Fehlurteile in Strafsachen'", „Wesentliche Gründe für das Entstehen von Fehlurteilen" und „Maßnahmen zur Verringerung und Vorbeugung von Fehlurteilen in Strafsachen" mit Führungspersonen und Bearbeitern von Strafsachen des Amts für Öffentliche Sicherheit der Stadt Harbin, der Staatsanwaltschaft des Bezirks Nangang, des Gerichts des Bezirks Daoli sowie Vertretern der Anwaltschaft von Harbin.

I Schriftliche Umfrage zu Ursachen für Fehlurteile[24]

1 Allgemeine Angaben zur Umfrage

Zwischen August 2006 und März 2007 verteilte die Forschungsgruppe „Fehlurteile in Strafsachen" in der Provinz Heilongjiang, der Stadt Beijing und weiteren 17 Regionen 2500 Fragebögen zu Fehlurteilen in Strafsachen und erhielt 1715 gültige zurück. Zielgruppen der Umfrage waren hauptsächlich Juristen der Ämter für Öffentliche Sicherheit, Staatsanwaltschaften, Gerichte, von Anwaltskanzleien und Justizämtern der o. a. Regionen. Von den gültig abgegebenen Fragebögen waren 1199 von Männern, 467 von Frauen ausgefüllt, 49 machten keine Angaben. 1659 Befragte gehörten der Han-Nationalität an, 7 der Hui-Nationalität, 6 waren Mandschuren, jeweils eine Person gehörte der Dong- und der Zhuang-Nationalität an, 41 machten keine Angaben. 41 Personen hatten einen Schulab-

24 Dieser Teil der Umfrage wurde von einem Teil der Forschungsgruppe unter Leitung von Vizeprofessor Liu Pinxin von der Fakultät für Rechtswissenschaften der Volksuniversität Chinas durchgeführt. Die Auswertung der Fragebögen und die Anfertigung der Charts stammt von Guo Xinyang, Doktorand des Jahrgangs 2005 der Fakultät für Rechtswissenschaften der Volksuniversität Chinas.

schluss nicht höher als die Oberstufe der Mittelschule, 356 einen Fachhochschulabschluss, 1094 hatten ein vierjähriges Regelstudium, 120 ein Magisterstudium abgeschlossen, einer hatte promoviert, 88 machten keine Angaben zur Ausbildung. 854 Befragte hatten Recht als ersten Studiengang, 669 einen anderen, 194 machten keine Angaben. Bei 1195 war Recht der höchste Bildungsabschluss, bei 218 ein anderer, 304 Personen machten keine Angaben. Für die Umfrage hatten wir 21 Fragen konzipiert, die u. a. folgende Inhalte betraf: Was verstehen Sie unter Fehlurteilen in Strafsachen? Welche Umstände können zu Fehlurteilen führen? Was sind die Hauptursachen für Fehlurteile? Bei welchen Kettengliedern eines Strafverfahrens kommt es leicht zu Fehlurteilen? Verhältnis zwischen Fehlern bei Beweismitteln und Fehlurteilen in Strafsachen? Wie stehen Sie einem System der Verantwortlichkeit für Fehlurteile gegenüber? Wie können Fehlurteile in Strafsachen vermieden werden? Wie können Fehlurteile in Strafsachen korrigiert werden? Im Folgenden erläutern wir das Ergebnis der Umfrage zu Ursachen für Fehlurteile und zu Fehlern bei Beweismitteln.

2 Ursachen für Fehlurteile

Für den Fragebogen hatten wir zu Fehlurteilen eine Frage mit Multiple-Choice-Antworten konzipiert: „Was sind Ihren beruflichen Erfahrungen nach die Hauptgründe für Fehlurteile?" Angekreuzt werden konnte:

A) unklare rechtliche Bestimmungen
B) Fehler der Prozessbeteiligten
C) Einmischung anderer Verwaltungsbehörden
D) Druck der Öffentlichkeit
E) Einmischung höherer Behörden oder von Vorgesetzten
F) Rückständigkeit der vorhandenen Ausrüstungen und technischen Mittel für die Bearbeitung der Fälle
G) niedrige fachliche Qualifikation der Bearbeiter von Strafsachen
H) Rechtsbeugung für eigene Interessen durch Bearbeiter von Strafsachen, von ihnen durch Folter erpresste Geständnisse
I) Druck, Straffälle umgehend aufklären zu müssen

Die obigen Optionen wurden von den Zielgruppen unterschiedlich gewichtet. 1074 Personen (63%) kreuzten „niedrige fachliche Qualifikation der Bearbeiter von Strafsachen" an, 951 (55%) „unklare rechtliche Bestimmungen", 866 (50%) „Einmischung höherer Behörden oder von Vorgesetzten", 771 (45%) „Rechtsbeugung für eigene Interessen durch Bearbeiter von Strafsachen, von ihnen durch Folter erpresste Geständnisse", 716 (42%) Rückständigkeit der vorhandenen Ausrüstungen und technischen Mittel für die Bearbeitung der Fälle". Darüber hinaus fanden 405 Befragte (24%), dass auch „Fehler der Prozessbeteiligten" ein wesentlicher Grund für Fehlurteile sei. „Druck der Öffentlichkeit" kreuzten nur 373 (22%) an.

3 Verhältnis zwischen Problemen bei Beweismitteln und Fehlurteilen in Strafsachen

Für den Fragebogen hatten wir auch eine speziell das Verhältnis zwischen Beweismitteln und Fehlurteilen in Strafsachen analysierende Alternativfrage konzipiert: „Wie stark, finden Sie, beeinflussen in der Praxis der Untersuchung von Strafsachen Fehler bei Beweismitteln das Entstehen von Fehlurteilen?" Angekreuzt werden konnte „sehr stark", „relativ stark", „eher gering", „gering". Die große Mehrheit der Befragten fand, dass Fehler bei Beweismitteln in der justiziellen Praxis bedeutenden Einfluss auf das Entstehen von Fehlurteilen hätten. 1031 Personen (60,1%) fanden den Einfluss „sehr stark", 538 (31,4%), „relativ stark". Diese beiden Personengruppen machten 91,5% der Befragten aus. Allerdings fanden 4 Personen, dass Fehler bei Beweismitteln keinen Einfluss auf das Entstehen von Fehlurteilen hätten. 11 Befragte gaben keine Anwort auf diese Frage.

II Schriftliche Umfrage zum Verhältnis zwischen sieben Arten von Beweismitteln und Fehlurteilen in Strafsachen[25]

1 Allgemeine Angaben zur Umfrage

Im Zeitraum Januar bis März 2007 führten sieben an dem Forschungsprojekt beteiligte Magisterstudenten jeweils in der Stadt Beijing, den Provinzen Hebei, Henan, Shandong und der Autonomen Region Tibet weitere Forschungen durch. Interviews neben der schriftlichen Umfrage erhöhten die Validität der Ergebnisse. Für die Umfrage wurden 140 Fragebögen verteilt, 139 kamen zurück. Unter den 139 Befragten waren 33 Richter (ca. 24%), 66 Staatsanwälte (ca. 48%) und je 20 Rechtsanwälte und Polizisten (je 14%). Die Altersspanne der Zielgruppe war relativ groß, 45 Personen (ca. 32%) waren zwischen 20 und 29 Jahre alt, 69 Per-

25 Die Erstellung, Verteilung und Auswertung dieses Teil des Fragebogens ist eine Gemeinschaftsarbeit von Wang Cuiqing, Zheng Zhixin, Jiang Guanying, Chen Lixia, Zhang He, Du Lin und Bianbalamu, Magisterstudenten des Jahrgangs 2005 der Fakultät für Rechtswissenschaften der Volksuniversität Chinas.

sonen (ca. 50%) zwischen 30 und 39 Jahre und 25 (ca. 18%) 40 Jahre und älter. Unter den 139 Befragten waren 44 Frauen (ca. 32%) und 95 Männer (ca. 68%).

2 Ergebnisse der schriftlichen Umfrage

a. „Welche Beweismittel führen Ihrer Meinung nach am ehesten zu Fehlurteilen in Strafsachen?" Alternativantworten:
A) Sachbeweise
B) Zeugenaussagen
C) Ton- und Bildaufnahmen
D) Geständnisse von Angeklagten / Beschuldigten
E) Aussagen von Geschädigten
F) Sachverständigengutachten
G) Tatortberichte und Protokolle über körperliche Untersuchungen

4 Befragte (2,9%) kreuzten „Sachbeweise" an, 49 (35,3%) „Zeugenaussagen", 5 (3,6%) „Ton- und Bildaufnahmen", 47 (33,8%) „Geständnisse von Angeklagten / Beschuldigten", 12 (8,6%) „Aussagen von Geschädigten", 22 (15,8%) „Sachverständigengutachten", keiner wählte „Tatortberichte und Protokolle über körperliche Untersuchungen".

Unterschiedliche Zielgruppen hatten auf diese Frage auch unterschiedliche Antworten. Das zeigt sich im Wesentlichen darin, dass die Mehrheit der Richter, Staatsanwälte und Rechtsanwälte der Ansicht war, dass „Zeugenaussagen" und „Geständnisse von Angeklagten / Beschuldigten" die hauptsächlich zu Fehlurteilen führenden Beweismittel seien, wohingegen die Haltung der Polizisten zu den Beweismitteln A) bis F) relativ ausgewogen war. Darüber hinaus gab es nicht wenige Richter, die fanden, dass „Aussagen von Geschädigten" am ehesten zu Fehlurteilen in Strafsachen führten.

„Welche der folgenden, Zeugenaussagen betreffenden Umstände führen Ihrer Meinung nach am ehesten zu Fehlurteilen in Strafsachen?" Alternativantworten:
A) Zeugen erscheinen nicht zur Aussage vor Gericht
B) vorsätzliche Falschaussagen von Zeugen
C) illegale Methoden der Beweisbeschaffung
D) Schwächen der eigenen Wahrnehmung des Zeugen
E) Fehler des Richters bei der Beweiswürdigung[26]

26 Bei den 5 Wahlmöglichkeiten zu dieser Frage gibt es Überschneidungen, aber so können die

13 Befragte (9,4%) kreuzten „Zeugen erscheinen nicht zur Aussage vor Gericht" an, 69 (49,6%) „vorsätzliche Falschaussagen von Zeugen", 21 (15,1%) „illegale Methoden der Beweisbeschaffung", 18 (12,9%) „Schwächen der eigenen Wahrnehmung des Zeugen", 18 (ca. 12,9%) „Fehler des Richters bei der Beweiswürdigung". Die Antworten der Richter, Staatsanwälte, Polizisten und Rechtsanwälte auf diese Frage waren weitgehend ähnlich. Unter den Richtern und Staatsanwälten kreuzten viele „vorsätzliche Falschaussagen von Zeugen" an, wohingehend von den Polizisten relativ viele „Fehler des Richters bei der Beweiswürdigung" wählten.

b. „Wo können Ihrer Meinung nach die Regeln zu Zeugenaussagen vervollkommnet werden, um das Entstehen von Fehlurteilen in Strafsachen zu verhindern?"
Alternativantworten:
A) Stärkung der gegenseitigen Einschränkung der drei Organe Öffentliche Sicherheit, Staatsanwaltschaft und Gericht, Wahrung der Neutralität des Richters
B) Stärkung des Rechts auf Verteidigung, mehr Beteiligung von Anwälten
C) Aufbau eines Zeugenschutzes, praktikable Gewährleistung des Erscheinens von Zeugen vor Gericht
D) Vervollkommnung des „Pre-Trial-Discovery-Verfahrens", Kreuzverhörs und entsprechender Zusatzbestimmungen
E) richterliche Aufforderung an den Zeugen zum freien Bericht
F) Festhalten am Grundsatz der Urteilsfindung allein auf der Grundlage von Beweismitteln und der Überprüfung aller von der Staatsanwaltschaft und der Verteidigung vorgelegten Beweismittel durch das Gericht
G) wissenschaftlich fundierte und vernünftige Ausarbeitung von Regeln zum Beweisverwertungsverbot, Eindämmung der negativen Auswirkungen illegal erworbener Beweismittel

69 Befragte kreuzten A) an, 52 B), 77 C), 45 D), 21 E), 61 F) und 15 G).

Analysiert nach den unterschiedlichen Rechtsberufen der Zielgruppen legten Richter und Rechtsanwälte großes Gewicht auf „Aufbau eines Zeugenschutzes, praktikable Gewährleistung des Erscheinens von Zeugen vor Gericht", „Festhalten am Prinzip der Urteilsfindung allein auf der Grundlage von Beweismitteln und der Prüfung aller von der Staatsanwaltschaft und der Verteidigung vorgebrachten Beweismittel durch das Gericht" und „wissenschaftlich fundierte und vernünftige Ausarbeitung von Regeln zum Beweisverwertungsverbot, Eindämmung der negativen Auswirkungen illegal erworbener Beweismittel". Polizisten hingegen

kognitiv basierten Einstellungen der Zielgruppen der Umfrage zu diesen häufig vorkommenden realen Problemen bei Zeugenaussagen widergespiegelt werden.

legten wenig Wert auf diese drei Aspekte, vor allem „Aufbau eines Zeugenschutzes, praktikable Gewährleistung des Erscheinens von Zeugen vor Gericht" wurde kollektiv ignoriert.

c. „Welche der folgenden Faktoren führen Ihrer Meinung nach am ehesten zu einem falschen Schuldgeständnis des Angeklagten / Beschuldigten?" Alternativantworten:

A) durch Folter erpresstes Schuldgeständnis
B) freiwillige Übernahme der Schuld zu bestimmten Zwecken
C) Schuldgeständnis aus Verwirrung
D) Schuldgeständnis, um sich aus der misslichen Lage zu befreien

77 Befragte (55,4%) kreuzten A) an, 43 (30,9%) B), 7 (5,1%) C), 12 (8,6%) D).

d. „Was ist Ihrer Meinung nach das hervorstechendste Problem beim Geständnis des Angeklagten / Beschuldigten?" Alternativantworten:

A) Ein illegal erworbenes Geständnis führt leicht zu einem Fehlurteil.
B) Zu starke Gewichtung des Geständnisses und Geringschätzung anderer Beweismittel seitens der Bearbeiter von Strafsachen führt leicht zu einem Fehlurteil.
C) Vorsätzliches Verschweigen der wahren Tatsachen bei einem freiwilligen Schuldgeständnis führt leicht zu einem Fehlurteil.
D) Der Angeklagte / Beschuldigte weigert sich, eine Straftat zuzugeben, ein Geständnis ist schwer zu entlocken.

41 Befragte (29,5%) kreuzten A) an, 60 (43,2%) B), 14 (10,1%) C), 24 (17,2%) D).

III Analyse der Ursachen für Fehlurteile in 50 Strafsachen[27]

1 Allgemeine Angaben zu den Fällen

Im Verlauf der Recherchen dieses Forschungsprojekts sammelten wir über unterschiedliche Kanäle Unterlagen zu ca. 130 Fehlurteilen in Strafsachen in China seit den 80er Jahren des 20. Jh. und unterzogen die Gründe für das Entstehen dieser Fehlurteile einer konkreten Analyse. Im Folgenden stellen wir von

27 Die Analyse dieses Teils der Fälle wurde von Guo Xinyang, Doktorand des Jahrgangs 2005 der Fakultät für Rechtswissenschaften der Volksuniversität Chinas, durchgeführt.

diesen Fällen 50 mit Verdacht auf Mord vor, einschließlich der Mordfälle Shi Dongyu aus der Provinz Heilongjiang, Ren Zhong aus der Povinz Jilin, Li Huawei aus der Provinz Liaoning, Li Jiuming aus der Provinz Hebei, Chen Shijiang aus der Provinz Shandong, Liu Minghe aus der Provinz Anhui, She Xianglin aus der Provinz Hubei, Teng Xingshan aus der Provinz Hunan, Liu Ritai aus der Provinz Fujian, Deng Liqiang aus der Autonomen Region Guangxi der Zhuang-Nationalität, Du Peiwu aus der Provinz Yunnan, Tong Limin aus der Stadt Chongqing, Wang Xueyi aus der Provinz Gansu, Li Julan aus der Provinz Shaanxi, Tan Fuyi aus der Stadt Beijing und des Vergewaltigungs- und Mordfalls Qin Yanhong aus der Provinz Henan.

Die Auswertung ergab, dass fast jedes dieser Fehlurteile in Strafsachen auf mehrere Gründe zurückzuführen war. Auf Beweismittel bezogene, unter anderem falsche Zeugenaussagen, Falschaussagen von Geschädigten, Falschaussagen von Mittätern, falsche Geständnisse von Angeklagten, Fehler bei Sachverständigengutachten, Amtsmissbrauch von Ermittlungsbehörden[28] und Richtern[29], Ignorieren belastender Beweismittel, Mängel bei Gutachten[30], unklare rechtliche Bestimmungen. Fehler des Richters bei der Bewertung und Würdigung der Beweismittel lagen in unterschiedlichem Ausmaß bei fast jedem Fehlurteil in Strafsachen vor, so dass wir diese nicht als gesonderten Grund analysiert haben.

2 Analyse der Gründe für die Fehlurteile

Unter den 50 Fehlurteilen in Strafsachen gab es 10 (20%) mit „falschen Zeugenaussagen“, eines (2%) mit „Falschaussagen von Geschädigten“, eines (2%) mit „Falschaussagen von Mittätern“, 47 (94%) mit „falschen Geständnissen von Angeklagten“, 4 (8%) mit „Fehlern bei Sachverständigengutachten“, 48 (96%) mit „Amtsmissbrauch von Ermittlungsbehörden“, 9 (18%) mit „Amtsmissbrauch von Richtern“, 10 (20%) mit „Ignorieren von Unschuldsbeweisen“[31],

28 „Amtsmissbrauch von Ermittlungsbehörden“ umfasst Erpressen von Geständnissen unter Folter, gewaltsames Beschaffen von Beweismitteln, Fälschen und / oder Unterschlagen von Beweismitteln u.a..

29 „Amtsmissbrauch von Richtern“ bezieht sich darauf, dass der Richter in der Verhandlung die Erörterung von Beweismitteln untersagt, Zeugen nicht vor Gericht lädt, keine Gutachten in Auftrag gibt etc..

30 „Mängel bei Gutachten“ bezieht sich auf Gesetzesverstöße beim Verfahren und / oder der Art und Weise der Durchführung eines Gutachtens sowie auf erforderliche, aber unterlassene Gutachten.

31 Tatsächlich existiert bei fast jedem Justizirrtum in Strafsachen graduell unterschiedlich das

10 (20%) mit „Mängeln bei Gutachten" und eines (2%) mit „unklaren rechtlichen Bestimmungen"[32].

3 Feststellung von durch Folter erpressten Geständnissen

Zwischen durch Folter erpressten Geständnissen und Fehlurteilen in Strafsachen besteht eine enge Beziehung. Durch Folter entlockte Geständnisse, die die Grundlage für die Urteilsfindung bilden, sind oft einer der Hauptgründe für Fehlurteile. Von den untersuchten 50 Fehlurteilen in Strafsachen hatten in (erstens) 4 Fällen (8%) die Gerichte bzw. Staatsanwaltschaften offiziell festgestellt, dass Geständnisse durch Folter erpresst worden waren. In (zweitens) 43 Fällen (86%) besteht die Möglichkeit, dass die Geständnisse durch Folter erpresst wurden, obwohl die Gerichte bzw. Staatsanwaltschaften dies nicht offiziell festgestellt hatten. In 3 Fällen (6%) lagen keine durch Folter erpressten Geständnisse vor. Zu Erstens: in 3 Fällen wurden die Ermittler vom Gericht der Straftat Erpressung von Geständnissen unter Folter für schuldig befunden. In einem weiteren Fall war das Verhalten der Ermittler vom Gericht als Erpressung von Geständnissen unter Folter festgestellt worden, aber die Staatsanwaltschaft erließ den Beschluss, keine Anklage zu erheben. Zu Zweitens: in 21 Fällen erklärten die Angeklagten während des Prozesses, für ihr Geständnis der Folter ausgesetzt gewesen zu sein, aber sie hatten keine weiteren Beweise. In 7 Fällen gab es gewisse Beweise für durch Folter erpresste Geständnisse wie Narben auf dem Körper des Angeklagten oder Zeugenaussagen, die vom Gericht aber nicht anerkannt wurden. In einem Fall hatte die Staatsanwaltschaft bereits während des Verfahrens per Gutachten bekräftigt, dass der Körper des Angeklagten leichte Verletzungen von Folter aufwies, durch die sein Geständnis erpresst worden war, doch das Gericht erkannte es nicht an. In 14 Fällen hatten die Angeklagten während der Ermittlungsphase ihre Straftat zugegeben und später widerrufen. Doch weil zum Schluss neue Beweise vorgelegt wurden, die ihre Unschuld belegten, und manche Angeklagten nicht zu sagen wagten, dass die Polizei Leute schlägt, besteht die Möglichkeit, dass auch in diesen Fällen durch Folter erpresste Geständnisse vorlagen.

Problem des „Ignorierens von Unschuldsbeweisen" seitens der Bearbeiter von Strafsachen. Diesen Fall haben wir hier exemplarisch hervorgehoben, um auf die Fälle hinzuweisen, in denen die Verteidigung ganz klar Unschuldsbeweise vorgelegt hatte, die von den Bearbeitern der Strafsache aber nicht zugelassen wurden.

32 Der Mordfall Fan Chengkai aus Jilin gehört zu den Justizirrtümern, die wegen der damaligen nicht hinreichend klaren Bestimmungen zur Notwehr und Überschreitung der Notwehr zustande gekommen waren.

IV Analyse der Daten der empirischen Studien über Fehlurteile in Strafsachen und Schlussfolgerungen

1 Probleme bei den Beweismitteln sind die Hauptursache für Fehlurteile in Strafsachen

In der ersten schriftlichen Umfrage kreuzten bei der Frage „Was sind Ihrer Meinung nach die Hauptursachen für Fehlurteile?" 63% „niedrige fachliche Qualifikation der Bearbeiter von Strafsachen" an, 45% „Rechtsbeugung für eigene Interessen durch Bearbeiter von Strafsachen, von ihnen durch Folter erpresste Geständnisse", 42% „Rückständigkeit der vorhandenen Ausrüstungen und technischen Mittel für die Bearbeitung der Fälle"; alle drei Wahlmöglichkeiten implizieren Probleme bei den Beweismitteln. In der Frage „Wie stark, finden Sie, beeinflussen in der Praxis der Untersuchung von Strafsachen Fehler bei Beweismitteln das Entstehen von Fehlurteilen?" machte die Zahl derer, die fanden, „der Einfluss ist sehr stark" und „der Einfluss ist relativ stark", 91,5% der Personen aller Zielgruppen der Umfrage aus. Bei der Auswertung der 50 Fehlurteile in Strafsachen gab es nur zwei ohne Probleme bei den Beweismitteln[33], bei den verbleibenden 48 gab es zwei und mehr Problembereiche. Das zeigt, dass – egal ob aus subjektiven Erkenntnissen der Rechtspraktiker oder aus objektiven Umständen der Fälle – die Schlussfolgerung gezogen werden kann, dass Probleme bei den Beweismitteln der Hauptgrund für Fehlurteile in Strafsachen sind. Da diese Probleme hauptsächlich das Fehlen effektiver Beweisregeln widerspiegeln, ist deren Vervollkommnung erforderlich, um Fehlurteilen in Strafsachen vorzubeugen und ihre Zahl zu verringern.

2 Vervollkommnung der Regeln für das Verwertungsverbot illegal erworbener Beweismittel ist das Gebot der Stunde, um Fehlurteilen in Strafsachen vorzubeugen

In der zweiten schriftlichen Umfrage kreuzten bei der Frage „Welche Beweismittel führen am ehesten zu Fehlurteilen in Strafsachen?" 52 der Befragten (37%) „Geständnis des Angeklagten / Beschuldigten" an. Zu „Faktoren, die am ehesten

33 Neben dem o. a. Mordfall Fan Chengkai aus Jilin wurde in der Mordsache Ren Zhong aus Jilin der Angeklagte in der Verhandlung auf der Grundlage seines aus eigenem Antrieb gemachten Geständnisses verurteilt. In einem späteren Sachverständigengutachten wurde er für geisteskrank erklärt und bescheinigt, er könne strafrechtlich nicht zur Verantwortung gezogen werden.

zu einem falschen Schuldgeständnis des Angeklagten / Beschuldigten führen“ kreuzten 83 (60%) „durch Folter erpresstes Schuldgeständnis“ an. Zum hervorstechendsten Problem beim Geständnis des Angeklagten / Beschuldigten kreuzten 110 der Befragten (79%) „illegal erworbenes Geständnis des Angeklagten / Beschuldigten“ und „zu starke Gewichtung des Geständnisses seitens der Bearbeiter von Strafsachen“ an. Unter den 50 von uns analysierten Fehlurteilen in Strafsachen gab es 47 (94%), wo „falsche Geständnisse der Angeklagten / Beschuldigten“ ganz sicher durch Folter erpresst worden waren. Das zeigt, dass unter allen Beweismitteln falsche Geständnisse der Angeklagten / Beschuldigten der primäre Grund für Fehlurteile in Strafsachen sind und diese hauptsächlich durch Folter erpresst werden. Eigentlich war schon früh, nämlich im „Strafprozessgesetz“ aus dem Jahr 1979, klar bestimmt worden: „Es ist streng untersagt, durch Verhör unter Einsatz von Folter Geständnisse zu erpressen und mittels Drohung, Versprechungen, Täuschung und anderer ungesetzlicher Methoden Beweise zu sammeln.“ *[Anm. d. Ü.: Quelle der Ü.: CHINA aktuell, Ausgabe September 1979]* Aus Mangel an bewährten Regeln zum Verwertungsverbot illegal erworbener Beweismittel und Maßnahmen zu deren Einhaltung aber kommt es immer wieder zu illegalem Verhalten bei der Beschaffung von Beweismitteln wie Erpressung von Geständnissen durch Folter. Das zeigt, dass der Stärkung des Bewusstseins der Ermittler, Beweismittel auf legale Weise zu gewinnen, und dem Aufbau vernünftiger und wirkungsvoller Regeln zum Verwertungsverbot illegal erworbener Beweismittel eine hohe Bedeutung bei der Prävention von Fehlurteilen in Strafsachen zukommt.

V Studie zur Anwendung der Regeln zum Verwertungsverbot illegal erworbener Beweismittel

Im Jahr 2010 erschütterte ein erneuter Fehlurteilsfall mit „Rückkehr eines Toten“ ganz China. Am 8. Mai 1999 hatte ein Bauer aus einem Dorf der Stadt Shangqiu in der Provinz Henan in einem verlassenen Brunnen eine Leiche ohne Kopf und Gliedmaßen entdeckt. Nach Untersuchungen identifizierte die Öffentliche Sicherheit den Toten als den vor mehr als einem Jahr verschwundenen Dorfbewohner Zhao Zhenshang und nahm den Bewohner des gleichen Dorfs, Zhao Zuohai, als Verdächtigen ins Visier. Der gab im Verhör den Mord zu. Weil aber die Öffentliche Sicherheit kein DNA-Gutachten zur Bestätigung, dass es sich bei der Leiche um Zhao Zhenshang handelte, vorlegen konnte, lehnte die Staatsanwaltschaft eine Anklageerhebung ab. Nach Koordinierung und Beschluss durch die Kommission für Politik und Recht erhob die Staatsanwaltschaft dann am 22. Oktober 2002 Anklage, und am 15. Dezember verurteilte das Mittlere Volksgericht der

Stadt Shangqiu Zhao Zuohai zum Tode mit Vollzugsaufschub. Am 13. Februar 2003 bestätigte das Obere Volksgericht der Provinz Henan das Urteil des Mittleren Volksgerichts von Shangqiu. 30. April 2010: der Geschädigte Zhao Zhenshang kehrt lebend zurück! Am 8. Mai verkündete das Obere Volksgericht der Provinz Henan die Aufhebung des Urteils und sprach Zhao Zuohai frei. Am 9. Mai wurde er aus der Haft entlassen.[34]

Ausgelöst durch den Justizirrtum Zhao Zuohai erließen das Oberste Volksgericht, die Oberste Staatsanwaltschaft, das Ministerium für Öffentliche Sicherheit, das Ministerium für Staatssicherheit und das Justizministerium am 13. Juni 2010 gemeinsam die „Bestimmungen zu einigen Fragen der Untersuchung und Bewertung von Beweismitteln in Fällen mit Todesstrafe“ und die „Bestimmungen zu einigen Fragen des Verwertungsverbots illegal erworbener Beweismittel in Strafsachen“ (im Folgenden: „Bestimmungen zum Verwertungsverbot illegal erworbener Beweismittel“). In diese beiden am 1. Juli 2010 in Kraft getretenen Bestimmungen wurde die Wichtigkeit der Regeln zum Verwertungsverbot illegal erworbener Beweismittel betont; letztere enthielten konkretere Bestimmungen zum Verwertungsverbot illegal erworbener Beweismittel.

In Art. 1 der „Bestimmungen zum Verwertungsverbot illegal erworbener Beweismittel“ heißt es: „Mit illegalen Methoden wie durch Folter erpresste Geständnisse des Angeklagten sowie durch Gewalt und Drohung erhaltene Zeugenaussagen und Aussagen Geschädigter gelten als illegal erworbene Beweismittel.“ Art. 2: „Als illegal erworben erwiesene Beweismittel dürfen nicht verwertet werden und nicht als Grundlage für die Urteilsfindung dienen.“ Art. 14: „Zu Sach- und Urkundenbeweisen, deren Beschaffung eindeutig gesetzliche Bestimmungen verletzt hat und dadurch ein gerechtes Verfahren beeinträchtigt, hat eine Korrektur zu erfolgen oder eine vernünftige Erklärung abgegeben zu werden, anderenfalls dürfen sie nicht als Grundlage für die Urteilsfindung dienen.“ Das zeigt, dass in den „Bestimmungen zum Verwertungsverbot illegal erworbener Beweismittel“ diese in zwei Kategorien eingeteilt sind: eine, in der die dem Verwertungsverbot unterliegenden illegal erworbenen Beweismittel klar aufgeführt sind, einschließlich durch Foltermethoden entlockte Geständnisse des Angeklagten, durch Gewalt und Drohung erworbene Aussagen von Zeugen und Geschädigten, und die andere, wo nach Korrektur oder vernünftiger Erklärung entschieden werden kann, ob die illegal erworbenen Beweismittel, hauptsächlich Sach- und

34 S. Li Lijing: Offensichtliche Unklarheiten im Justizskandal Zhao Zuohai: Pflichtversäumnisse und ein Fehler nach dem anderen seitens Öffentlicher Sicherheit, Staatsanwaltschaft und Gerichte. Veröffentlicht am 10.5.1010 auf xinhuanet.com. S. auch den Eintrag „Zhao Zuohai“ auf baike.baidu.

Urkundenbeweise, deren Beschaffung gesetzliche Bestimmungen und Verfahren verletzt hat, verwertet werden dürfen oder nicht.

Auf den ersten Blick wirken diese Regeln zum Verwertungsverbot illegal erworbener Beweismittel klar, aber bei genauer Betrachtung finden sich doch nicht eindeutige Stellen. Z. B.: Was ist ein durch Folter erpresstes Geständnis? Was ist Drohung? Im Justizskandal Zhao Zuohai verhörten die Ermittler ihn durchgehend Tag und Nacht und zündeten, als er schläfrig wurde, Knallkörper über seinem Kopf. Fallen solche Methoden unter Erpressung eines Geständnisses unter Folter? Während eines Verhörs sagte ein Ermittler zu Zhao Zuohai, wenn Sie nicht ehrlich gestehen, fahre ich Sie mit dem Auto weg, stoße Sie zur Tür raus und erschieße Sie – Sie wollten halt flüchten. Ist das Drohung?

Regeln zum Verwertungsverbot illegal erworbener Beweismittel sollten Merkmale wie Klarheit, Praktikabilität, Voraussehbarkeit erfüllen. Kern ist die Klarheit, denn sie ist die Basis für Praktikabilität und Voraussehbarkeit. Je klarer Regeln sind, desto praktikabler und voraussehbarer sind sie. Sind sie weniger klar, leidet auch die Praktikabilität und Voraussehbarkeit. In gewissem Sinn symbolisiert die Klarheit rechtlicher Bestimmungen das Niveau der Gesetzgebungstechnik und den Vollkommenheitsgrad eines Rechtssystems. Aus diesem Grund sollte der Gesetzgeber die Regeln zum Verwertungsverbot illegal erworbener Beweismittel möglichst präzise formulieren. Da rechtliche Bestimmungen aber von Faktoren wie Unbestimmtheit von Begriffen, Mehrdeutigkeit von Wörtern und Veränderungen in der Entwicklung der Sprache der Gesellschaft beeinflusst werden, müssen sie häufig eine gewisse Flexibilität und Offenheit aufweisen: hinreichend genau im Kerngehalt, gefolgt von Unbestimmtheit im Bereich, der nicht den Kern berührt, oder anders ausgedrückt, auf der mehr abstrakten Ebene hinreichend genau und auf der mehr konkreten Ebene relativ unbestimmt. Um den Anforderungen an eine allgemeine und langfristige Anwendung zu genügen, müssen rechtliche Bestimmungen darüber hinaus eine gewisse Flexibilität besitzen. Bei der Anwendung von Regeln zum Verwertungsverbot illegal erworbener Beweismittel kann das Justizpersonal in konkreten Fällen Faktoren berücksichtigen wie: Schwere des Gesetzesverstoßes bei der Beweisbeschaffung, Schwere des Eingriffs in die Rechte Dritter bei der Beweisbeschaffung, Schwere der Straftat, Beweiswert der illegal erworbenen Beweismittel, subjektive Verfassung der Personen, die die Beweismittel illegal erworben haben, Einfluss der illegalen Beweisbeschaffung auf die justizielle Gerechtigkeit, das justizielle Umfeld, auf gesellschaftliche Interessen.

Um die Anwendung der Regeln zum Verwertungsverbot illegal erworbener Beweismittel in der Strafgerichtsbarkeit zu gewährleisten, finden sich in den „Bestimmungen zum Verwertungsverbot illegal erworbener Beweismittel“ in dreierlei Hinsicht konkrete Bestimmungen.

1) Etablierung des Prinzips, dass im Gerichtsverfahren die Frage, ob Beweismittel illegal erworben wurden, prioritär untersucht wird. In Art. 5 der „Bestimmungen zum Verwertungsverbot illegal erworbener Beweismittel“ heißt es: „Weisen der Angeklagte und / oder sein Verteidiger vor oder während der Gerichtsverhandlung darauf hin, dass die vor dem Gerichtsverfahren gemachten Aussagen des Angeklagten illegal erworben wurden, hat das Gericht nach Verlesung der Anklageschrift durch die Staatsanwaltschaft zuerst dieser Frage nachzugehen.“ D. h., die Frage, ob bei den Ermittlern verfahrenswidriges Verhalten wie Erpressung des Geständnisses unter Folter vorgelegen hat, muss zuallererst untersucht werden, sie darf nicht erst nach der Verhandlung zusammen mit materiellrechtlichen Fragen wie der Schuld des Angeklagten beraten werden. Mit anderen Worten: Ob Erpressung des Geständnisses unter Folter vorgelegen hat, ist eine Frage der Zulässigkeit der Verwendung von Beweismitteln, eine Frage, ob sie Eingang in die Gerichtsverhandlung finden dürfen, und keine Frage ihrer Glaubwürdigkeit, keine Frage, ob sie als Grundlage für die Urteilsfindung dienen dürfen.

2) Klarstellung der Aufteilung der Verantwortung für den Nachweis von Erpressung von Geständnissen durch Folter. In Art. 6 der „Bestimmungen zum Verwertungsverbot illegal erworbener Beweismittel“ heißt es: „Weisen der Angeklagte und / oder sein Verteidiger vor oder während der Gerichtsverhandlung darauf hin, dass die vor dem Gerichtsverfahren gemachten Aussagen des Angeklagten illegal erworben wurden, hat das Gericht von ihnen Angaben oder Beweise zu Personen, die unter Verdacht der illegalen Beweisbeschaffung stehen, zu Zeit, Ort, Methoden und Inhalten zu fordern.“ Art. 7: „Zieht das Gericht durch seine Untersuchung den legalen Erhalt der vor der Gerichtsverhandlung erworbenen Aussagen des Angeklagten in Zweifel, hat die Staatsanwaltschaft dem Gericht die Vernehmungsprotokolle, Originale der Ton- und Bildaufnahmen der Vernehmungen und andere Beweismittel vorzulegen (...), um die Legalität des Erhalts der betreffenden Aussagen zu belegen.“ D. h., in der Kontroverse, ob Erpressung eines Geständnisses unter Folter vorlag, trägt der Angeklagte die anfängliche Beweislast, die Staatsanwaltschaft dann die für den Nachweis der Legalität der Beweisbeschaffung. Man kann also von „Umkehr der Beweislast“ sprechen.

3) Klarstellung der Standards für den Nachweis von Erpressung eines Geständnisses unter Folter. In Art. 10 der „Bestimmungen zum Verwertungsverbot illegal erworbener Beweismittel“ heißt es: „Hat das Gericht einen der folgenden Umstände festgestellt, können die vor der Gerichtsverhandlung gemachten Aussagen des Angeklagten vor Gericht verlesen und erörtert werden: 1) der Angeklagte und / oder sein Verteidiger haben keine Anhaltspunkte zu illegalem Erwerb von Beweismitteln geliefert und / oder entsprechende Beweismittel vor-

gelegt; 2) der Angeklagte und / oder sein Verteidiger haben Anhaltspunkte zum illegalen Erwerb von Beweismitteln geliefert und / oder entsprechende Beweismittel vorgelegt, das Gericht zweifelt den legalen Erhalt der vor der Gerichtsverhandlung gemachten Aussagen des Angeklagten aber nicht an; 3) die von der Staatsanwaltschaft vorgelegten Beweismittel sind überzeugend und ausreichend, ein illegaler Erhalt der vor der Gerichtsverhandlung erworbenen Aussagen des Angeklagten kann ausgeschlossen werden." In Art. 11 heißt es: „Legt die Staatsanwaltschaft keine Beweismittel zum Nachweis für die Legalität der vor der Gerichtsverhandlung erworbenen Aussagen des Angeklagten vor oder sind diese nicht hinreichend überzeugend und unzureichend, dürfen die betreffenden Aussagen nicht als Grundlage für die Urteilsfindung dienen." D. h., die Nachweise der Verteidigung für die Erpressung von Geständnissen unter Folter müssen so aussagekräftig sein, dass sie Zweifel des Richters an der Legalität der Beweismittel hervorrufen – Maßstab „Begründung vernünftiger Zweifel", und die Nachweise der Staatsanwaltschaft für die Legalität der Beweisbeschaffung überzeugend und ausreichend – Maßstab „jenseits vernünftiger Zweifel". Der erstere Maßstab an die Beweisanforderungen ist eher niedrig, der zweite höher angesetzt, was der Anwendung der Regeln für das Verwertungsverbot illegal erworbener Beweismittel dienlich sein sollte.

In der justiziellen Praxis unterliegt die Anwendung der Regeln für das Verwertungsverbot illegal erworbener Beweismittel jedoch dem Einfluss vieler Faktoren wie z. B. Wertevorstellungen und Verhaltensmuster der Bearbeiter von Strafsachen. Die Mitglieder unserer Forschungsgruppe führten zwei Jahre nach Erlass der „zwei Bestimmungen zu Beweismitteln" eine schriftliche Umfrage unter Strafrichtern in der Stadt Guangzhou der Provinz Guangdong durch, um sich über die Durchführung dieser Bestimmungen zu informieren. Die Umfrage ergab:

1) Vor Inkrafttreten der „zwei Bestimmungen zu Beweismitteln" hatte in ca. 25% der Fälle die Verteidigung während der Gerichtsverhandlung plädiert, „die Aussagen vor der Gerichtsverhandlung sind auf illegale Weise erworben worden", nach Inkrafttreten in ca. 30% der Fälle. In diesen konnten 55% der Verteidiger „Anhaltspunkte liefern oder Beweise erbringen" zu den Personen, die auf illegale Weise Beweismittel beschafft hatten, zu Zeit, Ort, Methoden etc., doch nur 5% dieser Plädoyers wurden letztlich von den Richtern anerkannt.
2) Die befragten Richter meinten, dass in ca. 10% der von ihnen verhandelten Fällen möglicherweise durch Folter erpresste Geständnisse vorgelegen hatten, was aber nur in 1% der Fälle offiziell anerkannt wurde.
3) In den von diesen Richtern verhandelten Fällen lagen bei ca. 10% der Vernehmungsprotokolle Mängel vor (Fehler beim Datum der Vernehmung oder bei den Namen der Vernehmungsbeamten, fehlende Unterschriften der Ver-

nehmungsbeamten, keine Protokollierung der Belehrung über die Verfahrensrechte etc.), doch 85% dienten nach „Korrektur oder vernünftiger Erklärung" als Grundlage für die Urteilsfindung.

4) In den von diesen Richtern verhandelten Fällen hatte der Angeklagte bei ca. 5% der Vernehmungsprotokolle den Inhalt nicht durch Unterschrift oder Namensstempel und Fingerabdruck bestätigt, doch 90% dienten als Grundlage für die Urteilsfindung.
5) In den von diesen Richtern verhandelten Fällen waren ca. 50% der Sach- und Urkundenbeweise durch Aussagen bzw. Identifizierung des Beschuldigten erworben worden, davon ca. 5% durch Folter und ca. 10% mittels Drohung, Versprechungen, Täuschung. Dennoch dienten ca. 80% als Grundlage für die Urteilsfindung.
6) Unter den von der Öffentlichen Sicherheit vorgelegten Sach- und Urkundenbeweisen lagen bei ca. 15% Mängel vor (keine Unterschriften der Ermittler und von Augenzeugen auf Tatortberichten und Protokollen über körperliche Untersuchungen, keine detaillierten Angaben zu Merkmalen, Anzahl, Qualität der gesicherten Sachbeweise, keine Vermerke zur Überprüfung der Übereinstimmung von Kopien mit den Originalen, keine Ausführungen zu Kopiervorgängen etc.), und dennoch dienten ca. 80% nach „Korrektur oder vernünftiger Erklärung" als Grundlage für die Urteilsfindung.
7) Vor Inkrafttreten der „zwei Bestimmungen zu Beweismitteln" hatte die Staatsanwaltschaft noch in ca. 85% der Fälle, in denen sie zum Nachweis über die „Legalität der Beweisbeschaffung" aufgefordert worden war, ein „gesiegeltes Schreiben mit weiteren Ausführungen"[35] vorgelegt, nach deren Inkrafttreten in ca. 80% der Fälle[36].

Die obigen Daten zeigen, dass die Durchführung der „zwei Bestimmungen zu Beweismitteln" keineswegs zu deutlichen Veränderungen in der justiziellen Praxis geführt hat. Um die auf dem Papier existierenden Regeln zum Verwertungsverbot illegal erworbener Beweismittel in der Realität fest zu etablieren, hat China noch ein paar Jahre Arbeit vor sich.

35 In Art. 7 Abs. 3 der „Regeln zum Verwertungsverbot illegal erworbener Beweismittel" heißt es: „Ein von der Staatsanwaltschaft vorgelegtes gesiegeltes Schreiben mit weiteren Ausführungen darf nicht als Nachweis für die Legalität der Beweisbeschaffung dienen, wenn es nicht von den betreffenden Vernehmungsbeamten unterschrieben oder mit Namensstempel versehen wurde."
36 Diese schriftliche Umfrage wurde von Peng Xiao, Doktorand des Jahrgangs 2011 der Fakultät für Rechtswissenschaften der Volksuniversität Chinas, im Zeitraum September bis November 2012 durchgeführt.

Kapitel 4
Empirische Studien über Pro Formas in Strafverhandlungen

Im März 2009 richtete das Institut für Beweislehre der Volksuniversität Chinas die Forschungsgruppe „Empirische Studien über Strafverhandlungen" ein, die durch schriftliche Umfragen, Symposien, Interviews, Beiwohnen an Gerichtsverhandlungen, Recherchen im Internet etc. empirische Studien zum gegenwärtigen Zustand der Strafverhandlungen in China und ihren Problemen durchführte. So wohnte ein Teil der Gruppe in der Zeit von April bis Juli 2009 in den Städten Beijing und Hangzhou als Zuhörer 45 Strafverhandlungen bei, und zwischen Ende 2010 und Anfang 2011 führte ein Teil der Gruppe eine empirische Analyse der Gerichtsverhandlungen in den insgesamt 292 Strafsachen durch, die auf der Website „chinacourt.org"[37] unter „chinacourt.org/zhibo" veröffentlicht worden waren. Wir stellten fest, dass „Pro Formas" in Strafverhandlungen ziemlich verbreitet sind.

I Analyse grundlegender Daten von Angeklagten und Verteidigern

In diesen 292 Fällen gab es insgesamt 422 Angeklagte. Unter diesen waren 0,59% Postgraduierte oder hatten einen noch höheren Bildungsabschluss, 11,54% hatten einen Universitäts- oder Fachhochschulabschluss, 14,79% einen Abschluss der oberen Mittelschule oder einer Fachmittelschule, 44,38% einen Abschluss der unteren Mittelschule, 20,12% einen Grundschulabschluss, 2,66% waren Analphabeten, bei 5,92% war das Bildungsniveau nicht bekannt. Der Anteil der Angeklagten mit Bildungsniveau untere Mittelschule und darunter betrug 67,16%, der mit höherer Bildung lediglich 12,13%. Das zeigt, dass das Bildungsniveau der Angeklagten allgemein eher niedrig ist, was ihre Möglichkeiten, sich an der Untersuchung der Beweismittel während der Gerichtsverhandlung zu beteiligen und sich selbst zu verteidigen, sehr ungünstig beeinflusst. Darüber hinaus hatten in den 292 Fällen 92,47% der Angeklagten während der polizeilichen und staatsanwaltschaftlichen Ermittlungen Schuldgeständnisse gemacht. Wir können nicht bestätigen, dass es einen Kausalzusammenhang zwischen niedrigem Bildungsniveau und hoher Rate von Schuldgeständnissen vor dem Gerichtsverfahren gibt, aber

37 Website: http://www.chinacourt.org.

solche Angeklagten haben während der Gerichtsverhandlung offenkundig noch mehr Unterstützung seitens juristischer Fachleute nötig.

Von diesen 292 Fällen gab es 173 (lediglich 59, 66%)[38], in denen Verteidiger am Gerichtsverfahren beteiligt waren. In 94 dieser 173 Fälle stimmte die Verteidigung den Anklagevorwürfen zu; in 33 Fällen billigte sie die Vorwürfe, hatte jedoch Einwände zum Strafmaß; in 10 Fällen bestritt die Verteidigung die Anklagevorwürfe; in 8 Fällen räumte sie einen Teil der Vorwürfe ein; in 7 Fällen erkannte sie die Begehung einer Straftat an, war jedoch unterschiedlicher Meinung in Bezug auf das exakte Delikt; in 4 Fällen fand die Verteidigung, dass die Beweismittel für die Anklagevorwürfe unzureichend seien; in 17 Fällen war die Haltung der Verteidigung nicht genauer bekannt. Die Prozentzahl der Fälle, in denen die Verteidigung den Vorwürfen der Staatsanwaltschaft im Wesentlichen zustimmte, machte 54,34% aus[39].

Ein Beispiel ist die Sache „6000 Yuan im Monat mit Software-Analyse – Fußballwetten im Internet sichern Lebensunterhalt", die am 30. November 2010 vor dem Volksgericht des Bezirks Dongcheng der Stadt Beijing verhandelt wurde. Während der Untersuchung fragte der Richter den Verteidiger 22 Mal, ob er Einwände gegen die von der Staatsanwaltschaft vorgelegten Beweismittel habe, der äußerte lediglich zwei Mal „Einwand" – gegen die Anzahl der Tatmittel und gegen die Legalität der elektronischen Beweismittel. Bei der Frage des Richters an den Verteidiger, „Haben Sie Beweismittel für das Gericht?", lautete dessen Antwort „Nein.". Bei der Frage des Richters an den Verteidiger, „Wird die Ladung neuer Zeugen, die Herbeischaffung neuer Sachbeweise, werden erneute Gutachten oder Augenschein beantragt?", lautete dessen Antwort „Nein". Nach Beendigung der Untersuchung durch das Gericht hielt der Verteidiger ein knappes Plädoyer, in dem er auf drei Punkte einging: 1) möglicherweise liegen Mängel bei der Authentizität der elektronischen Beweismittel vor; 2) wenn der Angeklagte schon von sich aus ein Geständnis ablegt und die Straftat zugibt, ist der subjektive Grad seiner Bösartigkeit sehr niedrig; 3) der Angeklagte hat sich beim Schuldgeständnis kooperativ gezeigt und Straftaten weiterer Personen angezeigt, das sollte mit

38 Nach den relavanten Bestimmungen von Chinas „Strafprozessgesetz" können folgende Personen als Verteidiger auftreten: 1) Rechtsanwälte, 2) von gesellschaftlichen Gruppen, der Einheit *[Anm. d. Ü.: umfassender Begriff, der die Arbeitsstelle, Universität etc., zu der eine Person „gehört", aber auch den Wohnort bezeichnen kann, falls sie weder Arbeit hat noch eine (Hoch-)Schule besucht.]* des Beschuldigten / Angeklagten vorgeschlagene Personen, 3) Vormund, Verwandte und Freunde des Beschuldigten / Angeklagten.

39 Dieser Teil der empirischen Analyse wurde von Zhang Jing, Doktorandin des Jahrgangs 2010 der Fakultät für Rechtswissenschaften der Volksuniversität Chinas, durchgeführt.

einer leichten oder reduzierten Strafe gewürdigt werden.[40] Plädoyers dieser Art können schwerlich substanziellen Einfluss auf die Urteilsfindung des Gerichts ausüben.

II Pro Forma der Beweiserhebung in Strafverhandlungen

In einem Strafverfahren liegt die Beweislast bei der Staatsanwaltschaft, die vor Gericht natürlich die maßgebliche Seite für die Beweiserhebung ist. Der Verteidigung obliegt in der Regel keine Beweislast, sie hat aber das Recht, Beweisanträge zu stellen: sie kann sowohl mit Beweisen für die Unschuld des Angeklagten seine Unbescholtenheit nachweisen als auch durch Infragestellung von Beweisen belegen, dass die Vorwürfe der Staatsanwaltschaft nicht haltbar sind. In den obigen 292 Fällen hatte die Verteidigung in nur 34 Fällen (11,64%) Beweismittel vorgelegt. Die Staatsanwaltschaft hatte insgesamt 5725 Beweismittel erhoben, ungefähr das 62-fache der Verteidigung mit lediglich 92.

Analysiert nach den Arten der Beweismittel, die die Staatsanwaltschaft erhoben hatte, machten Urkundenbeweise die Mehrheit aus, gefolgt von Zeugenaussagen. In den obigen 292 Fällen hatte die Staatsanwaltschaft insgesamt 1924 Urkundenbeweise erhoben, durchschnittlich 7,46 pro Sache, 90 war die größte Anzahl in einem Fall. Zeugenaussagen insgesamt 1286, durchschnittlich 3,38 pro Sache, 31 war die größte Anzahl in einem Fall. Da Urkundenbeweise relativ einfach vorzulegen sind, im Allgemeinen durch das Orginal oder eine Kopie, offenbart sich das Pro-Forma der Beweiserhebung hauptsächlich bei den Zeugenaussagen. Erstens, wenn Zeugen nicht vor Gericht erscheinen, wird die Beweiserhebung zu einer reinen Formsache. In den 292 Fällen hatte die Staatsanwaltschaft 1286 Zeugenaussagen vorgelegt, die Verteidigung 27, insgesamt waren es 1313. Von diesen Zeugen erschienen nur 39 (3%)[41] vor Gericht, 1274 (97%) nicht. Zweitens, das auszugsweise Verlesen von Protokollen macht die Beweiserhebung zu einer reinen Formsache. Aus Zeitgründen wendet die Staatsanwaltschaft in der Gerichtsverhandlung in der Regel diese Methode an, doch der Beweiserhebung kommt so nicht mehr als eine symbolische Bedeutung zu. Weder der Richter

40 S. http://www.chinacourt.org/zhibo/zhibo.php?zhibo_id=3548, letzter Aufruf am 31.12.2010.

41 Da unsere statistische Tabelle Mängel aufwies, war es nicht möglich zu erfassen, wie viele der vor Gericht erschienenen Zeugen jeweils von der Staatsanwaltschaft und der Verteidigung kamen, aber es kann davon ausgegangen werden, dass sie in der Mehrheit Zeugen der Verteidigung waren.

noch der Angeklagte oder seine Verteidigung können sich durch auszugsweises Verlesen von Protokollen auch nur annähernd ein vollständiges Bild des bzw. der Zeugen machen.[42]

Die Beweiserhebung der Staatsanwaltschaft vor Gericht ist eine reine Formsache, Substanz dagegen haben die Beweismittel, die aus den Akten vor und nach der Gerichtsverhandlung weitergeleitet wurden. Vor der Revision des „Strafprozessgesetz(es)“ im Jahr 1996 wurde in China in Strafverfahren das System der „Weiterleitung der Akten“ praktiziert: Nach Beschluss über die Anklageerhebung hatte die Staatsanwaltschaft mit der Anklageschrift die kompletten Akten einschließlich sämtlicher Beweismittel an das Gericht weiterzuleiten. Weil dieses System der „Weiterleitung der Akten“ anfällig dafür ist, dass Richter sich bereits vor der Gerichtsverhandlung ein Urteil bilden und die Gerichtsverhandlung somit zu einer reinen Formsache wird, wurde in der geänderten Fassung des „Strafprozessgesetz(es)“ von 1996 in gewissem Maße „Einreichen nur der Anklageschrift“ aus dem angloamerikanischen Recht übernommen und die Staatsanwaltschaft angehalten, vor der Gerichtsverhandlung nur die Anklageschrift und Kopien der wesentlichen Beweismittel[43] und nicht mehr die kompletten Akten weiterzuleiten. Ein Verantwortlicher der Rechtsarbeitskommission des Nationalen Volkskongresses gab die folgende Erläuterung: „Um die Gerichtsverhandlung zu stärken und die Rolle der Staatsanwaltschaft und der Verteidigung besser zu entfalten, wurden im Revisionsentwurf folgende Änderungen und Ergänzungen vorgenommen: (...) 2) Fälle, in denen das Volksgericht die Anklage, die klare Angaben zum Tatvorwurf enthält und der Kopien oder Fotos der Liste der Beweismittel, der Zeugen und der wesentlichen Beweismittel beigefügt sind, zulässt, haben vor Gericht verhandelt zu werden. Ob die Beweismittel wahr sind, wird von den beiden Parteien vor Gericht erörtert und überprüft, eine umfassende Prüfung vor Eröffnung der Gerichtsverhandlung ist nicht erforderlich.“[44] In der juristischen Praxis erzielten diese Reformen allerdings nicht die erwarteten Resultate, haupt-

---

42 Dieser Teil der empirischen Analyse wurde von Wan Zhe, Magisterstudentin des Jahrgangs 2009 der Fakultät für Rechtswissenschaften der Volksuniversität Chinas, durchgeführt.

43 In Art. 150 „Strafprozessgesetz“ heißt es: „Nachdem das Volksgericht den Fall, in dem öffentliche Klage eingereicht wurde, überprüft hat, hat es die Eröffnung des Verfahrens zu beschließen, wenn die Anklageschrift klare Tatvorwürfe enthält und ihr Kopien oder Fotos der Liste der Beweismittel, der Zeugen und der wesentlichen Beweismittel beigefügt sind.“

44 Gu Angran: Erläuterungen zur „Revision des ‚Strafprozessgesetz(es) der Volksrepublik China (Entwurf)‘“. S. „Strafgesetz der Volksrepublik China“, „Strafprozessgesetz der Volksrepublik China“ und relevante juristische Auslegungen. Zhongguo Fangzheng Chubanshe *[China Fangzheng Verlag]* Ausgabe März 1998, S. 182.

sächlich, weil die Abhängigkeit der Richter von den Akten nicht wirklich gestoppt werden konnte.

In Art. 42 des vom Obersten Volksgericht, der Obersten Staatsanwaltschaft, der Ministerien für Öffentliche Sicherheit, Staatssicherheit und Justiz sowie der Rechtsarbeitskommission des Nationalen Volkskongresses gemeinsam herausgegebenen „Beschluss(es) zu einigen Fragen die Durchführung des Strafprozessgesetzes betreffend" heißt es: „Die Volksstaatsanwaltschaft hat die Beweismittel, die vor Gericht präsentiert, verlesen oder übertragen werden sollen, am Tag der Gerichtsverhandlung bei Gericht einzureichen. Ist sie nicht dazu imstande, hat sie dies binnen drei Tagen nach Unterbrechung der Verhandlung nachzuholen. Hatte ein nicht vor Gericht erschienener Zeuge, dessen Aussagen vor Gericht präsentiert, verlesen oder übertragen werden sollen, unterschiedliche Aussagen gemacht, hat die Volksstaatsanwaltschaft sämtliche Aussagen dieses Zeugen binnen drei Tagen nach Unterbrechung der Verhandlung einzureichen."[45] Gemäß dieser Bestimmung hat die Staatsanwaltschaft in der Regel immer noch das „Aktenmaterial" an das Gericht weiterzuleiten, allerdings wurde der Zeitraum der Weiterleitung von vor auf nach der Gerichtsverhandlung geändert. Genauer gesagt, gilt jetzt „teilweise Weiterleitung vor, vollständige Weiterleitung nach der Gerichtsverhandlung". In unseren Diskussionen mit Richtern aus der Region Hangzhou äußerten manche freimütig, solange die Staatsanwaltschaft die Akten an das Gericht weiterleite, werde sich die Situation von Pro-Forma-Gerichtsverhandlungen kaum ändern, denn die wesentlichen Grundlagen für die Urteilsfindung der Richter seien eben die Beweismittel aus den Akten und nicht die Beweiserhebung vor Gericht.[46] Das zeigt, dass die eigentliche Beweiserhebung der Staatsanwaltschaft aus den Ermittlungsakten schöpft, die in der Gerichtsverhandlung dagegen eine reine Formsache ist.

---

45 Zum „Beschluss zu einigen Fragen die Durchführung des Strafprozessgesetzes betreffend" des Obersten Volksgerichts, der Obersten Staatsanwaltschaft, der Ministerien für Öffentliche Sicherheit, Staatssicherheit und Justiz sowie der Rechtsarbeitskommission des Nationalen Volkskongresses s. „Strafgesetz der Volksrepublik China", „Strafprozessgesetz der Volksrepublik China" und relevante juristische Auslegungen. Zhongguo Fangzheng Chubanshe *[China Fangzheng Verlag]* Ausgabe März 1998, S. 191.

46 Vgl. Liu Yingming, Liang Kun: Welchen Weg wird China künftig bei der Beweisaufnahme einschlagen? In: He Jiahong (Hrsg.): Forum zur Beweislehre Bd. 15. Falü Chubanshe *[Verlag für Recht; Law Press·China]* Ausgabe März 2010, S. 289-291.

III Pro Forma der Beweiserörterung in Strafverhandlungen

Unter „Erörterung" wird das Infragestellen der von der Gegenseite präsentierten Beweismittel und Fragen zu diesen seitens der Prozessbeteiligten und ihrer rechtlichen Vertreter (einschließlich des Staatsanwalts) während der Gerichtsverhandlung verstanden. Die Erörterung ist ein wichtiges Mittel für die Prozessbeteiligten, die Beweismittel der anderen Seite zurückzuweisen und anzugreifen, sowie ein wesentlicher Weg, dem Richter zu helfen und seine Beweiswürdigung zu beeinflussen. Art. 47 des chinesischen „Strafprozessgesetz(es)"[47] lautet: „Zeugen werden vor Gericht durch Staatsanwaltschaft, Geschädigte/n, Angeklagte/n und Verteidigung zu ihren Aussagen befragt, die dann erörtert werden. Erst nach Anhörung und Verifizierung der Aussagen der Zeugen beider Parteien dürfen sie als Grundlage für die Urteilsfindung dienen." In Art. 58 der 1998 vom Obersten Volksgericht erlassenen „Auslegung zu einigen Fragen das ‚Strafprozessgesetz der Volksrepublik China' betreffend" heißt es: „Beweismittel werden vor Gericht durch Verfahren der gerichtlichen Beweisaufnahme wie Präsentieren, Identifizieren und Erörtern verifiziert, erst dann dürfen sie als Grundlage für die Urteilsfindung dienen. Vor Gericht erschienene Zeugen werden durch Staatsanwaltschaft, Geschädigte/n, Angeklagte/n und Verteidigung zu ihren Aussagen befragt, die dann erörtert werden und erst nach Verifizierung als Grundlage für die Urteilsfindung dienen dürfen." Gemäß den obigen Bestimmungen hat die Beweiserörterung in der Gerichtsverhandlung ein unverzichtbares Verfahren zu sein.

In der Praxis von Strafverhandlungen fragt der Richter nach Beweiserhebung der einen Seite die andere Seite, ob sie Einwände gegen diese Beweismittel habe; bejaht wird diese Frage sehr selten. Von den obigen 292 Fällen führten Staatsanwaltschaft und Verteidigung in 102 Fällen eine ausdrückliche Erörterung der Beweismittel der Gegenseite durch. Darunter wurde in 63 Fällen die Authentizität der Beweismittel angezweifelt, in 18 Fällen ihre Legalität, in 13 Fällen ihre Relevanz und in 8 Fällen ihre Beweiskraft. Unter dem Aspekt der Arten von Beweismitteln analysiert, wurden die meisten Zweifel an Zeugenaussagen geäußert (16,67%), gefolgt von Urkundenbeweisen (11,92%), Aussagen von Geschädigten (9,83%), Aussage und Rechtfertigung des Angeklagten (7,53%), Sachverständigengutachten (5,14%), Ton- und Bildaufnahmen (4,34%) und Sachbeweisen (3,18%). Die wenigsten Zweifel gab es an Tatortberichten und Protokollen über körperliche Untersuchungen (2,83%).

47 Erfolgt kein gesonderter Hinweis, beziehen sich in diesem Kapitel Zitate aus dem „Strafprozessgesetz" auf die geänderte Fassung aus dem Jahr 1996.

Von den 292 Fällen gab es 290 mit Zeugenaussagen, in 255 Fällen hatten beide Prozessbeteiligte keine Einwände. Die Hauptinhalte geäußerter Zweifel waren „Details der Zeugenaussagen stimmen nicht mit dem Sachverhalt überein“ (27 Fälle) und „Widersprüche zwischen Zeugenaussagen und anderen Beweismitteln“ (8 Fälle). In insgesamt 260 Fällen lagen Urkundenbeweise vor, gegen die beide Prozessbeteiligte in 229 Fällen keine Einwände hatten. Die Hauptinhalte geäußerter Zweifel waren „unwahr“ (13 Fälle), „irrelevant“ (10 Fälle), „illegal“ (4 Fälle). In insgesamt 157 Fällen lagen Sachbeweise vor, gegen die in nur 5 Fällen Einwände erhoben wurden, davon in zwei gegen die Authentizität, in einem gegen die Relevanz und in zwei gegen die Beweiskraft. Darüber hinaus lagen in 175 Fällen Sachverständigengutachten vor, gegen die beide Prozessbeteiligte zu 94,86% keine Einwände hatten. In 106 Fällen lagen Tatortberichte und Protokolle von körperlichen Untersuchungen vor, gegen die beide Prozessbeteiligte zu 97,17% keine Einwände hatten. Das zeigt, dass die überwiegende Mehrheit der Beweismittel nicht angezweifelt wurde. Zweifel betrafen überwiegend die Authentizität der Beweismittel und nur zu einem geringen Teil ihre Legalität und Relevanz.[48]

Art. 157 „Strafprozessgesetz“ von 1996 bestimmte: „Protokolle der Aussagen von nicht vor Gericht erschienenen Zeugen, Sachverständigengutachten von nicht vor Gericht erschienenen Gutachtern, Tatortberichte und weitere Urkunden, die als Beweismittel dienen sollen, müssen vor Gericht verlesen werden. Die Richter haben den Staatsanwalt, die Prozessbeteiligten und die Verteidigung bzw. die Prozessbevollmächtigten dazu zu hören.“ Da die Beweiserhebung im Wesentlichen in Form des Verlesens von Protokollen erfolgt, ist die Form der Beweiserörterung im Wesentlichen Meinungsäußerung zu diesen „papiernen Beweismitteln“. Der Verfasser ist der Ansicht, dass das Wesen der Beweiserörterung in „zhi“ – der „Frage“ – liegt *[Anm. d. Ü.: Das Wort für „Beweiserörterung“ setzt sich im Chinesischen aus zwei Schriftzeichen zusammen, von denen das erste u. a. die Bedeutung „befragen“ hat, das zweite „Beweismittel“.]*, also in dem Infragestellen der Beweismittel *[chin: „zhiyi“]* und Fragen zu diesen *[chin.: „zhiwen“]*. Zudem haben die Schriftzeichen „yi“ – „Zweifel“ – und „wen“ – Frage – den Charakter direkter Konfrontation. Das grundlegende Ziel der Beweiserörterung ist Anzweiflung des Inhalts von Beweismitteln; Befragung der Personen, die die Beweismittel präsentieren (einschließlich Zeugen, Gutachtern, derjenigen, die Tatortbesichtigungen und körperliche Untersuchungen durchgeführt haben), ist ihre wesentliche Form. Lediglich eine unterschiedliche Meinung zu den Beweis-

48 Dieser Teil der empirischen Analyse wurde von Li Hongjie, Magisterstudent des Jahrgangs 2009 der Fakultät für Rechtswissenschaften der Volksuniversität Chinas, durchgeführt.

mitteln der anderen Seite zu äußern, ist mithin keine Beweiserörterung im eigentlichen Sinn. Aber bei dem gegebenen Umstand, dass Zeugen, Gutachter u. a. fast alle nicht vor Gericht erscheinen, ist die „Erörterung von papiernen Beweismitteln" nicht vermeidbar, die Beweiserörterung ist eine reine Formsache geworden.

IV Pro Forma der Beweiswürdigung in Strafverhandlungen

Mit „Beweiswürdigung", also der Bewertung der Beweismittel, ist gemeint, dass der Richter im Verlauf der Gerichtsverhandlung die von den beiden Prozessbeteiligten vorgelegten Beweismittel untersucht und würdigt sowie ihre Zulässigkeit und Beweiskraft feststellt. Je nach Ort und Zeit kann die Beweiswürdigung in zwei Arten eingeteilt werden: zum einen die während der Verhandlung, zum anderen die nach der Verhandlung. Die sogenannte „Beweiswürdigung während der Verhandlung" bedeutet, dass der vorsitzende Richter während der Gerichtsverhandlung nach Präsentation der Beweismittel einer Seite der Prozessbeteiligten und Erörterung durch die andere Seite diese umgehend bewertet. Mit der sogenannten „Beweiswürdigung nach der Verhandlung" ist hingegen gemeint, dass der Vorsitzende nicht während der Gerichtsverhandlung nach Präsentation der Beweismittel einer Seite der Prozessbeteiligten und Erörterung durch die andere Seite diese umgehend bewertet, sondern erst nach der Verhandlung. Beweiswürdigung während der Verhandlung ist eine Forderung bei der Reform der Durchführung von Gerichtsverhandlungen, und es wird sicher zu dieser Entwicklung kommen. Beweiswürdigung des Richters während der Verhandlung erhöht die Transparenz des gerichtlichen Entscheidungsprozesses und verringert ein „Agieren in der Dunkelkammer", es erhöht die Qualität der Gerichtsverfahren, sichert justizielle Gerechtigkeit und dient zudem der Verhinderung von Korruption in der Justiz und einer verbesserten Qualifikation der Richter. Allerdings finden sehr viele Richter, dass die Beweiswürdigung während des Verfahrens schwer umzusetzen ist. Sie befürchten, dass sich ihre durch zuerst präsentierte Beweismittel gewonnene Überzeugung durch im Anschluss präsentierte als falsch herausstellen oder es zu Missverständnissen oder Verständnisfehlern kommen könnte. Daher erfolgt die Beweiswürdigung relativ selten während der Verhandlung. So gab es von den obigen 292 Fällen 62 (21,23%), in denen die Richter während der Verhandlung die Beweise bewertet hatten, und von denen war die Beweiswürdigung in 52 Fällen lediglich eine „Anerkennung der Beweismittel, gegen die beide Prozessbeteiligte eindeutig keine Einwände hatten" – eine sinnlose Beweiswürdigung, auf die genausogut verzichtet werden kann.

Darüber hinaus hatten wir die Direktübertragungen von Gerichtsverhandlungen in 64 Strafsachen, die in dem halben Jahr 1. Januar bis 31. Juni 2009 auf der Website „chinacourt.org" unter „chinacourt.org/zhibo" eingestellt worden waren, heruntergeladen. Von diesen 64 Strafsachen hatten die Richter in 30 Fällen die Beweismittel während der Gerichtsverhandlung bewertet, davon in 29 Fällen die von der Staatsanwaltschaft präsentierten, gegen die die andere Seite keine Einwände erhoben hatte. In nur einem einzigen Fall hatte der Richter nach Erörterung der von der Verteidigung präsentierten Beweismittel durch die Staatsanwaltschaft noch während der Verhandlung den Beschluss erlassen, „für die vorliegende Sache irrelevant". Unter den 29 Fällen, in denen die Richter die Beweismittel der Staatsanwaltschaft anerkannt hatten, machten sie in 21 Fällen bei der Beweiswürdigung eindeutige Aussagen wie „wahr" (10 Fälle), „objektiv" (2 Fälle), „legal" (14 Fälle), „Verfahren legal" (3 Fälle), „wirksam" (16 Fälle), „relevant" (3 Fälle), „beweiskräftig" (1 Fall). Das zeigt, dass die Richter während der Verhandlung fast nur die Beweismittel der Staatsanwaltschaft, gegen die die Verteidigung keine Einwände erhoben hatte, bewertet hatten. Die Verteidigung hatte in 5 der obigen 30 Fälle Einwände gegen die Beweismittel der Staatsanwaltschaft erhoben, die Richter hatten zwei Mal keinen Kommentar abgegeben und drei Mal geäußert, „ob diese Beweismittel anerkannt werden, entscheidet sich nach Beratung des Kollegiums". Zusammengefasst, die richterliche Beweiswürdigung während der Verhandlung ist in Wirklichkeit eine „Anerkennung" der Beweismittel der Staatsanwaltschaft, gegen die die Verteidigung keine Einwände erhoben hat. Da der Protokollführer aber bereits festgehalten hat, dass beide Seiten keine Einwände hatten, haben solche Beweiswürdigungen während der Verhandlung für die Urteilsfindung keine substanzielle Bedeutung.[49]

Auch die richterliche Beweiswürdigung nach der Verhandlung ist nicht unbedingt auf die Beweiserhebung und -erörterung während der Verhandlung, sondern stärker auf die Protokolle aus den Akten gestützt. Wie Prof. Chen Ruihua hervorgehoben hat: „Chinas Strafrichter lehnen selbst bei Erscheinen der Zeugen vor Gericht die Verwendung ihrer während der Verhandlung gemachten mündlichen Zeugenaussagen möglicherweise ab und halten an den Protokollen der Zeugenaussagen aus den Ermittlungsakten als Grundlage für die Urteilsfindung fest."[50] Darüber hinaus zeigen die Ergebnisse der empirischen Studie unter Leitung von Prof. Zuo Weimin, dass die Richter bei der Bewertung mündlicher

---

49 Dieser Teil der empirischen Analyse wurde von Liang Kun, Doktorand des Jahrgangs 2008 der Fakultät für Rechtswissenschaften der Volksuniversität Chinas, durchgeführt.

50 Chen Ruihua: Das chinesische Modell des Strafverfahrens. Falü Chubanshe *[Verlag für Recht; Law Press·China]* 2. Auflage 2010, S. 192–194.

Zeugenaussagen zumeist deren Bestätigung entweder durch schriftliche Zeugenaussagen oder andere Beweismittel suchen. Bei solchen Methoden der Beweiswürdigung haben mündliche Zeugenaussagen keinen unabhängigen Beweiswert; ob der Zeuge vor Gericht erscheint oder nicht, hat wenig Einfluss auf das Ergebnis der Beweiswürdigung.[51] Kein Wunder, dass bei solch protokollzentrierten Gerichtsverhandlungen die Beweiswürdigung während der Gerichtsverhandlung ist eine reine Formsache geworden.

V Pro Forma der Urteilsfindung in Strafverhandlungen

Mit dem sogenannten „Gerichtsurteil" ist ein Urteil gemeint, das eine Kammer auf der Basis der Gerichtsverhandlung fällt und während der Verhandlung, aber auch im Anschluss an diese ergehen kann. Vertritt das im Namen der Kammer ergangene Urteil in Wirklichkeit aber nicht deren Meinung, sondern nur die von einzelnen Personen der Kammer oder dieser nicht angehörenden Personen, so können wir davon sprechen, dass die Urteilsfindung eine reine Formsache geworden ist. Das zeigt sich hauptsächlich unter den folgenden drei Aspekten.

Erstens: der vorsitzende Richter fällt das Urteil allein, die Bezeichnung „Kammer" ist ihren Namen nicht wert. Im „Strafprozessgesetz" finden sich klare Bestimmungen zur Zusammensetzung und Beratung der Kammer, aber bei manchen Gerichten, insbesondere denen der unteren Ebene, übernimmt hauptsächlich der Vorsitzende die Arbeit, die anderen Mitglieder nehmen häufig nur an der Gerichtsverhandlung und nicht an der der Verhandlung vorausgehenden vorbereitenden Arbeit, ja nicht mal an der Beratung teil, sämtliche Entscheidungen werden vom Vorsitzenden getroffen. In Verhandlungen über einfache Strafsachen überfliegen manche Kammermitglieder lediglich den Urteilsentwurf des Vorsitzenden und unterzeichnen, manche unterschreiben, ohne den Inhalt zu kennen.[52] Und trotzdem kann man den Beratungsprotokollen von Kammern der Unteren Gerichte ab und zu entnehmen, dass die Unterschriften der Mitglieder

---

51 Zuo Weimin: Szenario des Strafverfahrens in China. SDX Joint Publishing Company Ausgabe 2010, S. 103.

52 Ein Volksschöffe sagte mir einmal, dass mal der Richter, mal der Protokollführer ihn nach einer Verhandlung eine Blankounterschrift habe leisten lassen, die dann dem Protokoll der Kammerberatung als Anhang zugefügt worden sei. Als Grund dafür habe es geheißen, das verringere unnötige Umstände, wenn er noch mal eine Unterschrift leisten müsse. Ohne spätere Nachfrage hätte der Richter ihm nicht mal das Resultat der Urteilsfindung mitgeteilt.

nicht vollständig vorlagen. So ergab z. B. eine Stichprobenuntersuchung von 100 Beratungsprotokollen der Kammern von Unteren Volksgerichten der Stadt Chengdu in der Provinz Sichuan, dass bei 26 Protokollen die Unterschriften der Mitglieder nicht vollständig vorlagen, bei 85 fehlte die Unterschrift des Protokollführers. Darüber hinaus waren diese Beratungsprotokolle zum überwiegenden Teil das einzelne „Werk" des vorsitzenden Richters, Zustimmung und Unterschrift der anderen Kammermitglieder waren nach erst Fertigstellung eingeholt worden. Und selbst wenn die Kammern zur Beratung einberufen worden waren, dauerte diese selten länger als eine halbe Stunde. Manche Meinungen waren im Wortlaut identisch mit dem Urteil – Bestätigung des Verdachts „erst Urteil, dann Beratung".[53] Ein solcher Zustand kann natürlich auf Personalmangel der Gerichte und schludrige Bearbeitung durch manche Richter zurückgeführt werden, aber auch nicht klare Arbeitsteilung der Kammern und unvollkommene Regeln für die Beratungen kommen als Gründe in Frage.

Zweitens: Der Verfahrensausschuss mischt sich unter Überschreitung seiner Kompetenzen ein, die Kammer besteht nur dem Namen nach.

Drittens: Die Kommission für Politik und Recht fällt Urteile vor der Verhandlung, die Kammer verdient ihren Namen nicht.

Diese beiden Probleme werde ich im folgenden Kapitel gesondert erörtern.

Zusammengefasst: in Strafverhandlungen ist die Beweiserhebung eine reine Formsache, ist die Beweiserörterung eine reine Formsache, und auch das Zustandekommen des Urteils ist eine reine Formsache. Diese Pro Formas in Strafverhandlungen in China sind bereits ein gravierendes Problem geworden.

53 Vgl. Yan Li: Pro-Forma von Kammerberatungen der Unteren Volksgerichte und Erneuerung des Systems. Veröffentlicht am 28.06.2004 auf cdfy.chinacourt.org.

Kapitel 5
Zehn große Fehlerbereiche in der Strafjustiz

Die Ergebnisse der empirischen Studien über Justizirrtümer in Strafsachen zeigen, dass hinter fast jedem durch Folter erzwungene Geständnisse stehen. Nachrichtenmedien, die über Justizskandale berichten, bauschen dieses Problem jedoch häufig auf, und so denken viele Leute, dass alle Justizskandale auf durch Folter erzwungene Geständnisse zurückzuführen sind, ja sie verteufeln sogar die Ermittler und vermuten, dass Vernehmungsbeamte alle Schreckgespenster mit Verbrechervisage sind. Eigentlich sind durch Folter erzwungene Geständnisse nur eine Manifestation von Justizirrtümer auslösenden Faktoren. Ein jeder entsteht durch das Zusammenwirken mehrerer Gründe; die Zusammenfassung dieser Gründe spiegelt zehn große Fehlerbereiche in der Strafjustiz wider.

I Ermittlungen nach dem Modell „erst Geständnis, dann Beweise"

Kriminalermittlungen erfolgen nach den Modellen „erst Beweise, dann Geständnis" oder „erst Geständnis, dann Beweise". Hinter ersterem steht der Gedanke, dass Ermittler zunächst Beweismittel sammeln müssen, und zwar nicht nur Beweise, die belegen können, dass eine Straftat vorliegt, sondern auch solche, die nachweisen können, dass ein gewisser Verdächtiger diese begangen hat, und erst dann den / die Verdächtigen festnehmen und durch Vernehmung ein Geständnis erlangen dürfen. Einfach ausgedrückt: erst Beweise, dann Festnahme. Das zweite Modell besagt, dass Ermittler, nachdem sie von einer Straftat erfahren haben, alles daran setzen, um Verdächtige zu finden, dann alle Kräfte aufbieten, um ein Schuldgeständnis zu erlangen, und sobald sie es haben, nichts unversucht lassen, um es durch entsprechende Beweismittel zu vervollständigen. Einfach ausgedrückt: erst Festnahme, dann Beweise.

Die Ermittlungen im Justizskandal Teng Xingshan sind ein Musterbeispiel für „erst Geständnis, dann Beweise". Vor seiner Festnahme hatten die Ermittler auch nicht einen Beweis dafür, dass er der Mörder war, nur aufgrund von Schlussfolgerungen und Mutmaßungen nahmen sie ihn fest, erpressten ein Geständnis und sammelten dann Beweismittel. Natürlich ist es nicht gegen die Regeln von Kriminalermittlungen, unter gewissen Umständen auf der Grundlage von Aussagen des Beschuldigten neue Beweise zu sichern, denn von diesen hat möglicherweise nur der Täter Kenntnis. Wenn man im Fall Teng Xingshan noch sagen könnte, die Tatwerkzeuge aufgrund des Geständnisses des Beschuldigten zu sichern, habe der Logik entsprochen, war die Feststellung der Identität der Geschädigten durch „Superprojektionsverfahren" und „Gesichtsrekonstruktion" etc. erst nach der Festnahme des Beschuldigten jedoch absolut falsch. Tatsächlich war es äußerst unangebracht, dass die Ermittler zum Teil auf Teng Xingshans Geständnis gestützt nachwiesen, dass es sich bei der Toten um Yang Xiaorong handele. Darüber hinaus können gemäß dem Geständnis des Beschuldigten ergänzte und komplettierte Beweismittel, um „Deckung des Geständnisses mit anderen Beweismitteln" zu erreichen, kaum ihre Wahrheit und Zuverlässigkeit garantieren. Zusammengefasst, die Ermittlungsmethode „erst Geständnis, dann Beweise" liefert versteckte Hinweise auf Fehlurteile.

Ermittler haben eine Vorliebe für die Methode „erst Geständnis, dann Beweise", in erster Linie aus dem „Geständnis-Komplex" heraus. Im Grunde genommen haben den nicht nur Ermittlungsbeamte, sondern auch Staatsanwälte und Richter. Der sogenannte „Geständnis-Komplex" bedeutet, dass allen klar ist, dass ein Geständnis nicht zuverlässig ist und eine nur darauf gestützte Urteilsfindung leicht zu einem Fehlurteil führen kann, sie aber doch nicht vom Geständnis Abstand nehmen können. Ohne Geständnis wagen Ermittlungsbeamte nicht, einen Fall abzuschließen, wagen Staatsanwälte nicht, Anklage zu erheben, wagen Richter nicht, ein Urteil zu sprechen. Das führt auch dazu, dass den Protokollen, die auf der Grundlage von Geständnissen zustande gekommen sind, im Strafverfahren ein zentraler Stellenwert zukommt. Manche Wissenschaftler bezeichnen die Strafverfahren in China sogar als „Aktenprotokoll-Zentrismus"[54]. Selbst wenn der Angeklagte vor Gericht sein zuvor im Ermittlungsverfahren gemachtes Schuldgeständnis widerruft, wird der Richter in der Regel trotzdem dem Schuldgeständnis in Verbindung mit anderen Beweismitteln Glauben schenken. Weitere Gründe für die weite Verbreitung dieser Ermittlungsmethode sind darüber hinaus mangelnde Berufsehre, niedrige Qualifikation, rückständige technische Mittel etc.

54 In Chinas Strafvefahren erfolgt die Präsentation der Beweismittel durch den Staatsanwaltschaft zumeist durch das Verlesen von Protokollen aus den Ermittlungsakten, ja sogar von protokollierten Aussagen des Angeklagten. Oberflächlich gesehen verhandelt das Gericht so die *Sache*, tatsächlich überprüft es nur die Protokolle, Staatsanwaltschaft und Verteidigung haben keine Möglichkeit der Beweiserörterung vor Gericht. S. Chen Ruihua: Aktenprotokoll-Zentrismus – neue Untersuchungen zur Durchführung von Strafverfahren in China. In: Faxue Yanjiu *[Chinese Journal of Law]* 2006, Ausgabe 4.

II Regelwidrige Fristen für die Aufklärung von Fällen

Bei Ermittlungen in Strafsachen in China ist der Ausdruck „Aufklärung innerhalb der Frist“ keine Seltenheit. Passiert irgendwo eine schwere Strafsache, verlangt die Leitung der Sicherheitsorgane von den Ermittlern in der Regel „Aufklärung innerhalb der Frist“. Erregt ein Fall in der Gesellschaft breite Aufmerksamkeit, gibt auch der Bürgermeister oder Provinzgouverneur den Sicherheitsorganen die Anweisung „Aufklärung innerhalb der Frist“ und findet über viele Medien Verbreitung. Bei gravierenden Strafsachen hoffen alle, sowohl die Sicherheitsorgane als auch die einfache Bevölkerung, auf rasche Aufklärung und harte Bestrafung der Täter. Dieses Anliegen spiegelt sich in der Forderung „Aufklärung innerhalb der Frist“ wider: in gewissem Ausmaß kann so die allgemeine Stimmung beruhigt, der Straftäter in Angst und Schrecken versetzt werden. Darüber hinaus bringt sie die Aufmerksamkeit der Führung zum Ausdruck, was nicht nur den Enthusiasmus der Ermittler entfachen, sondern auch zur Konzentration personeller, materieller und finanzieller Ressourcen auf die Ermittlungen in der betreffenden Sache führen kann. Wie in dem weiter oben geschilderten Justizskandal Teng Xingshan: als die Leitung der übergeordneten Sicherheitsorgane dem Amt für Öffentliche Sicherheit des Kreises Mayang „Aufklärung innerhalb der Frist“ auferlegte, wurde mehr als die Hälfte der Polizeikräfte in die Ermittlungen zu diesem Fall eingebunden. Doch die Monatsfrist brachte keine Aufklärung, sie wurde ständig verlängert, bis der Fall erst nach 8 Monaten als „aufgeklärt“ gelten konnte.

Ohne Zweifel kann eine mit Belohnung / Bestrafung und Beförderung verbundene Forderung zur „Aufklärung innerhalb der Frist“ subjektiven Enthusiasmus der Ermittler entfachen. Ohne Anreizmechanismen sind sie vielleicht faul, drücken sich vor Verantwortung und führen lediglich passiv Dienst nach Vorschrift. Von daher spielt „Aufklärung innerhalb der Frist“ eine gewisse Rolle für eine verbesserte Effizienz der Kriminalermittlungen. In der Tat wurden unter dieser Anordnung einige schwere Strafsachen rasch aufgeklärt, so dass die Täter umgehend bestraft werden konnten. „Aufklärung innerhalb der Frist“ kann jedoch auch manche negative Folgen hervorrufen. Sind die Ermittler Leute, die ihre Berufsehre ernst nehmen, sind solche negativen Auswirkungen nicht sehr offensichtlich. Denn die Ermittlungsarbeit hat auf dem Boden der Tatsachen zu erfolgen, selbst wenn die Leitung „Aufklärung innerhalb der Frist“ anordnet. Kann der Fall innerhalb der Frist aufgeklärt werden, sind alle zufrieden, falls nicht, muss trotzdem die Wahrheit in den Tatsachen gesucht werden. Sind die Ermittler Leute, die ihre Berufsehre nicht ernst nehmen, werden die negativen Folgen offensichtlich. Manchen Ermittlern kommt es vielleicht nur aufs Tempo an, sie achten nicht auf Qualität, sind auf schnelle Ergebnisse aus und geben sich

sich mit zweitklassiger Arbeit zufrieden. Manche erpressen sogar durch Folter Geständnisse und beschaffen Beweismittel mit Gewalt, täuschen Fakten vor und kehren Falsches in Richtiges um. „Aufklärung innerhalb der Frist“ kann Ermittler also verleiten, in Fehlerbereiche der Strafjustiz zu geraten, die zu Fehlurteilen führen. Der Justizskandal Teng Xingshan ist eine bittere Lehre.

„Aufklärung innerhalb der Frist“ spiegelt die Vorstellungen der chinesischen Sicherheitsorgane über Rechtsdurchsetzung als militärischen Kampf und ihre Gewohnheit übermäßigen Strebens nach einer hohen Aufklärungsrate wider, die sich über eine lange Zeit herausgebildet haben. Die führenden Personen der Sicherheitsorgane sind es gewöhnt, Kriminalermittlungen gedanklich wie einen militärischen Kampf anzuleiten. Und so sind Methoden des militärischen Kampfs wie „harte Schläge“, „Spezialangriff“, „mit geballter Kraft in den Kampf“, „erstes Gefecht“ und „militärisches Ehrenwort auf Aufklärung des Falls“ bei Kriminalermittlungen weit verbreitet, mit dem Ergebnis, dass sie zu einem gewissen Grad von den Regeln der Rechtsdurchsetzung abweichen. Darüber hinaus ist die Aufklärungsrate, erst recht die von schweren Strafsachen, immer schon eine wichtige Kennziffer für die Bewertung der Ermittlungsarbeit der Sicherheitsorgane gewesen. Und so fordern manche lokalen Sicherheitsorgane nicht nur „Aufklärung innerhalb der Frist“, sondern geben die Parole „Mordfälle müssen aufgeklärt werden“ aus, fordern, dass Fälle, die zum Tod von Menschen geführt haben wie Mord, vorsätzliche Körperverletzung mit Todesfolge, Explosion, Vergiftung, Brandstiftung, Raub, Vergewaltigung, Entführung, zu 100% oder fast 100% aufgeklärt werden müssen. Es gibt sogar lokale Führungspersonen, die vom Leiter des Amts für Öffentliche Sicherheit ein „militärisches Ehrenwort auf Aufklärung des Mordfalls“ verlangen – bei Nichtaufklärung folgt Absetzung. Auf der vom Ministerium für Öffentliche Sicherheit im November 2004 in Nanjing einberufenen „Nationale(n) Arbeitskonferenz zur Aufklärung von Mordfällen“ wurden die Methoden der Provinzen Hubei und Henan sanktioniert und wurde die Forderung „Mordfälle müssen aufgeklärt werden“ offiziell erhoben[55]. Unter dem Druck von „Aufklärung innerhalb der Frist“ und „Mordfälle müssen aufgeklärt werden“ ging in manchen Regionen die Aufklärungsrate von schweren Strafsachen tatsächlich nach oben, die Qualität der Bearbeitung der Fälle aber gleichzeitig nach unten, was versteckte Hinweise auf das Entstehen von Justizirrtümern liefert.

---

55 S. Mordfälle müssen binnen drei Jahren aufgeklärt werden, Kriminalitätsquote und Zahl der Mordfälle müssen runter, Aufklärungsquote muss rauf. In: Fazhi Ribao *[Legal Daily]* 05.11.2004, S. 1; Zhou Yongkang fordert von den Sicherheitsorganen des ganzen Landes, Ermittlungen und Aufklärung von Mordfällen voranzutreiben, und eine umfassende Erhöhung der Fähigkeiten zur Verbrechensbekämpfung. In: Fazhi Ribao *[Legal Daily]* 06.11.2004, S. 1.

In manchen Gebieten kam sogar die absurde Methode auf, wo Ermittler Mörder durch Geisteskranke ersetzten.[56]

„Aufklärung innerhalb der Frist" und „Mordfälle müssen aufgeklärt werden" entspricht nicht den Regeln für Kriminalermittlungen. Die Hauptaufgabe von Ermittlungen ist die Aufklärung des Sachverhalts, das Sammeln von Beweismitteln sowie die Fahndung nach und Festnahme der Straftäter. Oberflächlich gesehen sind sie die Arbeit der Ermittler, aber sie können nicht allein bestimmen, ob und wann diese drei Aufgaben erfüllt werden. Mit anderen Worten: die Ermittlungen und Aufklärung von Fällen hängt nicht nur von den Fähigkeiten und Bemühungen der Ermittlungsbeamten ab, sondern auch von anderen Faktoren wie Tatzeit, Tatort, gesellschaftliches Umfeld, Wesen des Falls, Arten der Beweismittel, Umstände der involvierten Personen und besonders wichtig die des Täters.

Kriminalermittlungen sind wie ein Spiel. D. h., diese Tätigkeit manifestiert sich im Antagonismus zweier sich gegenüber stehenden Seiten; ob die Aktionen der einen Seite korrekt oder effizient sind, hängt nicht nur von ihr, sondern auch von der Gegenseite ab, so wie beim Knobeln oder Schach. Das Spiel der Ermittlungstätigkeit wird durch ihren Antagonismus bestimmt. Aufgabe der Ermittler ist Aufklärung der Straftat und Festnahme des Täters, somit Wahrung der Gesetze und Ordnung des Landes sowie Schutz der Rechte und legitimen Interessen der Bürger. Der Straftäter hingegen wird zum eigenen Schutz und zur Realisierung seiner kriminellen Ziele nichts unversucht lassen, um sich den Ermittlungen zu entziehen und zu widersetzen, mit aller Kraft den wahren Sachverhalt zu vertuschen und die Ermittler auf falsche Fährten zu locken. So kommt es zum Gegeneinander „Ermittlungen und Torpedierung der Ermittlungen" zwischen Ermittlern und Täter. In konkreten Fällen legen die Ermittlungsbeamten ihre eigene Vorgehensweise häufig aufgrund des Vorgehens des Täters fest und entwerfen ihre Gegenstrategien entsprechend denen des Täters.

Bei solchen, den Charakter eines Spiels tragenden Ermittlungstätigkeiten hängt die Effizienz der Arbeit der Ermittler nicht nur von ihnen selbst ab, sondern auch von ihrem Gegenspieler. Für ein und denselben Ermittler bedeutet das, dass die Effizienz seiner Ermittlungen bei niedrigem Niveau der Tatausübung seines Gegners vielleicht hoch ist, bei hohem Niveau vielleicht niedrig. Kriminalermittlungen unterscheiden sich von einseitig ausgerichteten Arbeiten wie Straßen- oder Häuserbau und Automobilproduktion, wo bei einem gewissen Aufwand durch den Arbeiter ein entsprechendes Arbeitsergebnis erzielt werden

56 S. Chao Getu: Mordfälle müssen aufgeklärt werden – ein Geisteskranker wird zum Sündenbock. In: Nanfang Zhoumo *[Southern Weekend]* 06.05.2010.

kann. Bei Kriminalermittlungen besteht zwischen dem In- und Output an Arbeit keine solche Beziehung. Fleißige Arbeit wird nicht unbedingt entsprechend entgolten. Es gibt Fälle, wo wochen-, ja sogar monatelange fleißige Arbeit der Ermittler überhaupt keine Ergebnisse bringt, so wie im Fall Teng Xingshan.

Hinge die Aufklärung eines Falls komplett von den subjektiven Anstrengungen der Ermittler ab, gäbe es an „Aufklärung innerhalb der Frist" und „Mordfälle müssen aufgeklärt werden" nichts auszusetzen. Aber es sind viele Faktoren, die über den Erfolg oder Misserfolg von Ermittlungen entscheiden. „Aufklärung innerhalb der Frist" und „Mordfälle müssen aufgeklärt werden", die lediglich ein Faktor sind, als die kompletten Anforderungen an die Ermittlungen zu betrachten, verletzt ihre objektiven Regeln. Die Leiter der Sicherheitsorgane können von den Ermittlern verlangen, Fälle mit aller Kraft schnellstens aufzuklären, aber mit militärischen Ehrenworten wie „Aufklärung innerhalb der Frist" und „Mordfall wird aufgeklärt" wird wohl am falschen Ende begonnen. Die in diesen Jahren aufgedeckten Justizirrtümer sind Beleg dafür.

III Einseitige Beweisbeschaffung aufgrund erster Eindrücke

In Chinas „Strafprozessgesetz" heißt es durchgehend klar: „Die Richter, Beamten der Volksstaatsanwaltschaft und die Ermittlungsbeamten haben gemäß dem gesetzlich bestimmten Verfahren jede Art von Beweisen zu sammeln, welche geeignet sind, die Schuld oder Unschuld bzw. die Schwere oder Geringfügigkeit der Umstände einer Straftat zu erweisen." *[Anm. d. Ü.: Ü. in Anlehnung an: CHINA aktuell, Ausgabe September 1979]*[57] Dieser Bestimmung nach haben die Ermittler bei der Suche nach Beweismitteln objektiv und allseitig vorzugehen, sowohl Beweise zu sammeln, die die Schuld des Beschuldigten belegen, als auch solche, die seine Unschuld belegen. Allerdings bilden sich Ermittler während der Bearbeitung eines Falls schnell gewisse „erste Eindrücke" über den Sachverhalt und / oder den Täter, die aufgrund der Analyse und der Einschätzungen zu den Umständen am Tatort, aber auch intuitiv aus dem Zusammentreffen mit dem Beschuldigten entstehen können. Ermittler dürfen „erste Eindrücke" haben, denn sie können Anregungen für die Festlegung von Konzept und Richtung der Ermittlungen geben. Erfolgt die Suche nach Beweismitteln unter dem Einfluss „erster Eindrücke" jedoch einseitig, werden die Ermittler in Fehler verfallen. Die Realität sieht so aus: im Bestreben, einen Fall aufzuklären, sammeln manche

57 S. Art. 32 „Strafprozessgesetz" von 1979, der in den geänderten Fassungen von 1996 (Art. 43) und 2012 (Art. 50) beibehalten wurde.

Ermittlungsbeamte nicht weiter entlastende Beweismittel, wenn sie einmal einen Beschuldigten ausgemacht haben, ja lassen sogar bereits aufgefundene unbeachtet oder unterschlagen sie. Von Ermittlungsbeamten gesammelte Beweismittel werden so zu „monotonen" belastenden Beweismitteln; was sich hauptsächlich in den folgenden zwei Bereichen manifestiert.

1 Einseitige Auswahl belastender Beweismittel

Im Justizskandal Shi Dongyu aus Heilongjiang, der in der Einleitung zu diesem Buch geschildert wurde, hatten die Ermittler bei Shi Dongyu zu Hause eine Militäruniform mit Blutspuren entdeckt. Während der Vernehmung erklärte dieser, dass die Blutspuren von seinem Vater und seinem jüngeren Bruder stammten und auf eine Schlägerei mit seinem Bruder am Nachmittag des Vortags zurückgingen. Weil die Ermittler ihren ersten Eindrücken nach davon ausgingen, dass Shi Dongyu der Täter sei, fanden sie, dass seine Erklärungen „Abstreiten und Ausflüchte" seien. Der Gerichtsmediziner bestätigte später, dass die Blutspuren auf dem Kleidungsstück die Gruppen 0 und A, der Tote Guan Chuansheng und Shi Dongyu beide die Blutgruppe A hätten. Daraufhin stellten die Ermittler die Blutspuren auf Shi Dongyus Kleidungsstück als von dem Geschädigten stammend fest, doch zu den Blutspuren der Gruppe 0 lieferten sie keine Erklärung.[58]

Im 2013 aufgedeckten „Justizskandal Onkel und Neffe Zhang aus Zhejiang"[59] hatten die Ermittler damals am Tatort unter acht Fingernägeln der Geschädigten Wang X. Spuren menschlichen Gewebes entnommen. Die Ermittler baten

---

58 S. den Korrespondenbericht: Ich habe keinen Mord begangen. In: Fazhi Ribao *[Legal Daily]* 21.07.1995, S. 2.

59 Am Abend des 18. Mai 2003 fuhren Zhang Gaoping und sein Neffe Zhang Hui mit einem Lastwagen vom Kreis She in der Provinz Anhui nach Shanghai, Frau Wang X. aus dem gleichen Dorf fuhr bis Hangzhou mit. Am Vormittag des folgenden Tages wurde ihre Leiche in einem Wassergraben neben der Liusi-Straße im Bezirk Westsee von Hangzhou entdeckt. Ihren Untersuchungen zufolge legten sich die Ermittler zum Schluss auf Onkel und Neffe Zhang als Verdächtige fest. Am 21. April verurteilte das Mittlere Volksgericht der Stadt Hangzhou den Haupttäter Zhang Hui zum Tode, den Mittäter Zhang Gaoping zu lebenslänglicher Haft. Am 19. Oktober änderte das Obere Volksgericht der Provinz Zhejiang das Urteil ab in Todesstafe mit Vollzugsaufschub für Zhang Hui und 15 Jahre Haft für Zhang Gaoping. Im November 2011 begann die Kommission für Politik und Recht der Provinz Zhejiang mit der Überprüfung des Falls. Nach Eingabe der Genkarten der unter den Fingernägeln der Geschädigten Wang X. entnommenen menschlichen Gewebe in die DNA-Datenbank der Sicherheitsorgane wurde festgestellt, dass sie sich mit der eines bereits überführten Täters, Gou Haifeng, deckten; Gou Haifeng war wegen Mordes an der Studentin Wu X. im Jahr 2005 zum Tode verurteilt und bereits hingerichtet worden. Im April 2012

zunächst Gerichtsmediziner, die Genkarten dieser menschlichen Gewebe mit den DNA-Proben zweier Beschuldigter zu vergleichen, das Ergebnis war negativ. Später nahmen die Ermittler in den Heimatorten der Geschädigten und der Beschuldigten weitere DNA-Proben, der Vergleich fiel erneut negativ aus. So trafen sie die Feststellung, dass diese biologischen Sachbeweise „in keinem Zusammenhang mit der vorliegenden Straftat stehen". Weil die Gewebe zum Zeitpunkt der Entdeckung noch relativ „frisch" gewesen und zudem unter acht Fingernägeln der Geschädigten entdeckt worden waren, hätten die Bearbeiter des Falls eigentlich schließen müssen, dass sie in einem Zusammenhang mit der Straftat stehen – durch den Widerstand der Geschädigten waren menschliche Gewebe des Täters / der Täter unter ihren Fingernägeln verblieben. Da das DNA-Gutachten jedoch ergeben hatte, dass die Gewebe nicht von den beiden Beschuldigten stammten, und die Polizei durch den Vergleich von Genkarten auch keine weiteren Personen finden konnte, zu denen sie passten, ordneten die Bearbeiter des Falls die Gewebe „untauglichen Beweismitteln" zu. So ein Vorgehen war natürlich falsch. Hätten die Bearbeiter des Falls damals nicht so eine „Nachlässigkeit" bei der Verwendung von Sachbeweisen an den Tag gelegt, wären Zhang Hui und Zhang Gaoping nicht zu Unrecht im Gefängnis gelandet, Gou Haifeng hätte keine Gelegenheit für einen weiteren Mord gehabt, und die Studentin Wu X. wäre nicht Opfer geworden.[60] Diese einseitige Auswahl belastender Beweismittel aufgrund der ersten Eindrücke war ein wesentlicher Grund für das Entstehen dieses Justizskandals.

2 Ignorieren entlastender Beweismittel der Verteidigung

Praktische Erfahrungen beweisen, dass die Arbeit der Verteidiger von hoher Bedeutung für die Prävention von Fehlurteilen ist, denn sie können den Bearbeitern der Fälle helfen, eine „unvoreingenommene Haltung" einzunehmen. Die von der Verteidigung gesammelten oder vorgelegten enlastenden Beweismittel finden bei den Bearbeitern der Fälle häufig keine Beachtung. Unter den im 3. Kapitel dieses Buchs vorgestellten 50 Justizirrtümern in Fällen mit Verdacht auf Mord bestand in fast jedem graduell unterschiedlich das Problem, dass entlastende Beweismittel unbeachtet geblieben waren, in 10 Fällen waren die von der Verteidigung vorgelegten entlastenden Beweismittel offen „ignoriert" worden. So

---

begann das Obere Volksgericht der Provinz Zhejiang mit der Wiederaufnahme des Verfahrens, am 26. März 2013 wurden Zhang Hui und Zhang Gaoping offiziell freigesprochen.

60 S. Zhou Xifeng: Die zu Unrecht verbüßte Haft von Onkel und Neffe Zhang und ihre Freilassung. In: Xiaoxiang Chen Bao *[Xiaoxianger Morgenzeitung]* 04.04.2013, S. 4.

hatte z. B. im Justizskandal Teng Xingshan Anwalt Teng Ye einige Beweismittel gesammelt, die Teng Xingshans Unschuld belegen konnten, doch sein Schicksal der Erschießung konnten sie nicht mehr abwenden. Im Justizskandal She Xianglin hatte seine Mutter Yang Wuxiang ebenfalls Beweise zusammengetragen, die belegen konnten, dass Zhang Aiqing nicht tot war. Doch die „Bescheinigung nach bestem Wissen und Gewissen" rettete nicht nur nicht ihren Sohn, sondern brachte sie selber noch ins Untersuchungsgefängnis.[61]

Die Suche nach Beweismitteln in Strafverfahren kann in die zwei Systeme „eingleisig" und „zweigleisig" eingeteilt werden. Mit der sogenannten „eingleisigen Suche nach Beweismitteln" ist gemeint, dass sie im Wesentlichen allein durch die Klägerseite erfolgt, also durch die Ermittler der Staatsanwaltschaft. Mit der sogenannten „zweisgleisigen Suche nach Beweismitteln" ist gemeint, dass sie durch beide Prozessbeteiligte erfolgt; die amtliche dient der Staatsanwaltschaft, die private bzw. zivile der Verteidigung. Anders ausgedrückt: im eingleisigen System sind Aufklärung des Sachverhalts und Sammeln der Beweismittel die durch Staatsanwalt und Polizei „amtlich" ausgeübte Tätigkeit, im zweigleisigen dagegen Tätigkeiten der Staatsanwaltschaft und der Verteidigung. Zudem steht das zweigleisige System dafür, dass beide Seiten ihre Beweismittel relativ gleichberechtigt und mit gleichen „Waffen" erlangen können.

Die Suche nach Beweismitteln in Chinas Strafverfahren erfolgt nach dem typischen eingleisigen Modell und ist zudem gepaart mit gravierender Einseitigkeit. Entlastende Beweismittel finden keinen Eingang in das Verfahren, belastenden Beweismitteln hingegen, egal ob echt oder falsch, stehen alle Türen offen. Somit stellen Richter einseitig auf der Grundlage der belastenden Beweismittel die Tatsachen des Falls fest, es kommt zu Justizskandalen. Genau diese Lehre haben wir aus vielen Justizirrtümern in Strafsachen gezogen.

---

61 Aus Berichten: She Xianglins „Mutter Yang Wuxiang hatte überall Personensuche-Zettel aufgeklebt und bei höheren Stellen petitioniert, wurde am 06. Mai 1995 eingesperrt und verbrachte 9 1/2 Monate im Untersuchungsgefängnis des Amts für Öffentliche Sicherheit des Kreises Jingshan, wurde gegen Zahlung von 3000,00 Yuan herausgeholt, doch ihr Leben hing nur noch an einem seidenen Faden. Drei Monate später verstarb Yang Wuxiang im Alter von 54 Jahren mit Hass im Herzen." (Xinjing Bao *[The Beijing News]* 31.03.2005) „She Xianglins Mutter Yang Wuxiang wurde, weil sie eine Bescheinigung vorgelegt hatte, nach der Zhang Aiqing noch lebte, der ‚Deckung einer Straftat' beschuldigt und ins Gefängnis gesteckt. Nicht lange, nachdem sie wieder zu Hause war, verstarb sie." (Xinjing Bao *[The Beijing News]* 14.04.2005)

IV Unangemessene Interpretation wissenschaftlich fundierter Beweismittel

Ab dem 19. Jh. erlebte die Verwendung wissenschaftlich fundierter Beweismittel im Rechtsverkehr eine sprunghafte Entwicklung und rückte sie allmählich ins Zentrum des Beweisverfahrens. Auf Schriftgutachten, Körpervermessung und daktyloskopische Gutachten folgend, erweiterten Techniken zur Feststellung der Identität von Personen wie Fußspuren-Gutachten, Stimmgutachten, Gutachten zu Bissmarken und zu Lippenabdrücken das „Instrumentarium" im Beweisverfahren. Vor allem die in den 80er Jahren des 20. Jh. aufgekommene DNA-Genealogie stieß eine noch sprunghaftere Entwicklung der Methoden im Beweisverfahren an und wurde zur „Königin" der neuen Generation von Beweismitteln. Zweifellos hat das Beweisverfahren durch wissenschaftlich haltbare Beweismittel eine wissenschaftliche Vertiefung gefunden, so dass das für die Rechtsanwendung zuständige Justizpersonal die Tatsachen eines Falls präziser feststellen kann und die Wahrscheinlichkeit von Fehlurteilen reduziert wird. Allerdings sind nicht alle wissenschaftlich fundierten Beweismittel auch wissenschaftlich zuverlässig, Fehler sind nicht ausgeschlossen. Ihre korrekte Interpretation ist deshalb äußerst wichtig für die Feststellung der Tatsachen eines Falls. Anders ausgedrückt: Justizpersonal muss Wert auf wissenschaftlich fundierte Beweismittel legen, darf ihnen aber auch nicht blindlings vertrauen, ansonsten könnte es in den Fehler unangemessener Interpretation verfallen.

1 Fehlinterpretation von Merkmalen einer Kategorie als individuelle Merkmale

Die Identifikation von individuellen Merkmalen und denen einer Kategorie sind zwei grundlegende Problemstellungen, die mit wissenschaftlich fundierten Beweismitteln gelöst werden können. Erstere bedeutet die Feststellung, ob es sich bei in einem Fall nacheinander auftretenden Objekten um ein und dasselbe handelt, letztere die Zuordnung der mit einem Fall in Beziehung stehenden Objekte zu einer bestimmten Kategorie oder die Feststellung, ob es sich bei den Kategorien der nacheinander auftretenden Objekte um die gleichen handelt. Im Beweisverfahren eines Strafverfahrens ist es die Kernaufgabe festzustellen, welche konkrete Person Täter ist, und nicht, Personen welcher Kategorie Täter sind. Durch die Identifikation individueller Merkmale kann die Verbindung konkreter Personen oder Dinge mit den Tatsachen des Falls bestätigt werden, was mit der Identifikation von Merkmalen einer Kategorie nicht möglich ist. Der Beweiswert individueller Merkmale ist mithin höher als der von Merkmalen einer Kategorie.

In der justiziellen Praxis legen manche Ermittler, ja sogar Richter Merkmale einer Kategorie bewusst oder unbewusst als individuelle aus, was leicht zu Fehlern bei der Feststellung der Tatsachen führt und Justizirrtümer hervorrufen kann. Im Justizskandal Teng Xingshan z. B. hatte das Zentrum für gerichtsmedizinische Gutachten zu Sachbeweisen der Zhongshan Medizinischen Universität in Guangzhou festgestellt, dass die Blutgruppe des Haars auf dem Beilgriff A war; identisch mit der der Toten. Mit „gleiche Blutgruppe" wurde eine Kategorie identifiziert, doch die Ermittler stellten auf dieser Grundlage das Haar auf dem Beil als das der Geschädigten fest – d. h. sie legten die Identifikation einer Kategorie als die von individuellen Merkmalen aus.

Im Justizskandal Shi Dongyu hatten die Ermittler aufgrund des Sachverständigengutachtens, dass die gleiche Blutgruppe verliege, die Blutspuren auf Shi Dongyus Kleidungsstück als die des Geschädigten identifiziert. Auch da wurde der Fehler begangen, dass die Identifikation einer Kategorie als die von individuellen Merkmalen ausgelegt wurde. Weiter war der Gerichtsmediziner davon ausgegangen, dass das Tatwerkzeug eine Stichwaffe mit einer Einzelklinge von ca. 2,20 cm Breite und mindestens 10 cm Länge gewesen sein musste, weil die Stichwunde am Körper des Toten einen spitzen und einen stumpfen Winkel aufwies, die Wunde zwischen 2 und 2,50 cm lang und ca. 10 cm tief war. Die Klinge des bei Shi Dongyu zu Hause gesicherten Obstmessers war 2,5 cm breit und 12 cm lang, von daher hatte die Stichwunde am Körper des Toten mit diesem Messer zugefügt werden können. Auch hier war eine Kategorie identifiziert worden, denn Breite und Länge von Messerklingen gehören zu Merkmalen der Kategorie Messer und können nicht das Objekt spezifizieren. Anders ausgedrückt: ein Messer, das solche Stichwunden herbeiführen kann, ist nicht unbedingt das Messer, das diese Stichwunden herbeigeführt hat. Doch die Ermittler und Richter in diesem Fall stellten dieses Messer als das Mordwerkzeug fest.[62] Auch hier wurde die Identifikation einer Kategorie irrtümlich als die von individuellen Merkmalen ausgelegt.

62 Quelle der obigen Daten ist das Aktenmaterial zu diesem Fall; vgl. auch He Jiahong: „Blood Crime" – „Nachwort" und die „Fotos aus den Akten" in der Anlage. Zhongguo Renmin Daxue Chubanshe *[China Renmin University Press]* 2010, S. 360–363.

2 Fehlinterpretation von nicht eindeutigen Sachverständigengutachten, als eindeutige[63]

In Erkenntnisprozessen der Menschen sind Eindeutigkeit und Uneindeutigkeit ein allgemein verbreitetes Widerspruchspaar, das hauptsächlich von der Unbestimmtheit der Grenzen und unterschiedlichen Erscheinungsformen von Objektgattungen bestimmt ist. Auch Sachverständigengutachten enthalten eindeutige und nicht eindeutige Aussagen, die von den Merkmalen des jeweiligen Objekts als der Grundlage des Gutachtens bestimmt sind. Allgemein gilt: hat das zu begutachtende Objekt eine ausgeprägte Spezifikation, hohe Stabilität, hohe Abbildbarkeit, oder anders ausgedrückt, sind zwischen einem Objekt und einem anderen die Grenzen klar, die Unterschiede deutlich, gehört das Sachverständigengutachten zu denen mit eindeutigen Aussagen; anderenfalls zu den mit nicht eindeutigen Aussagen. Beispiel zwei Fälle von Identifizierung einer Person per Fingerabdruck: bei einem Gutachten liegen gute Voraussetzungen vor, der Abdruck ist vollständig, die Papillarleisten sind ausgeprägt, beim anderen Gutachten liegen keine guten Voraussetzungen vor, der Abdruck ist unvollständig, die Papillarleisten sind nicht ausgeprägt – die Präzision der Gutachten ist selbstverständlich unterschiedlich. Da es in Sachverständigengutachten mit nicht eindeutigen Aussagen in der Regel „möglicherweise ist" oder „es wird zu der Feststellung tendiert" heißt, können sie auch als „Sachverständigengutachten mit tendenziellen Aussagen" bezeichnet werden.

Mit der als „Königin der Beweismittel" gekrönten DNA-Analyse kann eigentlich überhaupt keine direkte Aussage getroffen werden, ob an einem Tatort gefundenes biologisches Material wie Blut- und Spermaspuren von einer bestimmten Person stammen, sondern lediglich Material für weitere Analysen und Vergleiche liefern. Experten interpretieren die Analyse, berechnen die Wahrscheinlichkeit der Übereinstimmung und treffen eine gutachtliche Aussage. Ihre Schlussfolgerung ist mitnichten ein einfaches „ja" oder „nein", sondern eine Aussage zur Wahrscheinlichkeit der Bestätigung oder Verneinung der Übereinstimmung. Die sich aus einer DNA-Analyse ergebende Wahrscheinlichkeit der Übereinstimmung kann keine 100% erreichen, selbst unter besten Voraussetzungen liegt sie bei 99%. Eine so hohe Wahrscheinlichkeit der Übereinstimmung ist natürlich nicht

63 In der Fassung des „Strafprozessgesetz(es)" von 2012 wurde der Begriff „Sachverständigengutachten" in „gutachtliche Aussage" geändert, was zu einer vernünftigeren Interpretation und Verwendung dieses wissenschaftlich fundierten Beweismittels durch das Justizpersonal beiträgt.

erforderlich, wenn auf der Grundlage der Genkarten von Blut- und / oder Spermaspuren festgestellt werden soll, ob es sich um ein und dieselbe Person handelt. Wir können z. B. eine Wahrscheinlichkeit von 93% für die Bestätigung der Übereinstimmung festlegen und von 80% für die Verneinung. Bei einer Wahrscheinlichkeit von über 93% für die Übereinstimmung von Sachbeweisen und Probenmaterial kann sie bestätigt, bei einer von unter 80% kann sie verneint werden. Was aber, wenn die Wahrscheinlichkeit zwischen 80% und 93% liegt? Das ist der „graue Bereich" wissenschaftlich fundierter Beweismittel. Unter solchen Umständen erstellte Sachverständigengutachten sind solche mit nicht eindeutigen Aussagen. Aus durchaus vielen Arten wissenschaftlich haltbarer Beweismittel werden nicht eindeutige Schlussfolgerungen gezogen, dieser Tatsache müssen sich Richter, Staatsanwälte und Ermittler stellen.

Bei der Abgrenzung von Sachverständigengutachten mit eindeutigen Aussagen von denen mit nicht eindeutigen Aussagen müssen die folgenden Probleme berücksichtigt werden. Zunächst kann nicht die Rede davon sein, dass in einem hier „mit nicht eindeutigen Aussagen" bezeichneten Sachverständigengutachten gar keine Feststellungen getroffen werden. Die Bezeichnung dient der Gegenüberstellung mit dem Sachverständigengutachten mit eindeutigen Aussagen, die Unterschiede liegen im Präzisionsgrad der Feststellung. Anders ausgedrückt: das Sachverständigengutachten mit nicht eindeutigen Aussagen ist eine tendenzielle Feststellung, und bei verschiedenen Gutachten dieser Art ist auch der Grad der Tendenz unterschiedlich. Zweitens, Sachverständigengutachten mit nicht eindeutigen Aussagen dürfen nicht mit Gutachten, in denen Merkmale einer Kategorie identifiziert werden, in einen Topf geworfen werden, denn erstere können auf Individuen bezogen, von daher auch Gutachten sein, in denen individuelle Merkmale identifiziert werden. Abschließend, Probleme der Präzision von Sachverständigengutachten dürfen nicht mit subjektiven menschlichen Fehlern in einen Topf geworfen werden, denn erstere ergeben sich aus den objektiven Voraussetzungen für die Erstellung des Gutachtens, letztere hingegen werden durch subjektive Faktoren des Gutachters erzeugt. Bei jedem Sachverständigengutachten mit eindeutigen Aussagen können unter dem Einfluss subjektiver menschlicher Faktoren falsche Schlüsse gezogen worden sein. So hatte z. B. in dem Justizskandal Shi Dongyu der Geschädigte Guan Chuansheng die Blutgruppe AB, doch der damalige Gerichtsmediziner hatte sie irrtümlich als A identifiziert! Auch das ursprüngliche Blutgruppengutachten war ein Sachverständigengutachten mit eindeutiger Aussage, aber eben einer falschen. Das zeigt erneut, dass selbst bei untersuchungstechnisch unkomplizierten Blutgruppengutachten Fehler auftreten können. Auch wissenschaftlich fundierte Beweismittel bedürfen daher einer gewissenhaften Überprüfung.

Mit der Einteilung von Sachverständigengutachten in die obigen Kategorien aufgrund ihrer verschiedenen Charakteristika kann ihr Wert wissenschaftlicher verstanden werden, denn aus theoretischer Sicht wird verdeutlicht, dass zwischen verschiedenen Sachverständigengutachten Wertunterschiede bestehen. Unbestritten hat ein Sachverständigengutachten mit eindeutigen Aussagen einen relativ hohen Beweiswert und kann für sich allein als Beweismittel für die Feststellung der Tatsachen eines Falls dienen. Ein Sachverständigengutachten mit nicht eindeutigen Aussagen hingegen hat einen relativ niedrigen Beweiswert und kann nicht für sich allein als Beweismittel für die Feststellung der Tatsachen eines Falls dienen, sondern lediglich als Referenz oder erhärtendes Beweismittel. In der Praxis aber legen manche Ermittler und / oder Richter und Staatsanwälte Sachverständigengutachten mit nicht eindeutigen Aussagen, wie es gerade passt, als solche mit eindeutigen Aussagen aus. So im weiter oben geschilderten Justizskandal Teng Xingshan: im Gutachten nach dem „Superprojektionsverfahren", das das Forschungsinstitut Nr. 213 des Amts für Öffentliche Sicherheit der Stadt Tieling mit dem Schädel der unbekannten Leiche und dem Foto von Yang Xiaorong durchgeführt hatte, hieß es, dass die Gegenüberstellung des Schädels der zerstückelten Leiche aus Mayang mit dem Foto von Yang Xiaorong ergeben habe, „äußere Merkmale stimmen überein", allerdings „manche Stellen sind nicht ganz identisch". Das war eigentlich nur eine tendenzielle gutachterliche Aussage, aber die Ermittler nahmen das Gutachten als „wissenschaftliche Grundlage" für die Feststellung, dass die Tote Yang Xiaorong sei – heraus kam ein Fehlurteil.

3 Fehlinterpretation wissenschaftlich basierter Beweismittel in der Erprobungsphase als bereits ausgereifte

Wissenschaft und Technik entwickeln sich fortlaufend, die Erkenntnisse der Menschen über neue Wissenschaften und Techniken weisen oft Diskrepanzen auf, und selbst Experten auf dem gleichen Gebiet haben widersprüchliche Ansichten. Simpel wirkende Probleme wissenschaftlich fundierter Beweismittel werden so zu ziemlich komplizierten. Prof. Waltz teilt in „Introduction to Criminal Evidence" wissenschaftlich fundierte Beweismittel in drei Kategorien ein: 1) bereits allgemein anerkannte, wie daktyloskopische Gutachten und DNA-Gutachten, 2) nach allgemeiner Auffassung eindeutig abgelehnte, wie durch Hypnose erworbene Aussagen und Meinungen von Hypnose-Spezialisten, 3) zwischen Kategorie 1) und 2) liegende, die vielleicht allgemeine Anerkennung finden, wie durch Lügendetektoren *[Anm. d. Ü.: der umgangssprachliche Begriff für das in Fachkreisen als „Polygraph" bezeichnete Gerät]* erworbene Aussagen und Meinungen von

Lügendetektor-Spezialisten[64]. Die Theoreme für Beweismittel dieser 3. Kategorie sind von Fachkollegen noch nicht allgemein anerkannt, ihre technischen Methoden noch nicht umfassend wissenschaftlich gesichert, so dass man von noch in der „Erprobungsphase" stehenden wissenschaftlich basierten Beweismitteln sprechen kann. Da aber auch diese mit dem Wort „Wissenschaft" gekrönt sind, schenkt Justizpersonal ihnen leicht Glauben, und das führt zu Fehlern bei der Feststellung der Tatsachen eines Falls.

Am 22. April 1998 ereignete sich in der Stadt Kunming in der Provinz Yunnan ein besonders schwerer und widriger Fall, bei dem ein Polizist und eine Polizistin erschossen wurden. Die Ermittler gelangten zu der Ansicht, dass Du Peiwu, der Ehemann von Wang Xiaoxiang, der getöteten Polizistin, unter dringendem Tatverdacht stehe. Du Peiwu, Polizist in einer Drogenentzugsanstalt, wies in mehreren Vernehmungen die Vorwürfe entschieden zurück. In umfangreichen Untersuchungen fanden die Ermittler heraus, dass Du Peiwu sowohl ein Motiv als auch Zeit für die Begehung der Tat gehabt hatte, aber sie konnten nicht direkt beweisen, dass er der Täter war. Nach Beratungen beschloss die Sonderermittlungsgruppe, eine polygraphische Untersuchung durchzuführen zu lassen.

Anfang der 80er Jahre des 20. Jh. begannen Techniker der Sicherheitsorgane Chinas mit Forschungen zum Lügendetektor und importierten einen Polygraphen aus den USA. Die Ergebnisse aus der praktischen Anwendung zeigten, dass die Aufdeckungsrate von Lügen bei 90% lag. 1991 wurde in China der erste eigene Lügendetektor entwickelt (die offizielle Bezeichnung lautet „Messgerät für psychologische Parameter"). Nach mehr als zehn Jahren Forschung, Anwendung und Verbreitung begannen die Sicherheits- und Justizorgane vieler Provinzen und Städte, bei Ermittlungen und Gerichtsverhandlungen diese Technik einzusetzen. Berichten zufolge gab es Ende des 20. Jh. in ganz China, abgesehen von ganz wenigen Provinzen wie Tibet, Qinghai und Jilin, Lügendetektoren. In der Provinz Shandong wurden sie in bereits der Hälfte der Ämter für Öffentliche Sicherheit ab der Kreisebene eingesetzt[65]. Allerdings sind die Theoreme für diese Technik von Fachkollegen nicht durchgängig anerkannt, manche bezweifeln immer wieder, dass sie wissenschaftlich haltbar ist. Mangels einheitlichen Standards und Managements bestehen darüber hinaus in der Praxis Probleme wie Inkompetenz

64 S. Waltz, Jon R.: Introduction to Criminal Evidence, 2. Auflage, aus dem Englischen ins Chinesische übersetzt von He Jiahong u. a. Zhongguo Renmin Gong'an Daxue Chubanshe *[Chinese People's Public Security University Press / CPPSUP (Beijing)]* 2004, S. 456–457.

65 S. den Journalistenbericht: Lügendetektoren kommen nach China. In: Beijing Wanbao *[Beijing Evening News]* 23.07.2000, S. 17.

und uneinheitliche Normen. Aus diesen Gründen wurden Schlussfolgerungen aus dem Einsatz von Lügendetektoren als Beweismittel und ihre Rechtsgültigkeit von den Justizorganen noch nicht offiziell anerkannt. Zusammengefasst, Lügendetektoren befinden sich in China noch in der Erprobungsphase.

Beim Amt für Öffentliche Sicherheit der Stadt Kunming gab es damals keine Spezialisten für Lügendetektoren, aber beim Mittleren Volksgericht der Stadt Kunming, das bereits in mehreren Zivilsachen Lügendetektoren eingesetzt hatte. Am Vormittag des 30. Juni 1998 brachten Ermittler des Amts für Öffentliche Sicherheit der Stadt Kunming Du Peiwu für eine polygraphische Untersuchung zum Mittleren Volksgericht der Stadt Kunming. Zwei Spezialisten untersuchten ihn einen ganzen Tag lang und ließen ihn ständig Fragen beantworten, sowohl Fragen, die mit dem Fall überhaupt nichts zu tun hatten, als auch welche, die mit dem Fall in Zusammenhang standen: Haben Sie am Abend des 20. April die Drogenentzugsanstalt verlassen? Waren Sie es, der den Bus bestiegen, das Feuer eröffnet und sie erschossen hat? Waren Sie es, der sie mit Wang Junbos[66] Pistole erschossen hat? In Bewertung des Testergebnisses befanden die Spezialisten: Du Peiwu „müsste Mitwisser oder Mittäter sein", weil seine Antworten auf einige relevante Fragen Anzeichen von Lügen zeigten. Für die Bearbeiter des Falls war dieses Resultat ein wissenschaftlich fundiertes Beweismittel dafür, dass Du Peiwu die Morde begangen habe, und sie beschlossen, alle Mittel einzusetzen, um ihn zu einem Geständnis seiner „Täterschaft" zu bringen. Ein paar Tage später begann er endlich „zuzugeben" und den „Tathergang" zu schildern, machte aber kein Geständnis hinsichtlich der Pistole des Jahrgangs 1977 als Tatwaffe und des Verbleibs der Sachen der Geschädigten. Zur „Identifizierung" führten die Ermittler Du Peiwu an den Tatort, erbaten von Experten Gutachten zur Zusammensetzung des Lehmbodens und den Einsatz eines Spürhundes, um ihre Beweise für Du Peiwus Mord zu erhärten. Am 26. Juli verkündete das Amt für Öffentliche Sicherheit, der Fall sei aufgeklärt, und am 31. Juli genehmigte die Staatsanwaltschaft der Stadt Kunming die Verhaftung Du Peiwus wegen Verdachts auf Mord. Am 10. Oktober erhob die Staatsanwaltschaft der Stadt Kunming beim Mittleren Volksgericht der Stadt Kunming Anklage. Das Gericht verhandelte an zwei Tagen, am 17. Dezember 1998 und am 15. Januar 1999, und verurteilte Du Peiwu am 5. Februar wegen Mordes zum Tode. Du Peiwu nahm das Urteil nicht an und legte mit der Begründung „keinen Mord begangen, Geständnis von der Öffentlichen Sicherheit durch Folter erpresst, Sachverhalt nicht klar, Beweismittel unzureichend" beim Oberen Volksgericht der Provinz Yunnan Berufung ein. Das Gericht befand nach der Verhandlung, dass die wesentlichen Beweismittel

66 Der getötete Polizist in diesem Fall.

wahr seien, aber ein paar nicht vollkommen auszuräumende Zweifel vorlägen, und änderte am 12. November 1999 das Urteil in Todesstrafe mit Vollzugsaufschub. Am 14. Juni 2000 klärte die Kunminger Polizei einen weiteren Fall auf, den einer gemeinschaftlichen Busentführung mit Mord. Dadurch kam ans Licht, dass Yang Tianyong und weitere die wahren Täter des Raubüberfalls mit Mord an einer Polizistin und einem Polizisten im April 1998 gewesen waren, auch wurden die Beweismittel Pistole, Magazin, Minirekorder etc. sichergestellt. Am 7. Juli tagte die Kommission für Recht und Politik der Provinz Yunnan und beschloss eine Neuuntersuchung des Falls Du Peiwu. Am 11. Juli wurde er vom Oberen Volksgericht der Provinz Yunnan freigesprochen.[67]

Ähnlich wie bei Lügendetektoren sind auch Theoreme, Methoden und Techniken für die Identifizierung einer Schuhwerk tragenden Person aufgrund ihres Gangverhaltens, das sich in den Eindruckspuren der Schuhsohlen widerspiegelt, in gewisser Weise wissenschaftlich, wurden bisher aber nicht umfassend in der Praxis erprobt und sind von Fachkollegen nicht durchgängig anerkannt. In den 80er Jahren des 20. Jh. begannen Experten und Wissenschaftler der Sicherheitsorgane, die Erfahrungen der „Ganganalyse" zusammenzufassen. Sie schlugen vor, Personen anhand ihres Gangverhaltens – wie nach Merkmalen von Eindruckspuren der Schuhsohlen – zu identifizieren, und entwickelten technische Normen für Tests, Messung und Vergleich. Diese Methoden erhöhten die Verwendung von Fußspuren bei Kriminalermittlungen. Sogar in Fällen, wo keine vom Täter getragenen Schuhe aufgefunden worden waren, konnten Kriminaltechniker der Sicherheitsorgane rein anhand des Vergleichs der Merkmale von Eindruckspuren am Tatort und von Schuhen des Verdächtigen diesen als die Person identifizieren, die die Fußspuren am Tatort hinterlassen hatte. Für die Feststellung eines Sachverhalts mit solchen Methoden gibt es Erfolgsbeispiele, aber auch gegenteilige.

Am 12. Juli 2002 passierte im Wohntrakt des Jidong-Gefängnisses der Stadt Tangshan in der Provinz Hebei ein mitternächtlicher Einbruch mit Körperverletzung. Kader des Gefängnisses, das Ehepaar Wang X. und Song Y., erlitten schwere Verletzungen durch Messerstiche. Die Tatortbeamten entdeckten bei den Geschädigten zu Hause viele Blutspuren und sicherten Sachbeweise, die der Täter hinterlassen hatte, wie zwei Dolche, ein Nylonseil und ein Paar braune Ledersandalen der Größe 41. Den Schilderungen der Geschädigten und den Untersuchungen und Befragungen durch die Ermittler folgend befand die Sonderermittlungsgruppe, dass der Leiter des politischen Referats der 2. Abteilung des Jidong-Gefängnisses,

67 S. Guo Xinyang: Kritische Analyse von Fehlurteilen in Strafsachen. Zhongguo Renmin Gong'an Daxue Chubanshe *[Chinese People's Public Security University Press / CPPSUP (Beijing)]* 2011, S. 140–152. S. auch den Eintrag „Du Peiwu" unter http://baike.baidu.com.

Li Jiuming, unter dringendem Tatverdacht stehe. Weil unter den obigen Sachbeweisen die Schuhe persönliche Merkmale des Täters widerspiegeln konnten, hoffte die Sonderermittlungsgruppe nachweisen zu können, dass es sich bei den am Tatort gesicherten Ledersandalen um Li Jiumings handelte.

Zuerst zeigten die Ermittler ihm das am Tatort gesicherte Paar Schuhe und fragten ihn, ob es ihm gehöre. Li Jiuming antwortete umgehend „nein" und erklärte, dass er Schuhgröße 42 habe. Sie forderten ihn auf, die Sandalen anzuziehen, er sagte, er komme nicht rein. Daraufhin sollte er seine Füße in die Sandalen quetschen; zum Beweis, dass sie passten, wurden Fotos gemacht. Die Ermittler suchten auch noch Kollegen und Familienangehörige Li Jiumings auf, die das Paar Ledersandalen identifizieren sollten, aber keiner konnte mit Bestimmtheit sagen, dass sie von Li Jiuming waren. Wie es aussah, konnte nur durch ein Gutachten zum Gangverhalten Bestätigung erlangt werden. Die Ermittler sicherten bei Li Jiuming zu Hause zwei Paar Ledersandalen, ein Paar braune der Marke „Jin Hou" und ein Paar schwarze der Marke „Huan Niao", beide in Größe 42, und schickten sie zusammen mit dem am Tatort gesicherten Paar an die kriminaltechnische Abteilung des Büros für Öffentliche Sicherheit der Provinz. Das Gutachten ergab, dass Merkmale wie Gangverhalten und Verschleiß der am Tatort gesicherten Ledersandalen identisch waren mit denen von Li Jiumings Ledersandalen.

Nachdem die Ermittler Li Jiumings Schuldgeständnis bekommen hatten und auch das wissenschaftlich fundierte Beweismittel „Sachverständigengutachten zum Gangverhalten" vorlag, gingen sie davon aus, dass der Sachverhalt des Falls im Wesentlichen aufgeklärt sei, und stellten bei der Volksstaatsanwaltschaft des Bezirks Lunan der Stadt Tangshan den Antrag auf Verhaftung Li Jiumings, der mit Beschluss vom 26. August genehmigt wurde. Am 24. Juni 2003 erhob die Volksstaatsanwaltschaft der Stadt Tangshan beim Mittleren Volksgericht der Stadt Tangshan öffentliche Klage wegen Mordes und illegalen Waffenbesitzes. Am 29. Oktober 2003 eröffnete das Volksgericht der Stadt Tangshan die öffentliche Verhandlung und verurteilte Li Jiuming am 26. November 2003 in erster Instanz zum Tode mit Vollzugsaufschub. Li Jiuming legte Berufung ein. Am 11. August 2004 hob das Obere Volksgericht der Provinz Hebei durch Beschluss in zweiter Instanz mit der Begründung „beim Sachverhalt gibt es noch Unklarheiten" das Ersturteil auf und verwies den Fall zur Neuverhandlung zurück. Weil dann durch Ermittlungen in einer anderen Sache der wahre Täter in diesem Fall entdeckt worden war, wurde Li Jiuming am 26. November 2004 „als unschuldig aus der Haft entlassen".[68]

68 S. Guo Xinyang: Kritische Analyse von Fehlurteilen in Strafsachen. Zhongguo Renmin

In den beiden Justizskandalen Du Peiwu und Li Jiuming waren die Gutachten durch die polygraphische Untersuchung und zum Gangverhalten nicht die Hauptgründe für die Fehlurteile, spielten aber eine gewisse Rolle bei ihrer Entstehung. Die Bearbeiter der Fälle besaßen möglicherweise überhaupt nicht die Fähigkeiten zur objektiven Bewertung dieser wissenschaftlich fundierten Beweismittel, wollten aber offenbar die akzeptieren, die ihre Auffassungen bekräftigen konnten. Sie dachten wohl, mit diesen Beweismitteln hätten sie „wissenschaftlich untermauerte Garantien" für den Abschluss der Fälle. Wer wäre schon auf die Idee gekommen, dass diese wissenschaftlich fundierten Beweismittel auch unwissenschaftlich sein können!

4 Fehlinterpretation korrelativer Sachbeweise als nicht korrelative

Jedes Beweismittel steht mit dem Sachverhalt der Tat in einem Zusammenhang. Diese Eigenschaft zeigt sich im Allgemeinen dadurch, dass es Bindeglied zwischen zwei wesentlichen Faktoren des Sachverhalts ist – zum einen die bereits bekannten Tatsachen des Falls, zum anderen der Verdächtige. Das ist die „Korrelation" des Sachbeweises. Wie weiter oben erwähnt, hatten die Ermittler im „Justizskandal Onkel und Neffe aus Zhejiang" unbeachtet gelassen, dass zwischen den Spuren menschlicher Gewebe unter den Fingernägeln der Geschädigten und den Tatsachen der Vergewaltigung und des Mordes ein Zusammenhang bestand, und eine Korrelation dieser Sachbeweise negiert, nur weil ein späteres Glied der Beweiskette nicht passte, was dann zu Fehlern bei der Feststellung der Tatsachen führte. Ein weiteres exzellentes Beispiel ist der Justizskandal Yu Yingsheng[69] aus der Provinz Anhui, der seine Frau ermordet haben sollte.

Gong'an Daxue Chubanshe *[Chinese People's Public Security University Press / CPPSUP (Beijing)]* 2011, S. 405–409. S. auch den Eintrag „Du Peiwu" unter http://baike.baidu.com.

69 Am 7. April 1998 verurteilte das Mittlere Volksgericht der Stadt Bengbu Yu Yingsheng wegen Mordes zum Tode mit Vollzugsaufschub. Yu Yingsheng legte Berufung ein. Am 14. September beschloss das Obere Volksgericht der Provinz Anhui mit der Begründung, der Sachverhalt sei teilweise unklar, die Beweismittel seien unzureichend, das Ersturteil aufzuheben und den Fall zur Neuverhandlung zurückzuweisen. Am 16. September 1999 verurteilte das Mittlere Volksgericht der Stadt Bengbu Yu Yingsheng erneut wegen Mordes zum Tode mit Vollzugsaufschub. Yu Yingsheng legte wieder Berufung ein. Am 15. Mai 2000 stellte das Obere Volksgericht der Provinz Anhui erneut fest, dass der Sachverhalt unklar und die Beweismittel unzureichend seien, und beschloss, das Ersturteil aufzuheben und den Fall zur Neuverhandlung zurückzuweisen. Am 25. Oktober verurteilte das Mittlere Volksgericht der Stadt Bengbu Yu Yingsheng wegen Mordes zu einer lebenslangen Freiheitsstrafe. Der legte weiter Berufung ein. Am 1. Juli 2002 beschloss das Obere Volksgericht der Provinz Anhui, die Berufung zurückzuweisen und das Ersturteil auf-

Am 2. Dezember 1996 ging in der Notrufzentrale 110 des Amts für Öffentliche Sicherheit der Stadt Bengbu in der Provinz Anhui die Meldung Yu Yingshengs ein, der sagte: Zu Hause ist ein Raub passiert, meine Frau ist tot. Mitarbeiter des Amts für Öffentliche Sicherheit führten sofort Tatortarbeit durch und sicherten ein Küchenmesser, ein aufgehebeltes Schubladenschloss, ein Telefon, Fingerabdrücke und Blutspuren. Am darauffolgenden Tag sicherte der Gerichtsmediziner bei der Obduktion der Leiche einen Slip und eine lange Unterhose der Toten Han X. und entnahm mit drei Tupfern Körperflüssigkeit des äußeren, mittleren und hinteren Scheidenbereichs. Bei der Untersuchung wurden auf dem Slip der Geschädigten sowie bei den Abstrichen aus dem äußeren und mittleren Scheidenbereich Spermaspuren festgestellt. Weil das Ehepaar Beziehungs- und andere Probleme hatte, sahen die Ermittler Yu Yingsheng als der Tat dringend verdächtig an. Am 3. Februar 1997 lag das Gutachten der Kriminaltechniker des Büros für Öffentliche Sicherheit der Provinz Anhui vor, dem zufolge die Genkarten der Spermaspuren auf dem Tanga-Slip der Geschädigten und den Abstrichen identisch waren, aber nicht mit der des Beschuldigten Yu Yingsheng übereinstimmten. Mit anderen Worten: das Sperma auf dem Slip der Geschädigten und den Tupfern war nicht das von Yu Yingsheng. Daraufhin bemühten sich die Ermittler, die Herkunft des Spermas im Körper der Geschädigten zu klären, doch auch die Untersuchung von mehreren hundert Personen ergab keine Übereinstimmungen. Weitere Nachforschungen wurden eingestellt, es hieß, diese Beweismittel seien für den Fall irrelevant.

Darüber hinaus hatten die Ermittler in ihrem „Tatortbericht zu den Fingerabdrücken im Mordfall vom 2. Dezember" festgehalten, dass insgesamt 26 Fingerabdrücke gesichert worden waren, 18 von Yu Yingsheng, 7 von der Geschädigten Han X. und einen des Sohnes der beiden. Fingerabdrücke von Außenstehenden waren am Tatort nicht aufgefunden worden. Als der Fall später überprüft wurde, entdeckten Mitarbeiter der Staatsanwaltschaft jedoch in den internen Ermittlungsakten der Sicherheitsorgane ein Dokument mit dem Titel „Gründe und

---

recht zu erhalten. Am 8. Dezember legte Yu Yingsheng beim Oberen Volksgericht der Provinz Rechtsmittel ein, die am 9. August 2004 zurückgewiesen wurden. Yu Yingsheng legte nun bei der Staatsanwaltschaft der Provinz Rechtsmittel ein. Nach gewissenhafter Überprüfung gelangte die Staatsanwaltschaft der Provinz Anhui zu der Auffassung, dass der Sachverhalt des Falls unklar und die Beweismittel unzureichend seien, das Urteil müsse geändert, der Angeklagte freigesprochen werden. Nach wiederholten Konsultationen beantragte die Staatsanwaltschaft der Provinz Anhui bei der Obersten Staatsanwaltschaft, gemäß dem Verfahren für die Überwachung der Rechtsprechung Protest einzulegen. Am 13. August 2013 wurde Yu Yingsheng vom Mittleren Volksgericht der Stadt Bengbu in der Provinz Anhui freigesprochen, die Begründung lautete: „in dubio pro reo".

Grundlagen dafür, dass die Beweismittel für die Identifizierung Yu Yingshengs als Täter unzureichend sind". Darin hieß es zum zweiten Problem: „Auf der Schublade waren Fingerabdrücke einer außenstehenden Person, die Spurenuntersuchung meinte, dass sie relativ frisch seien und geklärt werden müsse, von wem sie hinterlassen wurden und ob sie vom Täter stammten." In den Fall Involvierte erinnerten sich, dass die Ermittler damals die Fingerabdrücke von Verwandten, Freunden, Mitschülern, Kollegen von Yu Yingsheng und Han X., die möglicherweise in die Wohnung der Yus eingedrungen waren, hatten abgleichen lassen, ohne Übereinstimmungen. Daraufhin hatten sie die beiden Fingerabdrücke an die Fingerabdruck-Datenbank des Büros für Öffentliche Sicherheit der Provinz geschickt, wiederum ohne Übereinstimmungen. Und so wurden sie im offiziellen Tatortbericht zu den Fingerabdrücken nicht erwähnt.[70]

In diesem Fall hätten zwischen den Spermaspuren im Körper der Geschädigten sowie den zwei frischen Fingerabdrücken an der Seite der aufgebrochenen Schublade und dem Verhalten des Mörders ein Zusammenhang bestehen müssen. Weil die Ermittler die Person bzw. Personen, die die Spermaspuren und die Fingerabdrücke hinterlassen hatte / hatten, aber nicht ausfindig gemacht hatten[71], negierten sie einen Zusammenhang dieser Beweismittel mit den Tatsachen des Falls. Das war ganz offensichtlich eine Fehlinterpretation korrelativer Sachbeweise als nicht korrelative. Beweismittel, die eigentlich einen hohen Beweiswert hatten, wurden als „untauglich" angesehen, und das führte zu dem Fehlurteil.

70 Am 8. Mai 2013 lud die Abteilung für Rechtsmittel der Obersten Staatsanwaltschaft mehrere Rechtsexperten (darunter den Verfasser) zur Erörterung eines Protests (Fall Yu Yingsheng) ein. Auf der Basis gründlichen Aktenstudiums und Erkundigungen zu relevanten Umständen gaben die Experten ihre Stellungnahmen ab. Sie waren sich einig, dass die Beweismittel für den Nachweis von Yu Yingshengs Schuld unzureichend seien und die Möglichkeit der Begehung des Mordes durch eine dritte Person überhaupt nicht ausgeschlossen werden könne. Alle fanden, dass die Oberste Staatsanwaltschaft Protest einlegen und das Oberste Volksgericht zu einer Wiederaufnahme des Verfahrens auffordern solle. Der Verfasser hat den obigen Text auf der Grundlage der Erörterung zu dem Fall geschrieben.

71 Dem Artikel „Der wahre Täter in dem Justizskandal, wo ein Beamter aus Bengbu in Anhui seine Frau ermordet haben sollte, ist ein Verkehrspolizist" aus der „Jinghua Shibao" *[Beijing Times"]* vom 4. Dezember 2013 nach hatte die Anhuier Polizei bereits ein paar Tage zuvor aufgrund der Sachbeweise – Reste von Spermaspuren im Körper der Geschädigten – aufgeklärt, dass der wahre Täter der in der gleichen Gegend lebende Verkehrspolizist Wu X. war.

V Nicht zu unterbindende Erzwingung von Geständnissen durch Folter

Ein Rückblick auf die Justizgeschichte lehrt, dass Erpressung von Geständnissen durch Folter in den verschiedenen Gesellschaften der Menschheit allgemein verbreitet war und selbst in modernen zivilisierten Gesellschaften nach wie vor keine Seltenheit ist. „Harte Foltermethoden“ mit physischer Quälerei kommen in manchen entwickelten Rechtsstaaten zwar nur noch selten vor, doch ab und zu hört man von „weicher Folter“ mit psychischer Quälerei. Nachdem in China einige Justizskandale aufgedeckt wurden, wird dem Problem der Erzwingung von Geständnissen durch Folter im Land zunehmend Beachtung geschenkt. Dennoch scheint es, dass dem Problem einfach nicht beizukommen ist, trotz seiner Verrufenheit. In allen in diesem Buch geschilderten Justizskandalen lagen Erzwingung von Geständnissen durch Folter vor; am schockierendsten war, was die beiden Polizisten Du Peiwu und Li Jiuming erleiden mussten.

Du Peiwu berichtete: Die Vernehmungsbeamten fesselten meine Hände mit Handschellen so, dass mein ganzer Körper mit ausgestreckten Armen, wie in der Form des Schriftzeichens 大 („groß“), an der Eisentür in der Luft hing. Nachdem ich eine Weile so gehangen hatte, schoben sie einen Hocker unter meine Füße und zwangen mich, „ehrlich zu gestehen“. Ich rief ständig, das ist unrecht. Die Vernehmungsbeamten fanden, das sei „mit dem Rücken zur Wand kämpfen“, und stießen den Hocker mit Wucht weg, so dass ich plötzlich in der Luft hing. So ging das ein paar Mal hin und her, doch ich gestand weiterhin nichts. Dann versetzten sie mir mit einem Elektroschocker nach und nach Stromstöße an Zehen und Fingern. Manche kannten mich, während des Folterns sagten sie kaltschnäuzig sogar noch „Entschuldigung“ zu mir![72]

Li Jiuming schrieb in seiner „Beschwerde“: Beim ersten Einsatz von Folter, um ein Geständnis zu erlangen, sagte Wang X., der Leiter der Zweigstelle Nanpu des Amts für Öffentliche Sicherheit, zu mir, die Tat haben Sie begangen, dafür haben wir knallharte Beweise, wenn Sie nicht reden, haben Sie drei Hautschichten weniger, glauben Sie bloß nicht, lebend hier raus zu kommen. Der stellvertretende Leiter Yang Y. sagte: Wenn Sie nicht reden, ist das Ihr Ende. (...) Sie brachten Stromkabel an meinen Zehen und Fingern an und folterten mich mit Elektroschocks. Ich schrie, das ist unrecht, sie stopften sie mir ein Stück Stoff in den Mund und sagten, sie würden mein Geschlechtsteil unter Strom setzen.

---

72 S. Guo Xinyang: Kritische Analyse von Fehlurteilen in Strafsachen. Zhongguo Renmin Gong'an Daxue Chubanshe *[Chinese People's Public Security University Press / CPPSUP (Beijing)]* 2011, S. 141.

(...) In diesen 7 Tagen und 8 Nächten folterten mich Wang X. und Yang Y. immer, wenn sie getrunken hatten. Ich wurde mit kaltem Wasser, Senföl, Chilisud übergossen, erhielt Brandwunden mit einem Feuerzeug und Ohrfeigen. 10 Flaschen Senföl und eine Packung zerstoßene Chili hatten sie gekauft und den Inhalt mit Wasser gemischt. Damit übergossen mich damit, rieben Senföl in meine Augen, in meine Nase. Sie ließen mich eine Wasserflasche auf dem Kopf balancieren, kippte sie, ergoss sich kaltes Wasser über mich. Einmal schütteten sie eine Kiste Mineralwasser in mich rein – mein Stuhlgang war nichts als Wasser.[73]

Wie weiter oben geschrieben war in Chinas „Strafprozessgesetz" bereits früh klar bestimmt worden: „Es ist streng untersagt, durch Verhör unter Einsatz von Folter Geständnisse zu erpressen" *[Anm. d. Ü.: Quelle der Ü.: CHINA aktuell, Ausgabe September 1979]*. Doch warum verfallen Ermittler immer wieder in diesen Fehler? Die empirischen Studien zu Justizirrtümern brachten uns zu der Auffassung, dass die Gründe für die nicht zu unterbindende Erzwingung von Geständnissen durch Folter hauptsächlich in den folgenden Aspekten liegen:

Erstens: einseitige Vorstellungen von Rechtsdurchsetzung. Unter dem Einfluss traditioneller Wertevorstellungen, die einseitig das gesellschaftliche öffentliche Interesse betonen, legt die Strafjustiz in China seit je größeres Gewicht auf die Verbrechensbekämpfung und schenkt dem Schutz der Rechte von Beschuldigten und Angeklagten nicht genügend Beachtung. Die Rechtmäßigkeit des Ziels verdeckt so die Unrechtmäßigkeit der Mittel, die Rechtmäßigkeit der Verbrechensbekämpfung schwächt das Unrechtsbewusstsein der Ermittler beim Einsatz von Folter zur Erlangung von Geständnissen.

Zweitens: überholte Denkgewohnheiten. Weil in China in der Theorie zum Strafprozessrecht der Grundsatz der Unschuldsvermutung lange Zeit ausgeschlossen, ja negiert wurde, haben sich so manche Ermittler an das Denkmodell der „Schuldvermutung" gewöhnt – wenn schon einer Straftat nachgegangen wird, muss zunächst von der Schuld des Beschuldigten ausgegangen werden, sonst kann man sich die Ermittlungen ja auch sparen ... Und so sind einige Ermittler daran gewöhnt, Beschuldigte als „schlechte Menschen" zu betrachten. Sie gehen davon aus, dass schlechte Menschen ihre Straftat in der Regel nicht ohne weiteres zugeben, von daher könne nur mit „besonderen Mitteln" erreicht werden, dass sie mit gesenktem Kopf ihre Schuld gestehen.

Drittens: unterentwickelte Ermittlungsfähigkeiten. Die in den letzten Jahren aufgedeckten Justizskandale ereigneten sich überwiegend in den 80er und 90er

73 S. Guo Xinyang: Kritische Analyse von Fehlurteilen in Strafsachen. Zhongguo Renmin Gong'an Daxue Chubanshe *[Chinese People's Public Security University Press / CPPSUP (Beijing)]* 2011, S. 407.

Jahren des 20. Jh. Egal ob unter dem Aspekt theroretischer Forschungen oder praktischer Erfahrungen, Kriminalermittlungen in China standen damals auf einem relativ niedrigen Niveau, insbesondere in den abgelegenen und rückständigen Gebieten des Landes. Bei schweren Delikten wie Mord und Vergewaltigung erfolgten Einleitung des Verfahrens und Ermittlungen gemäß den relevanten Bestimmungen durch das Amt für Öffentliche Sicherheit des Bezirks oder Kreises. In manchen abgelegenen Gebieten verfügten die lokalen Ermittler bei solch schweren Strafsachen nicht über die Erfahrungen zu ihrer Bearbeitung und konnten nur durch „learning by doing" vorgehen. Hinzu kommt, dass in diesen Regionen die Personalressourcen stark begrenzt und nur wenige Ermittlungstechniken und -methoden bekannt waren, so dass die grundlegenden Ermittlungsmethoden Befragung von Zeugen und Geschädigten sowie Vernehmung der Beschuldigten waren. Bei solch niedrigen Ermittlungsfähigkeiten wurde der Erhalt eines Geständnisses des Beschuldigten durch seine Vernehmung zum „Königsweg" für die Aufklärung eines Falls. Verglichen mit anderen Ermittlungsmethoden waren bei Erzwingung eines Geständnisses durch Folter die Kosten niedrig, der Ertrag hoch. Und so gingen manche Ermittler aus freien Stücken das Risiko des Gesetzesverstoßes ein, um „den Mund des Beschuldigten aufzuhebeln". Insbesondere wenn sie unter dem Druck standen, einen Fall aufklären zu müssen, und wenn sie auf Schwierigkeiten stießen, wurde diese Methode zur bevorzugten Wahl.

Viertens: schwache Kontrollmechanismen. Verhalten braucht Schranken, Macht braucht Einschränkung, insbesondere das Verhalten der Machtausübung braucht Kontrolle. Erzwingung von Geständnissen durch Folter passiert in der Regel während der Ausübung der Ermittlungsgewalt, und just bei diesem Kettenglied im Strafverfahren ist die Kontrolle relativ schwach. Da in China keine gerichtliche Überprüfung des Ermittlungsverhaltens stattfindet, kann der Richter illegales Verhalten während der Ermittlungsphase kaum kontrollieren. Die Staatsanwaltschaft hat zwar ein durch die „Verfassung" und das „Strafprozessgesetz" verliehenes gesetzliches Kontrollrecht und kann Ermittlungsverhalten durch Prüfung und Genehmigung der Verhaftung und Prüfung der Anklageerhebung kontrollieren, ihre Mitarbeiter aber haben sich daran gewöhnt, dass das Zusammenspiel mit den Sicherheitsorganen betont wird, und betrachten die Genehmigung der Verhaftung häufig als ein Verfahren, durch das die Ermittlungsarbeit unterstützt werden soll. Geht ein Fall in die Phase der Prüfung der Anklageerhebung, kann Kontrolle durch die Staatsanwaltschaft kaum mehr Wirkung entfalten, da die Ermittlungen bereits abgeschlossen sind. In vielen Ländern ist gesetzlich bestimmt, dass ein Beschuldigter während der Vernehmung seinen Anwalt konsultieren oder der Anwalt bei der Vernehmung anwesend kann. Auf diese Weise können Anwälte Ermittlungsverhalten kontrollieren. Ein solcher Mechanismus steht in China jedoch schon lange im luftleeren Raum.[74] Interne Kontrolle in den Ermittlungsorganen ist somit die grundlegende Art und Weise der Verhaltenskontrolle bei Vernehmungen geworden. Doch unter dem Umstand, dass die Sicherheitsorgane als Ganzes und nicht nur einzelne Bearbeiter unter dem Druck der Aufklärung von Fällen stehen, kann so ein Züge von „Selbstkontrolle“ tragendes Modell der Verhaltenskontrolle die Erzwingung von Geständnissen durch Folter kaum eindämmen.

Fünftens: wirkungslose Abschreckung durch Bestrafung. Strafen können abschreckende Wirkung auf latente Straftäter entfalten, aber ihre Abschreckungskraft hängt von der Effizienz der Ermittlungen ab. Ist die Wahrscheinlichkeit der Aufdeckung gewisser krimineller Handlungen niedrig, wird die entsprechende Bestrafung zu einer „Vogelscheuche“. Das gilt für allgemeine Straftaten ebenso wie für die Erpressung von Geständnissen durch Folter. In Chinas „Strafgesetz“ ist das Erzwingen von Geständnissen durch Folter eindeutig als Straftat bestimmt, die Bestrafung ist wegen der schwer zu erbringenden Beweismittel in der Praxis aber meist schwierig. Zum einen haben die Geschädigten bei durch Folter erpressten Geständnissen zumeist ihre Freiheit verloren, sind sich selbst überlassen und haben auf lange Sicht keine Möglichkeit, Beweise zu beschaffen. Sind sie wieder frei und haben sie dann die Fähigkeit hierzu, können wegen der langen Zeit, die verstrichen ist, vollständige Beweismittel kaum noch beschafft werden. Zum anderen stoßen Untersuchungen durch Staatsanwälte und / oder Richter oft auf enorme Schwierigkeiten, weil die Beteiligten und Mitwisser zumeist Polizisten sind. Die Arbeit der Abteilungen für die Untersuchung von Straftaten im Amt und Eingriff in die Rechte von Bürgern der Staatsanwaltschaften wird bei Untersuchungen zu durch Folter erlangten Geständnissen häufig boykottiert, sie müssen

---

74 Im „Strafprozessgesetz“ von 1979 ist bestimmt, dass das Volksgericht spätestens sieben Tage vor der Eröffnung der Verhandlung dem Angeklagten eine Abschrift der Anklage der Volksstaatsanwaltschaft zuzustellen und ihm mitzuteilen habe, dass er einen Verteidiger beauftragen könne. In Art. 33 „Strafprozessgesetz“ in der geänderten Fassung von 1996 heißt es: „In Fällen mit öffentlicher Klage hat der Beschuldigte ab dem Tag, an dem der Fall zur Prüfung, ob Anklage erhoben wird, übergeben wird, das Recht, einen Verteidiger zu beauftragen.“ Der gleiche Artikel in der geänderten Fassung von 2012 bestimmt: „Der Beschuldigte hat ab dem Tag, an dem er von den Ermittlungsbehörden zum ersten Mal vernommen wird oder ab dem Zwangsmaßnahmen durchgeführt werden, das Recht, einen Verteidiger zu beauftragen. In der Ermittlungsphase darf nur ein *Anwalt* als Verteidiger beauftragt werden. Der Beschuldigte hat zu jeder Zeit das Recht, einen Verteidiger zu beauftragen. Die Ermittlungsbehörden haben den Beschuldigten bei der ersten Vernehmung oder ab der Durchführung von Zwangsmaßnahmen zu belehren, dass er das Recht hat, einen Verteidiger zu beauftragen.“ Die Änderungen dieser Bestimmungen verkörpern die Fortschritte bei Chinas „Strafprozessgesetz“, aber das Recht des Verteidigers auf Anwesenheit bei Vernehmungen hat noch keinen Niederschlag gefunden.

sich gute Worte für die Betroffenen anhören, stehen unter Druck, an ihrem Stuhl wird gesägt. „Nur Blüten, aber keine Früchte", „in Kürze abgehandelt, mit Milde behandelt" sind keine Seltenheit bei der Bearbeitung von Fällen. So wurden im Justizskandal Du Peiwu nur zwei Polizisten vom Gericht wegen Erzwingung von Geständnissen durch Folter verurteilt, und das auch nur zu einem Jahr Freiheitsstrafe mit einer Bewährungsfrist von einem Jahr bzw. zu eineinhalb Jahren Freiheitsstrafe mit einer Bewährungsfrist von zwei Jahren.[75]

Die Verhandlung des Falls Erzwingung von Geständnissen durch Folter im Fall Li Jiuming war seinerzeit so beschrieben worden: „landesweit eine Seltenheit, was die Zahl der involvierten Personen und ihre Ränge betrifft". Am 23. Januar 2005 eröffnete das Volksgericht der Stadt Hejian in der Provinz Henan das Verfahren in der Sache Erzwingung von Geständnissen durch Folter durch Polizisten des Amts für Öffentliche Sicherheit der Stadt Tangshan. Unter den Angeklagten waren der Leiter und der stellvertretende Leiter der Zweigstelle Nanpu des Amts für Öffentliche Sicherheit der Stadt Tangshan, Wang X. und Yang Y., der Kommandeur und der stellvertretende Kommandeur der Abteilung I der Abteilung Kriminalpolizei des Amts für Öffentliche Sicherheit der Stadt Tangshan, Nie X. und Zhang Y., der Kommandeur der Abteilung Kriminalpolizei der Zweigstelle Nanpu, Lu X., Instrukteur Huang Y. und der Polizist der Abteilung I der Kriminalpolizei, Song Z. Vor Gericht gaben Lu X., Huang Y., Zhang Y., Song Z. und Nie X. die vorgeworfene Straftat zu und entschuldigten sich bei Li Jiuming und seinen Angehörigen. Wang X. und Yang Y. bestritten die Tatvorwürfe. Im Mai 2005 urteilte das Volksgericht der Stadt Hejian: Wang X. und Yang Y. werden wegen Erzwingung von Geständnissen durch Folter jeweils zu einer Gefängnisstrafe von zwei Jahren verurteilt. Auch die anderen fünf Kriminalpolizisten wurden wegen Erzwingung von Geständnissen durch Folter verurteilt, entgingen aber einer strafrechtlichen Ahndung.[76]

VI Vox populi vox Dei – unter Aufgabe von Prinzipien

Von ihrem Wesen her betrachtet, ist eine Straftat gegen das Land, gegen die Gesellschaft, gegen das Volk gerichtet. Kriminalitätsbekämpfung erfolgt mithin im Interesse des Volkes, sie ist Forderung der Bevölkerung. In Strafsachen mit direkten Geschädigten verkörpern deren Interessen und die ihrer Angehörigen

---

75 S. Guo Xinyang: Kritische Analyse von Fehlurteilen in Strafsachen. Zhongguo Renmin Gong'an Daxue Chubanshe *[Chinese People's Public Security University Press / CPPSUP (Beijing)]* 2011, S. 148.

76 S. den Eintrag „Li Jiuming" unter http://baike.baidu.com.

beinahe kollektiv das Gesamtinteresse, die Geschädigten oder ihre Angehörigen werden zu Vertretern der Volksmeinung. Sicherheitsorgane, Staatsanwaltschaft und Gericht müssen bei der Bearbeitung von Strafsachen somit häufig dem Druck von „Volkes Stimme“ standhalten. Im weiter oben geschilderten Justizskandal She Xianglin z. B. hatten die Angehörigen der „Geschädigten“ Zhang Aiqing eine von über 200 Leuten aus der Gegend unterzeichnete „gemeinsame Eingabe“ verfassen lassen, in der die Regierung aufgefordert wurde, den Mörder She Xianglin hart zu bestrafen. Im Justizskandal Sun Wangang aus Yunnan wurden in der dortigen Bevölkerung Stimmen laut, die eine harte Bestrafung des Mörders forderten, was die Bearbeiter des Falls ebenfalls unter starken Druck setzte. Der für die Prüfung der Anklageerhebung zuständige Staatsanwalt Zhu äußerte später: „Damals hatte ich zwar Ungereimtheiten in dem Fall entdeckt, entschied mich dann aber doch, ihn an die Staatsanwaltschaft der Stadt Zhaotong zu übergeben, denn ich dachte, die Entscheidung wird eh auf der höheren Ebene getroffen. Hinzu kam, dass ich unter dem Druck der Bevölkerung, die eine harte Bestrafung des Mörders forderte, den Fall für mich möglichst schnell abschließen wollte.“[77]

„Bei höheren Behörden Petitionen einreichen“ ist eine weitere Methode in China, den Forderungen der Bevölkerung Ausdruck zu verleihen. Die ist aber bereits zu einem Problem geworden, wo die Führungspersonen der Regierungen aller Ebenen sich erheblichem Druck ausgesetzt fühlen. Ursachen und Hintergründe für Petitionen sind vielfältig. Eine beträchtliche Zahl hängt mit der Rechtsprechung zusammen, sie können als „prozess-“ oder „rechtsbezogene Petitionen“ bezeichnet werden. In einigen Fällen, die zu Justizirrtümern führten, setzte das „Petitionieren“ von Angehörigen der Geschädigten die Bearbeiter der Fälle unter großen Druck. Ein gutes Beispiel ist der Fall Li Huailiang aus Henan.

77 Am 3. Januar 1996 war eine Studentin aus dem Kreis Qiaojia in der Provinz Yunnan vergewaltigt und ermordet worden. Die Sicherheitsorgane identifizierten ihren Freund Sun Wangang als der Tat dringend verdächtig, führten ihn zur Vernehmung ab und erhielten ein Schuldgeständnis. Am 20. September verurteilte das Mittlere Volksgericht der Region Zhaotong in der Provinz Yunnan Sun Wangang wegen Mordes zum Tode. Der legte Berufung ein. Am 19. September 1997 hob das Obere Volksgericht der Provinz Yunnan mit der Begründung unklarer Sachverhalt und unzureichende Beweismittel das Ersturteil auf und verwies die Sache zur Neuverhandlung zurück. Am 9. Mai 1998 verhängte das Mittlere Volksgericht der Region Zhaotong nach Neuverhandlung erneut die Todesstrafe. Sun Wanggang legte wieder Berufung ein. Am 12. November änderte das Obere Volksgericht der Provinz Yunnan in letzter Instanz das Urteil in Todesstrafe mit Vollzugsaufschub. Weil später durch eine andere Sache der wahre Mörder entdeckt worden war, wurde die Wiederaufnahme des Verfahrens eingeleitet. Am 10. Februar 2004 verkündete das Obere Gericht der Provinz Yunnan die Unschuld Sun Wangangs und seine Entlassung aus der Haft. S. den Eintrag Sun Wangang unter http://baike.baidu.com.

Als die Bewohnerin eines kleinen Dorfs im Kreis Ye der Provinz Henan, Du Yuhua, am Abend des 2. August 2001 ihre 13jährige Tochter Guo Xiaohong zum Ufer des Sha-Flusses mitnahm, um Zikadenpuppen (ein Arzneimittelbestandteil) zu sammeln, verschwand die Tochter. Zwei Tage später fand die Polizei ihre Leiche am Rand des am Unterlauf des Sha-Flusses gelegenen Dorfes Zhuangtou. Die Leichenschau des Gerichtsmediziners ergab, dass Guo Xiaohong vergewaltigt, dann erwürgt und ihre Leiche in den Fluss geworfen worden war. Die Tatortbeamten sicherten Sachbeweise wie Blutspuren und Fußspuren.

Nach weiteren Nachforschungen und Befragungen identifizierten die Ermittler den Nachbarn der Guos, Li Huailiang, als den Mörder und vernahmen ihn nach seiner Verhaftung. Anfangs bestritt Li Huailiang, die Tat begangen zu haben, doch nach wiederholten Vernehmungen gab er schließlich die Vergewaltigung und den Mord zu. Bei den Beweismitteln in diesem Fall gab es jedoch einige Ungereimtheiten. So waren die am Tatort gesicherten Blutspuren von der Gruppe 0, Li Huailiang hingegen hatte Blutgruppe AB; die am Tatort gesicherten Fußspuren entsprachen Schuhgröße 38, doch Li Huailiang hatte an dem Abend, als die Tat passierte, flache Schlappen der Größe 44 getragen.

Im August 2003 verurteilte das Volksgericht des Kreises Ye in erster Instanz Li Huailiang zu einer Freiheitsstrafe von 15 Jahren. Ganz offensichtlich war es ein Urteil, das wegen unzureichender Beweismittel „Spielraum lassen" sollte. Der Beschluss des Unteren Volksgerichts hatte bereits den Grundton festgelegt: „Milde bei nicht nachgewiesener Tat". Nach der Urteilsverkündung legte der Angeklagte Berufung ein. Am 2. Dezember hob das Mittlere Volksgericht der Stadt Pingdingshan nach der Verhandlung mit der Begründung „Sachverhalt unklar, Beweismittel unzureichend" das Ersturteil auf und verwies den Fall zur Neuverhandlung zurück. Die Angehörigen der Geschädigten waren schon mit der Verurteilung zu 15 Jahren Haft nicht zufrieden gewesen, nun reichten sie überall Petitionen ein. Am 13. Februar 2004 verhandelte das Volksgericht des Kreises Ye erneut die Sache, verkündete aber kein Urteil. Später hob das Mittlere Volksgericht der Stadt Pingdingshan das Urteil des Volksgerichts des Kreises Ye auf und änderte es dahingehend, dass die Volksstaatsanwaltschaft der Stadt Pingdingshan erneut Anklage erheben solle, und zwar beim Mittleren Volksgericht der Stadt Pingdingshan. Das verurteilte Li Huailiang am 3. August 2004 zum Tode und entzog ihm auf Lebenszeit seine politischen Rechte. Li Huailiang nahm das Urteil nicht an und legte erneut Berufung ein. Am 22. Januar 2005 erließ das Obere Volksgericht der Provinz Henan in zweiter Instanz den Beschluss, dass der Sachverhalt im Fall Li Huailiang unklar, die Beweismittel unzureichend seien, hob das Ersturteil auf und verwies den Fall zur Neuverhandlung zurück. Am 11. April 2006 verurteilte das Mittlere Gericht der Stadt Pingdingshan Li Huailiang zum Tode mit Vollzugsaufschub. Am 27. September erließ das Obere Volksgericht der Provinz

Henan erneut den Beschluss, dass der Sachverhalt im Fall Li Huailiang unklar, die Beweismittel unzureichend seien, hob das Ersturteil auf und verwies den Fall zur Neuverhandlung zurück. Danach fingen die Angehörigen der Geschädigten wieder mit ihren Petitionen an, und auch die Familie Li Huailiangs reichte Petitionen ein.

Ein Punkt in diesem Prozess stimmt nachdenklich: als Gericht der zweiten Instanz war das Mittlere Volksgericht der Stadt Pingdingshan im Jahr 2003 der Meinung gewesen, dass „der Sachverhalt unklar, die Beweismittel unzureichend" seien, und hatte den Beschluss gefasst, das Ersturteil aufzuheben. Doch als Gericht der ersten Instanz befand es 2004, dass „der Sachverhalt des Falls klar, die Beweismittel überzeugend und ausreichend" seien, und verurteilte Li Huailiang zum Tode. In der Zwischenzeit waren so gut wie keine weiteren Beweismittel erhoben worden, wie konnte es da zu dieser großen Änderung in der Einstellung des Gerichts kommen? Die Antwort fand sich in der später im Internet zirkulierenden „Garantie bei Todesstrafe" vom 17. Mai 2004, geschrieben auf amtlichem Briefpapier des Mittleren Gerichts der Stadt Pingdingshan. Der wesentliche Inhalt lautete: Die Eltern der Geschädigten fordern das Mittlere Gericht der Stadt Pingdingshan auf, Li Huailiang zu „lebenslänglicher Freiheitsstrafe, am besten zum Tode" zu verurteilen; ergeht das Urteil entsprechend dieser Forderung, garantieren die Eltern der Geschädigten, dass sie nicht mehr petitionieren, selbst wenn das Obere Gericht den Fall zurückweisen sollte. Die Erklärung trug zudem die Unterschrift von zwei Dorfkadern als Augenzeugen. Oberflächlich gesehen war die „Garantie bei Todesstrafe" eine an das Gericht adressierte Garantieerklärung der Angehörigen der Geschädigten, doch der dahinterstehende „Handel" ist leicht zu durchschauen. Und tatsächlich: nachdem das Mittlere Gericht der Stadt Pingdingshan das Todesurteil gefällt hatte, hörten die Angehörigen der Geschädigten mit ihren Petitionen auf.

Am 25. April 2013 eröffnete das Mittlere Volksgericht der Stadt Pingdingshan erneut die Verhandlung im Mordfall Li Huailiang. Die Richter verkündeten während der Verhandlung das Urteil: Die Staatsanwaltschaft hat vor Gericht fünf Gruppen von Beweismitteln präsentiert. Ihre Überprüfung hat ergeben, dass durch den Tatortbericht, den Obduktionsbericht und den Prüfbericht zu den Sachbeweisen die Identität der Geschädigten Guo Xiaohong, der Tatort und die Todesursache nachgewiesen sind. Die Aussagen der Zeugen Du Yuhua, Guo Songzhang und Li Quancheng beweisen lediglich, dass Li Huailiang zur Tatzeit ebenfalls Zikadenpuppen gesammelt hatte, mit den von der Staatsanwaltschaft herbeigeschafften Sachbeweisen wie Schlappen, Unterhose und Grubenlampe kann nur nachgewiesen werden, dass sie Guo Xiaohong gehörten, aber nicht, dass Li Huailiang der Mörder war. Li Huailiang hat sein Schuldgeständnis später widerrufen; es enthält zudem viele Unstimmigkeiten in wichtigen Kettengliedern und steht in Teilen im Widerspruch zu Zeugenaussagen, zum Tatortbericht u.a. Sein Schuldgeständnis kann mithin nicht zur Urteilsfindung herangezogen werden. Das Gericht ist der Auffassung, dass die Beweismittel der Staatsanwaltschaft für die Überführung Li Huailiangs als Mörder unzureichend sind, der Sachverhalt ist unklar, die Anklagevorwürfe sind nicht erwiesen, die Forderung der Angehörigen der Toten auf Entschädigung in Höhe von 150.000 Yuan wird abgelehnt. Zum Schluss verkündete das Gericht, dass Li Huailiang unschuldig sei und keine zivilrechtlichen Verpflichtungen trage.[78]

„Volkes Stimme" wird in solchen Fällen beinahe zum Taktstock für die Bearbeiter. Im Justizskandal Zhao Xinjian aus Anhui ist der Ausspruch eines Richters exemplarisch: „Dem Druck von Angehörigen ausgesetzt, wagen die Justizorgane es nicht, den zuerst geschnappten Beschuldigten nach eigenem Ermessen auf freien Fuß zu setzen, auch wenn die Beweismittel unzureichend sind. Und wenn ein Fall immer wieder zur Neuverhandlung zurückverwiesen wird, die Familien der Prozessbeteiligten jeden Tag auftauchen und Ärger machen, dann fragt man sich: Was tun? Sich zu der Seite neigen, wo mehr Ärger gemacht wird, was anderes bleibt nicht übrig."[79] Die Justizorgane dürfen während der Verhandlung von Strafsachen natürlich die Volksmeinung anhören, aber sich ihr fügen, um einseitig soziale Wirkungen eines Urteils anzustreben, bedeutet unter Umstän-

78 S. Sun Siya: Urteilsverkündung in der „Sache Garantie bei Todesstrafe": Li Huailiang wird als unschuldig aus der Haft entlassen. In: Jinghua Shibao *[Beijing Times]* 26.04.2013, S. A20-23; Lu Yan: Unzureichende Beweismittel, doch 12 Jahre eingesperrt – das ist definitiv falsch. In: Zhengzhou Wanbao *[Zhengzhou Evening News]* 10.05.2013, S. A03; Zhang Jing: Die „Sache Garantie bei Todesstrafe" erneut kommentiert. In: „Faxuejia Chazuo" *[Juristen-Teerunde]* Band 39, S. 5–8.

79 Am 6. August 1998 passierte in einem kleinen Dorf der Stadt Bozhou in der Provinz Anhui eine Vergewaltigung mit anschließendem Mord. Anhand der am Tatort hinterlassenen Kleidung identifizierten die Ermittler Zhao Xinjian aus dem gleichen Dorf als Verdächtigen. Sie erhielten zwar sein Schuldgeständnis, aber es gab keine weiteren Beweismittel dafür, dass er die Tat begangen hatte. Die Staatsanwaltschaft erteilte deshalb keine Genehmigung zur Verhaftung, und Zhao Xinjian wurde auf freien Fuß gesetzt. Die Angehörigen der Geschädigten war empört, als sie davon erfuhren, und reichten überall Beschwerdepetiitionen ein, ja drohten sogar damit, „sich im Gericht aufzuhängen". Die Justizorgane hielten dem Druck nicht stand und konnten nicht anders, als Anklage zu erheben und die Gerichtsverhandlung durchzuführen. Im Jahr 2001 verurteilte das Gericht in erster Instanz Zhao Xinjian zum Tode, in der zweiten Instanz wurde der Fall zur Neuverhandlung zurückgewiesen. 2004 änderte das Mittlere Gericht der Stadt Bozhou das Urteil in Todesstrafe mit Vollzugsaufschub. Nachdem durch einen anderen Fall der wahre Mörder ausfindig gemacht worden war, wurde Zhao Xinjian 2006 als unschuldig aus der Haft entlassen. S. Li Guangming: Ein seltsamer Fall stimmt nachdenklich: warum war sogar die Schlupfpforte außer Kontrolle geraten? In: Jiancha Ribao *[Procuratorial Daily,]* 06.11.2006; Chen Lei: Einige „Wahrheiten" in einem Vergewaltigungs- und Mordfall. In: Nanfang Renwu Zhoukan *[Southern People Weekly]* Ausgabe 29/2006.

den, in Fehler zu verfallen, die zu Fehlurteilen führen. Die Rechtsprechung ist an rechtliche Grundsätze gebunden, dazu gehören Urteilsfindung auf der Basis von Beweismitteln, Unschuldsvermutung, legale Beweisbeschaffung etc. Es steht in krassem Widerspruch zur Gerechtigkeit der Justiz, wenn Justizpersonal unter dem Druck von „Volkes Stimme" diese Prinzipien aufgibt.

VII Gegenseitige Kontrolle, die ihren Namen nicht wert ist

Chinas Strafverfahren fallen unter das Modell „Fließband". Art. 7 „Strafprozessgesetz" bestimmt: „Bei der Durchführung von Strafverfahren haben die Volksgerichte, Volksstaatsanwaltschaften und Sicherheitsorgane sich die Arbeit verantwortlich zu teilen, sich gegenseitig zu ergänzen und zu kontrollieren, um eine genaue und wirksame Durchführung der Gesetze sicherzustellen." *[Anm. d. Ü.: Ü. in Anlehnung an: CHINA aktuell, Ausgabe September 1979]* In diesem System ist das Amt für Öffentliche Sicherheit für die Ermittlungen zuständig[80], die Staatsanwaltschaft für die Erhebung der Anklage, das Gericht für die Gerichtsverhandlung und das Urteil. Öffentliche Sicherheit, Staatsanwaltschaft und Gericht praktizieren sowohl Arbeitsteilung als auch gegenseitige Ergänzung. Das gemeinsame Ziel liegt in der Garantie des „Qualitätsmoments" des Falls, in der Gewährleistung, dass die Strafjustiz der Norm entsprechende „soziale Produkte" hervorbringt, und in der Erfüllung der Aufgaben, die Kriminalität zu bekämpfen und die Bevölkerung zu schützen. Die Ermittlungen als der erste Schritt des „Arbeitsprozesses" sind so natürlich das zentrale Kettenglied des Strafverfahrens; anders ausgedrückt: es ist das substanzielle Kettenglied für die Feststellung der Tatsachen eines Falls. Die Rolle, die die Feststellung der Tatsachen bei der Anklage und in der Gerichtsverhandlung spielt, wird da leicht zu einem Pro Forma – reine Kontrolle und / oder Überprüfung des „vorausgehenden Arbeitsprozesses".

Beim Modell „ermittlungszentriertes Fließband" verläuft die Überprüfung seitens der Staatsanwälte und Richter „aktenzentriert", denn auf diesem „Fließband" werden die Akten übermittelt, die diverses Beweismaterial enthalten. Die Ermittlungsakten sind eine wichtige Grundlage nicht nur für die Anklageerhebung durch die Staatsanwaltschaft, sondern auch für die Urteilsfindung des Richters. In den Akten sind Protokolle die wesentliche Form der Beweismittel. Die

80 Bezogen auf die Zuständigkeit der Sicherheitsorgane für die Ermittlung allgemeiner Strafsachen. Gemäß den relevanten Gesetzen Chinas fallen Ermittlungen in bestimmten Strafsachen wie Korruption, Straftaten im Amt und Eingriff in die Rechte von Bürgern in die Zuständigkeit der Staatsanwaltschaft.

Überprüfung der Beweismittel durch Staatsanwalt und Richter wird so zu einer Überprüfung diverser Protokolle wie über Befragungen von Zeugen und Geschädigten, über Vernehmungen des Beschuldigten, über körperliche Untersuchungen, Hausdurchsuchungen, Gegenüberstellungen, des Tatortberichts etc. In der Praxis nimmt der Staatsanwalt für die Formulierung der Anklageschrift häufig nur ein paar Korrekturen an der „Position zu einer Anklage" vor, und der Richter wiederum nimmt für die Formulierung des schriftlichen Urteils nur ein paar Korrekturen an der Anklageschrift vor. Dass das schriftliche Urteil des Gerichts und die „Position zu einer Anklage" der Ermittlungsorgane in den wesentlichen Inhalten kaum Unterschiede aufweist, ist ziemlich verbreitet. In Zeiten umfassender Nutzung elektronischer Rechner können Staatsanwalt und Richter so zwar ihren Arbeitsumfang reduzieren, doch „Produktqualität" der Strafjustiz ist schwerlich zu gewährleisten. Prüfung der Anklageerhebung und Verhandlung vor Gericht werden hier zu einem Anhängsel der Ermittlungen, ein Leiter der Staatsanwaltschaft und ein Gerichtspräsident müssen sich sogar die Führung durch den Leiter des Amts für Öffentliche Sicherheit gefallen lassen. Die Funktionen der „Kommission für Politik und Recht" sind Bestätigung dieses Modells.

Sicherheitsorgane, Staatsanwaltschaften und Gerichte stehen unter der Leitung der jeweiligen Kommission für Politik und Recht der Parteikomitees aller Ebenen. Die hauptsächliche Funktion dieser Kommission besteht darin, die Rechtsdurchsetzung zu fördern, die drei Organe zur gesetzeskonformen Ausübung ihrer Aufgaben anzuhalten und dabei zu unterstützen, die Beziehungen der Organe untereinander, bedeutende fachliche Fragen sowie strittige schwere und problematische Fälle zu koordinieren. In der Praxis legen die Leiter der Kommissionen an der Basis oft übermäßiges Gewicht auf die Bedeutung der „gegenseitigen Ergänzung". Besonders bei schweren und problematischen Fällen organisieren die Kommissionen für Politik und Recht häufig federführend die „gemeinsame Bearbeitung des Falls" durch Sicherheitsorgane, Staatsanwaltschaft und Gericht. So wird z. B. durch die „Konferenz der drei Leiter" über problematische oder strittige Fragen eines Falls entschieden. Bei der gemeinsamen Bearbeitung durch die drei Organe liegt die Betonung auf „koordinierter Kampfweise" und „einheitlichem Kommando": nach Abschluss der Ermittlungen durch das Amt für Öffentliche Sicherheit muss die Staatsanwaltschaft nur noch öffentliche Klage erheben, das Gericht nur noch den Schuldspruch verhängen. Tritt die Kommission für Politik und Recht koordinierend in Erscheinung, kommt also häufig dabei heraus, dass Staatsanwaltschaft und Gericht die Sicherheitsorgane nur noch ergänzen. Viele Justizskandale, die nicht hätten passieren dürfen, haben hierin ihren Ursprung. Genau wie manche Wissenschaftler hervorgehoben haben: „Weil es bei der gemeinsamen Bearbeitung durch Sicherheitsorgane, Staatsanwaltschaft und Gericht keinen Kontrollmechanismus gibt und die Ausführenden sich keine Gedanken über ein rechtmäßiges Verfahren machen, führt dieses System in der Praxis leicht in die verkehrte Richtung. Auf diesen Konferenzen werden nicht so simple Inhalte wie Ausbreitung der Tatsachen und Diskussion über das anzuwendende Recht in einem Fall diskutiert; nein, Koordination, Kompromiss und Einigung der drei Organe werden häufig zum Hauptthema. Sobald aber die gemeinsame Bearbeitung in die verkehrte Richtung geht und zu einem Kompromissverfahren von Öffentlicher Sicherheit, Staatsanwaltschaft und Gericht wird, in dem die Grenzen des Rechts durchbrochen werden, verliert die Justiz ihre wichtigste Eigenschaft – die Gerechtigkeit."[81] Paradebeispiele sind die Justizskandale She Xianglin und Zhao Zuohai.

Ein weiteres Beispiel: In dem „schweren Fall mit zerstückelter Leiche vom 10. März" 1994 in Chongqing hatten die Ermittler Tong Limin als den Mörder identifiziert, doch die Staatsanwaltschaft befand, dass die Beweismittel unzureichend seien. 1998 berief die Kommission für Politik und Recht der Stadt Chongqing mehrfach Konferenzen der wesentlichen Leiter von Öffentlicher Sicherheit, Staatsanwaltschaft und Gericht ein, um über den Fall zu beraten. Da die drei Organe sich nicht einigen konnten, traf die Kommission die endgültige Entscheidung: „Im Zweifel Milde für den Angeklagten". Sie forderte vom Gericht, den Angeklagten schuldig zu sprechen, allerdings solle er am Leben bleiben für den Fall, dass das das Urteil später korrigiert werden müsse, und erklärte: „Für den Fall eines Fehlurteils tragen Sie keine Verantwortung, die wird voll von der Kommission für Politik und Recht übernommen, doch das Geld für eine Entschädigung muss von der Staatsanwaltschaft kommen." Im Dezember 1998 erhob die Staatsanwaltschaft öffentliche Klage, im Oktober 1999 verurteilte das Gericht Tong Limin zum Tode mit Vollzugsaufschub. Nach 2773 Tagen zu Unrecht verbüßter Haft wurde er als unschuldig aus der Haft entlassen.[82]

Ohne Zweifel gehen diese Justizirrtümer auf Fehler bei den Ermittlungen zurück. Doch alle diese Fälle mit „unklarem Sachverhalt und nicht ausreichenden Beweismitteln" waren sogar durch die Schlupfpforte der Staatsanwaltschaft und des Gerichts gekommen, hatten problemlos die Überprüfungen auf allen Ebenen des „Fließbands" passiert und wurden letztlich vom System der Strafjustiz hergestellte „fakes" – „gefälschte und minderwertige Produkte". Darin spiegelt sich ein großer Makel in Chinas Strafjustiz: zwischen den drei Organen Öffentliche Sicherheit, Staatsanwaltschaft und Gericht gibt es „zu viel an Ergän-

81 Liu Pinxin (Hrsg.): Gründe für Justizirrtümer und Gegenmaßnahmen. Zhongguo Fazhi Chubanshe *[China Legal Publishing House]* 2009, S. 51.

82 S. Yi Xi: Staatliche Entschädigung für „zum Tode Verurteilte". In: Shehui Guancha *[Social Outlook]* Ausgabe 3/2004.

zung und zu wenig an Kontrolle“. Nicht gegenseitige Ergänzung, sondern gegenseitige Beschränkung sollte eigentlich das wesentliche Ziel der Arbeitsteilung zwischen diesen drei Organen sein. Nur so kann Justizirrtümern wirksam vorgebeugt werden.

VIII Pro Forma-Gerichtsverhandlungen

In einem modernen Rechtsstaat sollte das zentrale Kettenglied eines Strafverfahrens die Gerichtsverhandlung sein, die Rechtsprechung durch den Richter erfolgen. Anders ausgedrückt: die Verhandlung vor Gericht sollte das zentrale Kettenglied sein, in der der Ausgang des Verfahrens bestimmt wird, die Kammer (oder der Einzelrichter) sollte das wahre Subjekt bei der Urteilsfindung sein. In Festland-China hingegen sind Erscheinungen wie „Urteil vor der Verhandlung“, „Verhandlung auf der unteren, Urteil auf höherer Ebene“, „Urteil nicht durch die, die verhandelt haben; die das Urteil fällen, haben nicht verhandelt“ gang und gäbe. Kurz gesagt: Gerichtsverhandlungen in Strafsachen sind ein „Pro Forma“ geworden. Die Ergebnisse der empirischen Studien zu diesem Problem hat der Verfasser in Kapitel 4 dieses Buchs vorgestellt und hervorgehoben, dass einer der Gründe für diesen Zustand in der Kompetenzüberschreitung und Einmischung seitens des Verfahrensausschusses liegt.

Im „Strafprozessgesetz“ heißt es: „Die Kammer hat nach der Gerichtsverhandlung und Beratung das Urteil zu fällen. In problematischen, komplizierten, schweren Fällen, in denen nach Meinung der Kammer eine Entscheidung schwierig ist, hat sie den Gerichtspräsidenten um eine Entscheidung zu ersuchen, ob der Fall dem Verfahrensausschuss zur Diskussion und Entscheidung übergeben werden soll. Die Entscheidung des Verfahrensausschusses ist für die Kammer bindend.“[83] In der Praxis ist eine Kammer oft nur zu gerne bereit, „problematische, komplizierte, schwere Fälle“ dem Verfahrensausschuss zur Diskussion zu übergeben: dessen Entscheidung besitzt mehr Autorität, und kommt es zu einem Fehlurteil, hat der Verfahrensausschuss die Verantwortung zu tragen. In solchen Fällen sind diejenigen, die das Urteil fällen, also nicht die Richter, die die Verhandlung geführt haben, sondern Richter, die nicht an der Verhandlung beteiligt waren – „Urteil nicht durch die, die verhandelt haben; die das Urteil fällen, haben nicht verhandelt“. In manchen Fällen war der Verfahrensausschuss anderer Meinung als die Kammer, doch die musste sich fügen, Justizirrtümer waren das Ergebnis.

---

83 S. Art. 149 „Strafprozessgesetz“ in der Fassung von 1996 und Art. 180 in der Fassung von 2012.

Ein Beispiel: Am frühen Morgen des 21. April 1998 passierte in der Stadt Dandong der Provinz Liaoning ein Mord, der Arbeiter Zhang Yiguo starb an 14 Messerstichen. Die Polizei identifizierte Li Yongcai, mit dem der Geschädigte zuvor eine Auseinandersetzung gehabt hatte, als den Mörder. Weil der Verteidiger des Angeklagten in der Verhandlung gewichtige Beweise für dessen Unschuld erbracht hatte, befand die Kammer nach Beratung, der Angeklagte müsse freigesprochen werden. Doch der Verfahrensausschuss des Mittleren Volksgerichts der Stadt Dandong war nach Diskussion der Auffassung, dass der Vorwurf des Mords durch Li Yongcai trotz unzureichender Beweismittel dennoch haltbar sein könne, und beschloss Verurteilung zum Tode mit Vollzugsaufschub. Die Kammer führte den Beschluss des Verfahrensausschusses aus und verurteilte Li Yongcai am 3. Februar 1999 zum Tode mit Vollzugsaufschub für zwei Jahre. Nach zwei Jahren und zwei Monaten zu Unrecht verbüßter Haft wurde Li Yongcai rehabilitiert.[84]

Ein weiteres Beispiel: Der Polizist Zhang Jinbo aus der Stadt Harbin in der Provinz Heilongjiang wurde 1996 beschuldigt, eine Frau vergewaltigt zu haben. Da nur die Aussagen der Geschädigten und die Zeugenaussage ihrer Schwiegertochter vorlagen, war eine Entscheidung in dem Fall schwierig. Später wurde er durch die „Koordinierungskonferenz der drei Leiter" der Öffentlichen Sicherheit, der Staatsanwaltschaft und des Gerichts entschieden, das Gericht des Bezirks Nangang verurteilte Zhang Jinbo daraufhin 1998 zu 10 Jahren Haft. Nachdem dieser Berufung eingelegt hatte, befand der Richter der zweiten Instanz nach Überprüfung, in dem Fall fehlten wichtige Sachbeweise und die Zeugenaussage der Geschädigten sei widersprüchlich, so dass er seine Meinung, wie der Fall abgeschlossen werden solle, in den Akten mit „unschuldig" festhielt. Dem stimmten bei der Kammerberatung alle zu, doch bei der Beratung des Verfahrensausschusses fand die Mehrheit, der Angeklagte könne schuldig gesprochen werden. Am Ende war der Vorsitzende gezwungen, gegen seine Überzeugung einen Beschluss zu entwerfen, in dem die Berufung abgewiesen und das Ersturteil aufrecht erhalten wurde. Nach 3644 Tagen zu Unrecht verbüßter Haft wurde Zhang Jinbo freigesprochen und aus der Haft entlassen.[85]

Die Gerichtsverhandlung sollte die letzte Schlupfpforte bei der Wahrung justizieller Gerechtigkeit sein. Im Strafverfahren sollte sie eigentlich das ent-

---

84 S. Hu Jiating: 800 Tage Todeshäftling. In: Lüshi yu Fazhi *[Lawyers and Legal System]* Ausgabe 4/2003.

85 S. Zhang Yue u. a.: Der Polizist Zhang Jinbo: Zehn Jahre zu Unrecht in Haft. In: Zhongguo Qingnian Bao *[China Youth Daily]* 09.02.2007, S. 3.

scheidende Kettenglied sein, ist aber dermaßen zu einem Pro Forma geworden, dass es schon egal ist, ob sie stattfindet oder nicht. Das schadet nicht nur der Verfahrensgerechtigkeit, sondern auch der materiellen Gerechtigkeit der Justiz. Justizirrtümer können zwar nicht ausschließlich darauf zurückgeführt werden, dass Gerichtsverhandlungen reine Formsachen geworden sind, doch dass dieser Umstand mitverantwortlich ist, kann nicht von der Hand gewiesen werden. So spiegelt die Tatsache, dass für durch illegale Methoden erworbene falsche Beweismittel wie Geständnisse durch Folter vor Gericht alle Türen offen stehen, die Missstände solcher Gerichtsverhandlungen wider.

Pro Forma-Gerichtsverhandlungen verletzen ein in vielen Ländern der Welt etabliertes Prinzip für Gerichtsverhandlungen, den Grundsatz der Unmittelbarkeit und Mündlichkeit *[Anm. d. Ü.: Bei den folgenden Ausführungen muss berücksichtigt werden, dass – Erläuterung des Verfassers – im chinesischen Recht die zwei Grundsätze „Unmittelbarkeit" und „Mündlichkeit" zu einem Grundsatz zusammengefasst sind.]*. Dieser Grundsatz hat zwei Bedeutungsebenen. Die eine: der Richter, der in einem Fall das Urteil sprechen soll, hat die Beweismittel unmittelbar zu überprüfen, ein Richter, der nicht selbst die Beweise geprüft hat, darf kein Urteil zum Sachverhalt eines Falls fällen. Die zweite: Beweiserhebung und -erörterung haben durch Worte, also mündlich zu erfolgen, schriftliche Äußerungen als Beweismittel dürfen in der Regel nicht berücksichtigt werden. Der Grundsatz der Unmittelbarkeit, auch „Grundsatz der unmittelbaren Verhandlung" genannt, steht im Gegensatz zum „Grundsatz der mittelbaren / indirekten Verhandlung". Der Grundsatz der Mündlichkeit, auch „Grundsatz der mündlichen Verhandlung" genannt, steht im Gegensatz zum „Grundsatz des schriftlichen Verfahrens". Das Mündlichkeitsprinzip ist in vielen Ländern, deren Rechtssystem auf dem kontinentaleuropäischen Recht basiert, ein Verfahrensgrundsatz. Bei der Forderung, dass Zeugen vor Gericht zu erscheinen haben, lässt ein Vergleich mit den Regeln zum Beweis des Hörensagens in den Ländern, in denen anglo-amerikanisches Recht praktiziert wird, die Aussage zu, dass viele Wege nach Rom führen. So bestimmt z. B. § 250 [Grundsatz der persönlichen Vernehmung] der deutschen „Strafprozessordnung": „Beruht der Beweis einer Tatsache auf der Wahrnehmung einer Person, so ist diese in der Hauptverhandlung zu vernehmen. Die Vernehmung darf nicht durch Verlesung des über eine frühere Vernehmung aufgenommenen Protokolls oder einer schriftlichen Erklärung ersetzt werden."[86] Der Grundsatz der Mündlichkeit garantiert justizielle Gerechtigkeit. Der Richter ist der Urteilende in der Sache, die Überprüfung der Beweismittel bedarf seiner „persönlichen Erfahrung", d. h. er selbst muss während

86 He Jiahong, Zhang Weiping (Hrsg.): Ausgewählte Übersetzungen ausländischen Beweisrechts (Bd. 1). Renmin Fayuan Chubanshe *[People's Court Press]* 2000, S. 462.

der Verhandlung die Beweise prüfen. Bevor der Richter sich innerlich von der Wahrheit und Beweiskraft eines Beweismittels überzeugt und auf dieser Grundlage den Sachverhalt des Falls feststellt, muss also jedes Beweismittel direkt vor Gericht erhoben und erörtert werden. Mithin kann sich nur ein Richter, der unmittelbar eine Sache verhandelt hat, an der Entscheidung über den Sachverhalt beteiligen. In der Region Taiwan z. B. kann das Berufungsgericht ein Urteil für gesetzwidrig erklären, wenn Richter, die nicht an der Verhandlung teilgenommen haben, an der Urteilsfindung beteiligt waren.[87]

Pro Forma-Gerichtsverhandlungen spiegeln auch die in der justiziellen Praxis Chinas weit verbreitete Tendenz wider, dass die „Jurisdiktion wie eine Verwaltung funktioniert". Die Verfahrensauschüsse der Gerichte aller Ebenen sind wie „administrative Entscheidungszentren", die Leitungsebenen der Gerichte haben den Prozess und das Ergebnis „justizieller Entscheidungen" *[Anm. d. Ü.: Der Begriff „Entscheidung" hier wird in der Verwaltung verwendet.]* zu koordinieren und kontrollieren. Adminstrative Grundsätze wie „die untere Ebene fügt sich der übergeordneten", „in schweren Fällen trifft die Leitung die endgültige Entscheidung" sind „latente Regeln" in Justizverfahren und „latente Gründe" für das Pro Forma von Gerichtsverhandlungen geworden. Wie manche Wissenschaftler hervorgehoben haben: „Gegenwärtig gibt es an Chinas Gerichten den Einzelrichter, die Kammer und den Verfahrensausschuss. Entscheidungen der Kammer und des Verfahrensausschuss werden in der Manier des „demokratischen Zentralismus'" gefällt, in Wirklichkeit bedeutet es die Anwendung adminstrativer Modelle bei der Entscheidung über Justizfälle. Bei der Bearbeitung eines Falls hat der vorsitzende Richter dem Kammerpräsidenten den Sachverhalt zu berichten und Instruktionen zu erbitten, das schriftliche Urteil muss ihm vorgelegt und vom zuständigen stellvertretenden Gerichtspräsidenten genehmigt werden. Weicht dessen Meinung von der der Kammer ab, kann er das Urteil zurückweisen und eine erneute Kammersitzung verlangen oder es an den Verfahrensausschuss zur Diskussion und Entscheidung leiten. Ist der Ausschuss sich nicht sicher, wird er Instruktionen vom höheren Gericht erbitten. Beschlüsse des höheren Gerichts oder des Verfahrensausschusses müssen von der Kammer umgesetzt werden. Solche administrativen Methoden wie Berichterstattung an und Genehmigung von vorgesetzten Stellen, egal ob bei der Staatsanwaltschaft oder beim Gericht, sind typische Verwaltungsmodelle und haben direkte Folgen: die bei der Bearbeitung eines Falls Verantwortlichen, die den Sachverhalt wirklich kennen, haben kein Recht auf Entscheidung darüber, wie er geregelt wird; die Gerichtsverhand-

87 S. Zhang Liqing: Theorie und Anwendung des Strafprozessgesetzes. Wunan Tushu Chuban Gongsi (Taibei) *[Wu-Nan Book Inc.]* 2004, S. 703.

lung wird zu einem Pro Forma; für jede unrechtmäßige Einmischung gibt es einen legalen Kanal. Für die justizielle Gerechtigkeit ist das eine gravierende Gefahr und erhöht schleichend die Risiken für Fehlurteile.“[88]

IX Riskantes Spiel der Überschreitung der Untersuchungshaftdauer

Überschreitung der Untersuchungshaftdauer und Erzwingung von Geständnissen durch Folter gelten als die zwei großen „chronischen Krankheiten“ in Chinas Strafjustiz. Mit der sogenannten Überschreitung der Untersuchungshaftdauer ist ein gesetzwidriges Verhalten gemeint, durch das die Haftdauer eines Beschuldigten oder Angeklagten, der dem Gesetz nach vorläufig festgenommen und dann inhaftiert wurde, in den Phasen Ermittlungen, Prüfung der Anklageerhebung und Gerichtsverhandlung über die im „Strafprozessgesetz“ bestimmte Haftdauer hinaus verlängert wird. Hohe Haftzahlen und lange Haftzeiten sind eine Besonderheit des Strafverfahrens in China. In relativ entwickelten Rechtsstaaten ist der Beschuldigte vor der Gerichtsverhandlung in der Regel auf freiem Fuß oder der Vollzug des Haftbefehls wird ausgesetzt, nur eine Minderheit sitzt in Untersuchungshaft; in Großbritannien z. B. liegt die Zahl der Beschuldigten in Untersuchungshaft unter 10 %. In Festland-China hingegen werden 80 % der Beschuldigten vorläufig festgenommen und von diesen wiederum 80 % inhaftiert.[89] Gemäß den Bestimmungen des „Strafprozessgesetz(es)“ beträgt die Dauer der Festnahme in der Regel 3 Tage und kann bei besonderen Umständen auf bis zu 7 Tage, bei unter schwerem Verdacht auf Straftaten eines Täters an wechselnden Orten, auf serienmäßige oder gemeinschaftlich begangene Straftaten stehenden Personen auf bis zu 30 Tage verlängert werden. Rechnet man dann noch die 7 Tage für die Überprüfung der Genehmigung zur Verhaftung hinzu, beträgt die längste Haftdauer eines Beschuldigten vor Genehmigung der Verhaftung 37 Tage.[90] Vor der Änderung des „Strafprozessgesetz(es)“ im Jahr 1996 ersetzten die Sicherheitsorgane die Festnahme häufig durch die „Lagerhaft“, für die ausgedehntere Fristen galten, und verlängerten so in verdeckter Form die Haftdauer

88 Liu Pinxin (Hrsg.): Gründe für Justizirrtümer und Gegenmaßnahmen. Zhongguo Fazhi Chubanshe *[China Legal Publishing House]* 2009, S. 43.

89 S. Forschungsinstitut der Obersten Staatsanwaltschaft u. a.: Überschreitung der Obergrenze der Untersuchungshaft und Gewährleistung der Menschenrechte. In: Zhongguo Jiancha Chubanshe *[China Procuratorate Publishing House]* 2004, S. 95.

90 S. Art. 69 „Strafprozessgesetz“ in der Fassung von 1996 und Art. 89 in der Fassung von 2012.

des Beschuldigten vor der Genehmigung zu seiner Verhaftung. Beispiel Justizskandal Teng Xingshan: am 6. Dezember 1987 wurde er in „Lagerhaft" gesteckt, doch erst am 2. September 1988 wurde seine Verhaftung genehmigt – bis dahin betrug seine Haftdauer knapp 9 Monate.[91]

Zur Haftdauer nach der Verhaftung finden sich im „Strafprozessgesetz" klare Bestimmungen. In Art. 124 „Strafprozessgesetz" in der Fassung von 1996 heißt es: „Die Untersuchungshaftdauer eines Beschuldigten darf zwei Monate ab dem Datum seiner Verhaftung nicht überschreiten. Kann ein Fall wegen komplizierten Sachverhalts nicht innerhalb der Frist abgeschlossen werden, kann die Haftdauer mit Genehmigung der übergeordneten Staatsanwaltschaft um einen Monat verlängert werden."[92] Art. 126 bestimmt: „In den folgenden Fällen, in denen die Ermittlungen nicht innerhalb der in Art. 124 dieses Gesetzes bestimmten Frist abgeschlossen werden können, kann mit Genehmigung oder Beschluss der Staatsanwaltschaft der Provinz, autonomen Region oder regierungsunmittelbaren Stadt die Haftdauer um zwei Monate verlängert werden: 1) schwere, komplizierte Fälle in abgelegenen Gebieten mit sehr ungünstigen Verkehrsbedingungen; 2) schwere Fälle krimineller Banden; 3) schwere, komplizierte Fälle von Straftaten eines Täters an wechselnden Orten; 4) schwere, komplizierte Fälle mit umfangreichen Straftatbeständen und schwieriger Beweisbeschaffung."[93] In Art. 127 heißt es: „In Fällen, in denen der Beschuldigte mit einer Freiheitsstrafe von mehr als 10 Jahren bestraft werden kann, und in denen die Ermittlungen nicht innerhalb der in Art. 126 dieses Gesetzes bestimmten Frist abgeschlossen werden können, kann mit Genehmigung oder Beschluss der Staatsanwaltschaft der Provinz, autonomen Region oder regierungsunmittelbaren Stadt die Haftdauer um weitere zwei Monate verlängert werden."[94] Gemäß diesen Bestimmungen kann die Haftdauer ab der Verhaftung bis zum Abschluss der Ermittlungen bis zu 7 Monate betragen. Darüber hinaus bestimmt Art. 138 „Strafprozessgesetz" in der Fassung von 1996, dass die Frist für die Prüfung der Anklageerhebung in der Regel einen Monat beträgt und um einen halben Monat verlängert werden kann. In Art. 168 heißt es, dass die Dauer der Gerichtsverhandlung in der ersten Instanz in der Regel zwei Monate beträgt und um einen Monat verlängert werden kann. Art. 196 bestimmt, dass die Verhandlungsdauer in der zweiten Instanz in der Regel zwei Monate beträgt und

91 S. den Eintrag „Teng Xingshan" unter http://baike.baidu.com.
92 Art. 154 „Strafprozessgesetz" in der Fassung von 2012.
93 Art. 156 „Strafprozessgesetz" in der Fassung von 2012.
94 Art. 157 „Strafprozessgesetz" in der Fassung von 2012.

um zwei Monate verlängert werden kann.[95] Den obigen Bestimmungen zufolge beträgt die Haftdauer des Beschuldigten (bzw. Angeklagten) ab der Verhaftung bis zur Rechtskraft des Urteils in der Regel etwa ein Jahr. Da aber bei Zurückweisung zur Neuverhandlung oder für ergänzende Ermittlungen die Fristen neu berechnet werden, darf die Haftdauer des Beschuldigten (bzw. Angeklagten) unter vollständiger „Ausnutzung" der gesetzlichen Bestimmungen eineinhalb Jahre überschreiten. Doch auch bei diesen Bestimmungen ist Überschreitung der Untersuchungshaftdauer immer noch gang und gäbe.

In den weiter oben geschilderten Justizskandalen war Zhao Zuohai ab seiner Verhaftung am 10. Mai 1999 bis zur Rechtskraft des Gerichtsurteils am 13. Februar 2003 insgesamt 3 Jahre und 9 Monate in Haft, She Xianglin ab seiner Verhaftung am 11. April 1994 bis zur Rechtskraft des Urteils am 22. September 1998 insgesamt 4 Jahre und 5 Monate, und Li Huailiang war ab seiner Verhaftung am 7. August 2001 bis zu seiner Freilassung als Unschuldiger am 24. April 2013 insgesamt 11 Jahre und 8 Monate in Untersuchungshaft.

Der durch Überschreitung der Untersuchungshaftdauer angerichtete Schaden ist offensichtlich. Zum einen werden die Rechte und legitimen Interessen des Beschuldigten bzw. Angeklagten verletzt. Zum anderen nehmen das Umfeld für die Durchsetzung der Herrschaft des Rechts in einem Staat und die Autorität des Rechts großen Schaden. Ende des 20. Jh. hatte in China das Phänomen der Überschreitung der Untersuchungshaftdauer bereits gravierende Ausmaße angenommen. Statistiken autoritativer Stellen zufolge lag zwischen 1993 und 1999 die Zahl der Personen, bei denen die Untersuchungshaftdauer durch Anordnungen von Öffentlicher Sicherheit, Staatsanwaltschaften und Gerichten überschritten worden war, landesweit jedes Jahr zwischen 50.000 und 80.000.[96] Um dieses „alte Problem" zu lösen, erließ die Zentrale Kommission für Politik und Recht am 23. Juli 1999 die „Mitteilung zur streng gesetzeskonformen Bearbeitung von Straffällen und zur entschlossenen Korrektur des Problems der Überschreitung der Untersuchungshaftdauer". In der Folge gaben auch das Oberste Volksgericht, die Oberste Staatsanwaltschaft und das Ministerium für Öffentliche Sicherheit Dokumente zur Korrektur und Verhinderung der Überschreitung der Obergrenze der Untersuchungshaft heraus.[97]

---

95 Die relevanten Bestimmungen sind Art. 169, 202 und 232 „Strafprozessgesetz" in der Fassung von 2012.

96 S. Sonnenschein-Aktion, ein weiter Weg – Perspektiven: Öffentliche Sicherheit, Staatsanwaltschaften und Gerichte bereinigen das Problem der Überschreitung der Untersuchungshaftdauer. In: Jiancha Ribao *[Procuratorate Daily,]* 11.11.2003.

97 S. Forschungsinstitut der Obersten Staatsanwaltschaft u. a.: Überschreitung der Untersu-

Im Verlauf der Forschungen zu Justizirrtümern in Strafsachen fanden wir heraus, dass auch die Überschreitung der Untersuchungshaftdauer einer der Gründe für Fehlurteile in Strafsachen ist. Im August 2006 führte ein Teil unserer Forschungsgruppe in der Stadt Harbin in der Provinz Heilongjiang mit dortigen Beamten der Öffentlichen Sicherheit, Staatsanwaltschaften und Gerichte ein Symposium zu einer Reihe von Fachthemen durch. Zu Gründen für Justizirrtümer sagten manche, am meisten Angst bei der Bearbeitung hätten sie davor, dass es „schwer ist, vom Tiger abzusitzen" – ein Verfahren auch ungelöst einzustellen. Wenn eine Person bereits lange eingesperrt sei, doch nicht ausreichende Beweismittel vorlägen, stocke die Sache, weder Verurteilung noch Freilassung sei möglich, und je länger die Haftzeit, desto schwieriger sei die Freilassung. So dass am Schluss nichts anderes übrig bleibe, als ein Urteil zu fällen, in dem die Freiheitsstrafe ein paar Jahre weniger ausfällt.[98] Doch war „der Tiger erst mal bestiegen", die Sache ins Rollen gekommen, wählten viele „weiter so" und fällten stur ihr Urteil. Paradebeispiel ist der Justizirrtum Zhao Zuohai.

Im Januar 2001 gab die Oberste Staatsanwaltschaft die „Mitteilung zu weiteren Korrekturen bei der Überschreitung der Untersuchungshaftdauer und zur Lösung des Problems" heraus, in der eine umfassende Bereinigung des Problems gefordert wurde. Während dieser „Kampagne" reichte das Amt für Öffentliche Sicherheit des Kreises Zhecheng der Stadt Shangqiu in der Provinz Henan den Fall Zhao Zuohai an die Kommission für Politik und Recht zur Diskussion. Im Juli berief diese eine gemeinsame Konferenz der drei Organe Öffentliche Sicherheit, Staatsanwaltschaft und Gericht ein, doch die Diskussion, ob Anklage erhoben werden solle, brachte keine Einigung, so dass der Fall weiterhin liegen blieb. Auf der nationalen Konferenz der Staatsanwaltschaften zum Erfahrungsaustausch über Korrekturen bei der Überschreitung der Untersuchungshaftdauer am 31. Mai 2002 in Weifang, Provinz Shandong, forderte die Leitung der Obersten Staatsanwaltschaft von den Staatsanwaltschaften aller Ebenen landesweit, die Aufsicht über Fälle von Überschreitung der Untersuchungshaftdauer müsse auf praktikable Weise verstärkt werden und die Fälle, die noch in der Zuständigkeit der Staatsanwaltschaft lägen, müssten bis Ende Juni 2002 komplett korrigiert sein. In der Folge wurde der Fall Zhao Zuohai auf die Liste der in der Provinz Henan vorrangig zu bearbeitetenden Fälle bei der Bereinigung des Problems der Überschreitung der Untersuchungshaftdauer gesetzt, und die Organe der Öffentlichen Sicherheit

chungshaftdauer und Gewährleistung der Menschenrechte. In: Zhongguo Jiancha Chubanshe *[China Procuratorate Publishing House]* 2004, S. 72.

98 S. Liu Pinxin (Hrsg.): Gründe für Justizirrtümer und Gegenmaßnahmen. Zhongguo Fazhi Chubanshe *[China Legal Publishing House]* 2009, S. 182–193.

reichten den Fall erneut an die Kommission für Politik und Recht zur Diskussion. Die Kommission der Stadt Shangqiu rief im August und September mehrere Fachkonferenzen zu diesem Fall ein. Nach kollektiver Überprüfung wurde beschlossen, dass die Voraussetzungen für die Anklageerhebung vorlägen, und die Staatsanwaltschaft wurde aufgefordert, „binnen 20 Tagen Anklage zu erheben". Am 22. Oktober erhob die Volksstaatsanwaltschaft der Stadt Shangqiu öffentliche Klage. Deren Leiter sagte nach Zhao Zuohais Rehabilitierung: „Der größte Fehler unserer Staatsanwaltschaft war, dass wir nicht auf unserer Meinung bestanden haben."[99] Selbstverständlich ist die Entscheidung richtig, das Problem der Überschreitung der Untersuchungshaftdauer zu bereinigen, doch das Verhalten des Justizpersonals in manchen Gebieten, dann unter dem Druck möglicher Überschreitung der Untersuchungshaftdauer auch in ungeklärten Fällen Anklage zu erheben und Schuldsprüche zu fällen, führt leicht zu Justizirrtümern.

X Unzureichende Beweise – im Zweifel Milde für den Angeklagten

Strafsachen sind Tatsachen, die in der Vergangenheit passiert sind. Die Bearbeiter der Fälle haben keine Möglichkeit der direkten sinnlichen Wahrnehmung und können auch nicht indirekt durch diverse Beweismittel zu Erkenntnissen gelangen. Die Tatsachen eines Falls sind für das Justizpersonal mithin wie „der Mond im Wasser und die Blume im Spiegel" *[Anm. d. Ü.: Zitat aus dem chinesischen Roman „Traum der Roten Kammer". Gemeint ist, dass alles ein Trugbild, leer und nicht wahrhaftig ist.]*. „Mondlicht" und „Blume" sind natürlich objektiv vorhanden, doch was die Bearbeiter von Strafsachen sehen, sind durch Spiegelung oder Reflexion entstandene Abbilder. Mit „Wasser" und „Spiegel" sind hier Beweismittel gemeint. D. h. ohne Beweismittel haben die Bearbeiter keine Möglichkeit, die Tatsachen so zu erfassen, wie sich sich ereignet haben, und die Tatsachen, die sie durch Beweismittel erfasst haben, sind nicht unbedingt identisch mit den Tatsachen, wie sie sich objektiv ereignet haben. Wenn das „Wasser" oder der „Spiegel" nicht klar genug ist, verzerren Spiegelung und Reflexion die Abbilder von „Mondlicht" und „Blume", ja es können sogar zwei völlig unterschiedliche „Mondlichter" oder „Blumen" entstehen. Was echt, was falsch ist, wissen die

99 S. Li Lijing: Deutliche Zweifel im Justizskandal Zhao Zuohai – Pflichtversäumnisse und Fehler auf Fehler seitens Öffentlicher Sicherheit, Staatsanwaltschaft und Gericht; He Jiahong (Hrsg.): Forum zur Beweislehre Bd. 16, „Vorwort", S. 2–3; Eintrag „Zhao Zuohai" unter http://baike.baidu.com.

Barbeiter der Strafsachen überhaupt nicht. Anders ausgedrückt: aufgrund vorhandener Beweismittel kann ein Beschuldigter oder Angeklagter schuldig, aber auch unschuldig sein. Das ist mit „ungeklärter Fall" gemeint.

In ungeklärten Fällen mangelt es an Beweisen, ist der Sachverhalt unklar. So lässt sich kaum verhindern, dass bei Feststellungen zu den Tatsachen, egal ob durch Ermittler, die Untersuchungsbeamten der Öffentlichen Sicherheit, die Staatsanwaltschaft oder Richter im Gerichtsverfahren, Fehler vorkommen. Mit Blick auf ihre objektiven Resultate lassen sich diese Fehler in zwei Kategorien einteilen: eine, in der der Schuldige als unschuldig angesehen und der Bösewicht fälschlich freigelassen wird, die andere, in der der Unschuldige als schuldig angesehen und der Gute fälschlich verurteilt wird. Der Spruch „weder einem Guten Unrecht zufügen noch einen Bösewicht laufen lassen" ist nicht mehr als eine nette Redensart, denn in der Strafjustiz eines jeden Landes ist er unmöglich zu realisieren. Den Bearbeitern von Strafsachen bleibt also nichts anderes übrig, als eine Wahl zu treffen zwischen „fälschlicher Freilassung" und „fälschlicher Verurteilung".

Im Volksmund heißt es: Wähl' das kleinere Übel. Welcher Schaden durch „fälschliche Freilassung" oder „fälschliche Verurteilung" geringer, welcher größer ist, hängt von den Wertevorstellungen der Bearbeiter von Strafsachen ab. In Chinas Justiztradition wird „fälschliche Verurteilung" der „fälschlichen Freilassung" vorgezogen, von daher ist es schwierig, das Justizpersonal zur Akzeptanz der westlichen Auffassung „es ist besser, wenn zehn Schuldige entkommen, als dass ein Unschuldiger verfolgt wird"[100] zu bewegen. Lässt man einen Schuldigen seiner Bestrafung entgehen, kommt das öffentliche Interesse, die Gesellschaft zu Schaden, wird ein Unschuldiger zu Unrecht bestraft, sind lediglich die Interessen einer einzelnen Person betroffen. Mental lehnen die Leute es also vehement ab, wenn Schuldige auf freiem Fuß bleiben, erst recht unter dem Aspekt, dass diese Straftäter der Gesellschaft möglicherweise weiterhin Schaden zufügen. In der justiziellen Praxis sind das die ideologischen Wurzeln für „im Zweifel Milde für den Angeklagten", was aber in krassem Widerspruch zum Grundsatz der Unschuldsvermutung steht.

Von den 50er Jahren bis zur Mitte der 90er des 20. Jh. herrschte in Juristenkreisen durchgehend die Meinung vor, dass die Unschuldsvermutung ein Strafverfahrensgrundsatz kapitalistischer Länder sei. In China gelte weder Schuldvermutung noch Unschuldsvermutung, sondern der Grundsatz „die Wahrheit in den Tatsachen suchen". Doch vor der Änderung des „Strafprozessgesetz(es)" 1996 hoben manche Wissenschaftler hervor, dass an der Unschuldsvermutung

100 Blackstone: „it is better that ten guilty persons escape than one innocent suffer." Hazel B. Kerper: Introduction to the Criminal Justice System, USA, West Publishing Co., 1979, p. 205.

kein Weg vorbei führe. Denn es sei doch so: wenn im Strafverfahren eines Landes nicht die Unschuldsvermutung gelte, dann gelte die Schuldvermutung. Die Unschuldsvermutung sei Bilanz der justiziellen Erfahrungen der menschlichen Gesellschaft, Kennzeichen für den zivilisatorischen Fortschritt in der Strafjustiz, China müsse sich das zum Beispiel nehmen und davon lernen. Art. 12 „Strafprozessgesetz“ in der Fassung von 1996 bestimmt: „Ohne rechtmäßige Verurteilung durch ein Volksgericht darf keine Person als schuldig gelten.“ Wenn auch nach dieser Änderung seitens der obersten Stelle der Rechtsarbeitskommission des Nationalen Volkskongresses geäußert wurde, dass hinter diesem Artikel nicht der Grundsatz der Unschuldsvermutung stehe, sondern lediglich betont werde, dass das Recht auf Festsetzung der Strafe dem Gericht zustehe, sind Wissenschaftler im Allgemeinen doch der Auffassung, dass diese Bestimmung bereits den Grundgehalt des Prinzips der Unschuldsvermutung verkörpere.

Dieses Prinzip impliziert dreierlei. Erstens, vor der rechtmäßigen Verurteilung durch ein Gericht hat jede Person als unschuldig zu gelten. Zweitens, in Strafsachen liegt in der Gerichtsverhandlung die Beweislast bei der Staatsanwaltschaft und in der Regel nicht beim Angeklagten; konkret: der Angeklagte muss weder seine Schuld noch seine Unschuld beweisen *[Anm. d. Ü.: Diese für den deutschen Leser absurde Verpflichtung, dass der Angeklagte seine Schuld beweisen muss, rührt daher, dass er in Strafverfahren in China bei der Aufklärung mitwirken, z. B. wahre Aussagen machen muss.]*. Drittens, entsprechen die von der Staatsanwaltschaft erhobenen Beweismittel nicht dem gesetzlich festgelegten Standard, hat das Gericht den Angeklagten frei zu sprechen. Anders ausgedrückt: das Gericht hat bei seinem Urteil den Grundsatz „in dubio pro reo“ zu beachten. Zur Verteilung der Beweislast gibt es im 1996 geänderten „Strafprozessgesetz“ keine klaren Bestimmungen[101], doch in Art. 162 heißt es: „Sind die Beweismittel unzureichend, darf der Angeklagte nicht für schuldig befunden werden, wegen unzureichender Beweismittel und nicht nachgewiesenen Anklagevorwurfs hat Freispruch zu erfolgen.“ Diese Bestimmung verkörpert den Geist der Unschuldsvermutung „in dubio pro reo“, ihre Durchsetzung wird in der justiziellen Praxis aber durch traditionelle Vorstellungen behindert, und das wiederum hängt mit den Beweisstandards in Strafverfahren zusammen.

Weder im „Strafprozessgesetz“ von 1979 noch in der Fassung von 1996 gibt es direkte positive Bestimmungen zu Beweisstandards. Anhand der Formulierung der relevanten Artikel fassen Wissenschaftler den Beweisstandard für Strafverfahren im Allgemeinen mit „Sachverhalt klar, Beweismittel überzeugend

---

101 Art. 49 „Strafprozessgesetz“ in der Fassung von 2012 bestimmt klar: „In Fällen öffentlicher Klage liegt die Beweislast für die Schuld des Angeklagten bei der Volksstaatsanwaltschaft.“

und ausreichend“ zusammen, der im konkreten Fall vom Richter häufig mit den „zwei Wesentlichen“ ausgelegt wird – „der wesentliche Sachverhalt ist klar, die wesentlichen Beweismittel sind überzeugend und ausreichend“. Auch die Überbetonung der Wertvorstellung Kriminalitätsbekämpfung führt dazu, dass der Richter bewusst oder unbewusst seine Ansprüche an den Beweisstandard senkt und aus Sorge, bei unzureichenden Beweismitteln werde wegen „in dubio pro reo“ Straftaten Vorschub geleistet, zur Lösung „im Zweifel Milde für den Angeklagten“ greift. Das gilt insbesondere für Fälle, in denen wegen unzureichender Beweismittel und Zweifeln am Sachverhalt nicht die Todesstrafe mit sofortigem Vollzug verhängt werden darf und das Urteil stattdessen auf Todesstrafe mit Vollzugsaufschub oder lebenslängliche Freiheitsstrafe lautet, um, wie es so schön heißt, „einen Spielraum offen zu lassen“ und fälschliche Tötungen zu vermeiden. Doch just diese Praxis wurde in manchen Fällen eine „Ausrede“ für Fehlurteile. In den Justizskandalen, die in diesem Buch geschildert sind, waren Shi Dongyu, Du Peiwu, She Xianglin, Tong Limin, Li Yongcai, Zhao Zuohai, Yu Yingsheng und Zhang Hui des Mordes angeklagt worden. Unter normalen Umständen hätten alle zum Tode mit sofortigem Vollzug verurteilt werden müssen, doch wegen unzureichender Beweismittel gab es „im Zweifel Milde für den Angeklagten“ – bei Shi Dongyu, Du Peiwu, Tong Limin, Li Yongcai, Zhao Zuohai und Zhang Hui wurde das Urteil in Todesstrafe mit Vollzugsaufschub, bei Yu Yingsheng in lebenslängliche Freiheitsstrafe und bei She Xianglin in 15 Jahre Haft geändert. „Unzureichende Beweise – im Zweifel Milde für den Angeklagten“ ist ein Fehlerbereich geworden, in dem Justizirrtümer ständig reproduziert werden.

Der Verfasser ist überhaupt nicht dagegen, dass persönliche Interessen hinter kollektiven zurückzustehen haben. Bei einem ungeklärten Fall den Schaden durch „fälschliche Freilassung“ mit dem durch „fälschliche Verurteilung“ abzuwägen, erweist sich jedoch als „Rechenfehler“. Praktische Erfahrungen zeigen, dass „fälschliche Freilassung“ lediglich *ein* Fehler ist, „fälschliche Verurteilung“ hingegen sehr wahrscheinlich zwei sind. Bei „fälschlicher Freilassung“ wird ein Schuldiger lediglich irrtümlich laufen gelassen, bei „fälschlicher Verurteilung“ hingegen wird ein Unschuldiger zu Unrecht bestraft und zugleich der wahre Täter möglicherweise laufen gelassen. Als Shi Dongyu, Li Jiuming, Sun Wangang und Zhao Zuohai zu Unrecht ins Gefängnis kamen, blieben die wahren Täter Liang Baoyou, Cai Xinwu, Li Maofu und Li Haijin auf freiem Fuß; als Du Peiwu, Onkel und Neffe Zhang in Ketten im Gefängnis landeten, gefährdeten die wahren Mörder, die Bande Yang Tianyongs und Gou Haifeng, weiterhin die Gesellschaft; und in den Justizskandalen She Xianglin und Teng Xingshan sind die wahren Täter bis heute noch nicht ausfindig gemacht worden. Der Schaden durch zwei Fehler ist größer als der durch einen, und so sollte bei ungeklärten Fällen die vernünftige Wahl „eher ‚fälschlich freilassen‘ als ‚fälschlich verurteilen‘“ lauten!

Auch der stellvertretende Präsident des Obersten Volksgerichts, Shen Deyong, hat hervorgehoben: „Die Wahrscheinlichkeit für das Entstehen von Justizirrtümern ist immer noch ziemlich hoch, vor allem wo nach wie vor von der Schuldvermutung ausgegangen wird und die Unschuldsvermutung noch nicht wirklich etabliert ist. Das müssen wir nüchtern erkennen und so, wie wir uns vor Flutkatastrophen und wilden Tieren hüten, ideologisch weiter das Bewusstsein für Vorsicht vor Justizirrtümern stärken – lieber fälschlich freilassen als fälschlich verurteilen. Der Himmel stürzt nicht ein, wenn ein wahrer Straftäter fälschlich freigelassen wird, doch er stürzt ein, wenn ein unschuldiger Bürger fälschlich verurteilt wird, und erst recht, wenn er fälschlich getötet wird.“[102]

Justizirrtümer in Strafsachen passieren bei der Kriminalitätsbekämpfung durch das Justizsystem. Ein Justizirrtum ist an sich schon eine Straftat, im Namen des Gesetzes werden unschuldige Bürger geschädigt oder gar getötet. So eine Straftat richtet mithin großen gesellschaftlichen Schaden an. Nicht nur persönliche Interessen werden beeinträchtigt, den Betroffenen geschieht Unrecht, sondern auch öffentliche Interessen, justizielle Gerechtigkeit und die soziale Ordnung werden untergraben, ja die Öffentlichkeit kann sogar das Vertrauen in die Justiz verlieren! Justizirrtümer überschatten die Strafjustiz. Werden diese Schatten gelichtet, lassen sich Lücken und Mängel des Justizsystems erkennen, seine Reform und Vervollkommnung voranbringen. In gewissem Maße erfolgt das durch die Aufdeckung und Enthüllung von Justizirrtümern in Strafsachen. In Art. 53 „Strafprozessgesetz“ in der Fassung von 2012 z. B. gibt es konkretere Bestimmungen zum Beweisstandard für die Urteilsfindung im Strafverfahren: „Überzeugende und ausreichende Beweismittel haben folgenden Bedingungen zu entsprechen: 1) der Sachverhalt für die Festsetzung und Zumessung der Strafe ist durch Beweismittel belegt; 2) alle Beweismittel, die der Urteilsfindung dienen, wurden durch ein gesetzliches Verfahren auf ihre Wahrheit und Echtheit überprüft; 3) unter Gesamtwürdigung aller Beweismittel kann der Sachverhalt jenseits vernünftiger Zweifel festgestellt werden.“ Bei der Umsetzung des Grundsatzes der Unschuldsvermutung und der Änderung der Gewohnheit „im Zweifel Milde für den Angeklagten“ spielt diese Bestimmung eine nicht geringe Rolle.

102 Shen Deyong: Wie sollten wir uns vor Justizirrtümern in Acht nehmen? In: Renmin Fayuan Bao *[People's Court Daily]* 06.05.2013, S. 2.

XI Zusammenfassung

Zusammengefasst gibt es in Chinas Strafjustiz zehn große Fehlerbereiche, die Justizirrtümer hervorbringen. Das zu erkennen, ist nur der erste Schritt zur Prävention von Justizskandalen. Auf dieser Basis müssen effektive Maßnahmen ergriffen werden, um zu gewährleisten, dass nicht wieder in diese Fehler verfallen wird.

Erstens: Wir müssen die Vorstellungen über die Art und Weise der Rechtsdurchsetzung ändern. Das umfasst die folgenden zehn Aspekte: 1) weg von einheitlichen, einseitigen Wertevorstellungen hin zu pluralistischen und ausgewogenen; 2) weg von Machtorientierung hin zu Orientierung am Recht; 3) weg vom Vorgesetzten hin zum Recht als der höchsten Autorität; 4) weg von militärischem Kampf hin zu Zivilisation und Gerechtigkeit; 5) weg von der Dunkelkammer hin zu Offenheit und Transparenz; 6) weg von der Tendenz zu materieller Gerechtigkeit hin zu gleichgewichtiger materieller und Verfahrensgerechtigkeit; 7) weg von der Schuldvermutung bei der Bearbeitung von Strafsachen hin zur Unschuldsvermutung; 8) weg von einem Verfahren mit den Ermittlungen als dem zentralen Kettenglied hin zu einem Verfahren mit der Gerichtsverhandlung als dem zentralen Kettenglied; 9) weg von der Aufklärung des Sachverhalts, wie er sich für den Bearbeiter darstellt und ohne dass er dafür Beweise hat, hin zum für Dritte überprüfbaren Beweis des Sachverhalts; 10) weg von der Abhängigkeit vom Personalbeweis hin zu stärkerer Gewichtung wissenschaftlich fundierter Beweismittel.

Zweitens: Wir müssen das Justizsystem verbessern. Der Verfasser hatte einst den Vorschlag der „vier Nicht“ vorgebracht: 1) die Kommission für Politik und Recht kümmert sich nicht um einzelne Fälle; 2) der Verfahrensausschuss diskutiert nicht den Sachverhalt; 3) Schöffen sind nicht schmückendes Beiwerk; 4) Verteidiger sind nicht Staffage.

Drittens: Wir müssen die Beweisregeln vervollkommnen. In der Zeit nach Erlass der „zwei Bestimmungen zu Beweismitteln“ im Jahr 2010 bis zur Änderung des „Strafprozessgesetz(es)“ im Jahr 2012 wurden zwar bereits deutliche Fortschritte erzielt, doch bei so manchen Beweisregeln gibt es noch Spielraum für Verbesserungen, z. B. beim Beweisverwertungsverbot, Beweis des Hörensagens, Beweis durch Beurteilungen oder Wertungen, Beweis durch Persönlichkeitsartung.

Abschließend: Wir müssen die Fähigkeiten für die Beabeitung von Strafsachen erhöhen. Diese beinhalten im Wesentlichen die Bearbeitung von Beweismitteln durch das Personal von Öffentlicher Sicherheit, Staatsanwaltschaft und Gericht, und so müssen hauptsächlich die Fähigkeiten zur Auffindung und Sicherung von Beweismitteln sowie zu deren Untersuchung und Verwendung erhöht werden. Für die Prävention von Justizirrtümern bedarf es hochspezialisierter

Polizisten, Staatsanwälte und Richter. Justizskandale lassen sich natürlich nicht komplett unterbinden, aber wir müssen alles daran setzen, Fehlurteilen vorzubeugen.

Kapitel 6
Beweisstandards für die Feststellung von Fehlurteilen

Fehlurteile passieren im Allgemeinen in der Routine des Justizbetriebs, deswegen sind sie inmitten der großen Zahl berechtigter Urteile häufig von dem Mantel der Justizgerechtigkeit überdeckt. Manche dieser „Winterschlaf haltenden" Fehlurteile kommen zufällig ans Licht, geraten ins Blickfeld der Justizorgane und der Öffentlichkeit und erhalten so die Chance, korrigiert zu werden. Die Justizskandale Teng Xingshan, She Xianglin und Zhao Zuohai z. B. kamen ans Tageslicht, weil die damals von den Justizorganen als „Opfer" festgestellten „Toten zurückkehrten". Die Fehlurteile, die aufgedeckt wurden, lagen oft ziemlich lange im Winterschlaf. Die Mitglieder der Forschungsgruppe „Empirische Studien über Fehlurteile in Strafsachen" haben Material zu 55 Fehlurteilen in China, in denen in den letzten Jahren staatliche Entschädigung gezahlt wurde, gesammelt. Unter diesen gab es 48 Fälle mit 60 Betroffenen, deren Haftdauer eindeutig zu lang war, im Durchschnitt fünf Jahre. Die längste war im Mordfall Li Huawei in der Provinz Liaoning – 16 Jahre, die kürzeste in der Vergewaltigungssache Zhu Mingli in der Provinz Sichuan – 372 Tage. Falsche Haft von über 10 Jahren betraf 5 Personen, zwischen 5 und 10 Jahren 30 Personen und unter 5 Jahren 25 Personen.[103]

I Unbestimmtheit und Antagonismen bei der Erkenntnis von Fehlurteilen

1 Unbestimmtheit bei der Erkenntnis von Fehlurteilen

Rechtsprechung ist ein mit Beweismitteln geführter rückwärts gewandter Erkenntnisprozess des Richters über die Tatsachen eines Falls, der in der Vergangenheit passiert ist. Fehlurteile werden häufig erst viele Jahre später erkannt, und so wird ihre Erkenntnis zu einer zweiten rückwärts gewandten kognitiven Tätigkeit. Angesichts der verstrichenen Zeit lassen sich die Schwierigkeiten dieses Erkenntnisprozesses gut vorstellen, auch bei Vorliegen neuer Beweismittel. Natürlich gibt es Fälle mit Fehlurteilen, in denen die neu aufgefundenen Beweismittel wahr und vollständig sind, sie sogar als „knallharte Beweise" bezeichnet werden können.

103 S. Liu Pinxin (Hrsg.): Gründe für Justizirrtümer und Gegenmaßnahmen. Zhongguo Fazhi Chubanshe *[China Legal Publishing House]* 2009, S. 364–367

So war z. B. im Justizskandal She Xianglin das neue Beweismittel – die „Geschädigte“ Zhang Aiqing, die lebendig zurückkehrte – ein „knallharter Beweis“ für das Fehlurteil, mit dem zu 100% der Beweis geführt werden konnte, dass das Urteil „She Xianglin hat Zhang Aiqing ermordet“ falsch war. Aber in der Mehrheit der Fälle haben neue Beweismittel keine 100%ige Beweiskraft, so dass die Ergebnisse des Erkenntnisprozesses von graduell unterschiedlicher Unbestimmtheit sind. Der Fall Jeremy Bamber, der vor ein paar Jahren in Großbritannien hohes Aufsehen erregte, ist ein Beispiel dafür.

Am 7. August 1985 wurde in Großbritanniens Grafschaft Essex ein Massaker verübt. Die Eigentümer der „White House Farm“, das Ehepaar Bamber, die Adoptivtochter Sheila und deren Zwillingssöhne starben durch mehrere Schüsse. Nachdem der Adoptivsohn der Bambers, Jeremy, Anzeige erstattet hatte, begab sich die Polizei an den Tatort. Durch die Untersuchung wurde Sheila als Täterin identifiziert, die zuerst ihre Eltern und Kinder und dann sich selbst erschossen habe. Unter den Verwandten und Freunden, die an der Beerdigung teilnahmen, waren zwei junge Leute, die dem polizeilichen Untersuchungsergebnis jedoch nicht glaubten und am Tatort einen mit geringen Blutspuren behafteten Schalldämpfer für Gewehre fanden. Die polizeiliche Laboruntersuchung ergab, dass die Blutgruppe der Blutspuren die gleiche wie die von Sheila war. Damit war sich die Polizei sicher, dass Sheila keinen Selbstmord begangen habe, denn ihre Armlänge ermöglichte keinen Selbstmord mit dem Gewehr mit Schalldämpfer. So wurde Jeremy Bamber zum Verdächtigen. Seine Freundin Julie sagte der Polizei später, dass Jeremy der Mörder gewesen sei. Das Gericht von Chelmsford Crown eröffnete am 2. Oktober 1986 das Verfahren in der Mordsache Jeremy Bamber. Vor Gericht sagte Julie aus, dass Jeremy mal unmissverständlich gesagt habe, er wolle die ganze Familie töten, und auch einen Mordplan entworfen habe. Nach der Beweisaufnahme stimmten die Geschworenen mit 10 : 2 dafür, dass Jeremy Bamber die Morde begangen habe. Der Richter verkündete daraufhin das Urteil: lebenslängliche Freiheitsstrafe, keine Entlassung in den folgenden 25 Jahren.

Während dieser 25 Jahre beantragte Jeremy Bamber ununterbrochen die Wiederaufnahme des Verfahrens. Anfang 2011 brachte sein Anwaltsteam „zehn gewichtige Gründe“ für eine Revidierung des Urteils vor und legte neue Beweismittel vor, darunter Beweise, dass die Polizei am Tatort Spuren zerstört hatte, und eine DNA-Analyse zu den Blutspuren auf dem Schalldämpfer. Obwohl die Analyse nicht eindeutige Aussagen enthielt, konnte sie dennoch zeigen, dass die wenigen Blutspuren mit höherer Wahrscheinlichkeit vom Vater stammten als von Sheila. Die Kommission zur Überprüfung von Kriminalfällen *[Criminal Cases Review Commission]* ließ Bambers Antrag zu, erließ aber nach Prüfung am 11. Februar den vorläufigen Beschluss, den Fall zunächst nicht an das Berufungsgericht *[Anm. d. Ü.: Wiederaufnahmeverfahren finden vor dem „Berufungsgericht“ statt.]*

zur neuen Verhandlung abzugeben und drei Monate Zeit für die Verteidigung einzuräumen. Am 15. April stellte Bambers Anwaltsteam beim zuständigen Leiter der Staatsanwaltschaft *[Director of Public Prosecutions]* und der Unabhängigen Beschwerdekommission der Polizei *[Independent Police Complaints Commission]* den Antrag, die von der Polizei verwahrten Negative der 198 bei der Tatortuntersuchung gemachten Fotos einzusehen. Am 13. Mai beschloss die Kommission zur Überprüfung von Kriminalfällen, Bambers Anwälten zu gestatten, bei ihr verwahrte 406 Fotos vom Tatort einzusehen, und verkündete eine Verlängerung der Frist für die Verteidigung um weitere zwei Monate. Am 26. Mai reichte Bambers Anwaltsteam die abschließende rechtliche Stellungnahme der Verteidigung ein und beantragte die Abgabe des Falls an das Berufungsgericht zur neuen Verhandlung.[104]

War das Urteil im Fall Jeremy Bamber ein Fehlurteil? Eine Antwort auf diese Frage ist unmöglich, weil in der Sache nur wenige und zudem nicht eindeutige Beweismittel vorlagen. Erstens, es gab keine unmittelbaren Beweismittel, mit denen der Beweis geführt werden konnte, dass Jeremy Bamber die Morde begangen hatte. Zweitens, die Beweismittel ergaben keine vollständige und exklusive Beweiskette. Auch wurden mit dem Blutgruppengutachten keine individuellen Merkmale festgestellt, so dass die Identifizierung des Täters eine gewisse Unbestimmtheit mit sich brachte. Und zuletzt, Julies Zeugenaussage, das entscheidende Beweismittel in diesem Fall, war alles andere als unproblematisch. Anhand der vorliegenden Beweismittel kann natürlich nicht vollständig ausgeschlossen werden, dass Jeremy Bamber der Mörder war. Leute, die die Beweismittel in diesem Fall genau kennen, können so zwei nicht eindeutige „Tatsachen" erkennen – Jeremy Bamber ist schuldig, Jeremy Bamber ist unschuldig. Was ist wahr? Derzeit weiß es keiner, und vielleicht wird es nie jemand herausfinden.

2 Antagonismen bei der Erkenntnis von Fehlurteilen

Anhand des Antrags auf Wiederaufnahme des Verfahrens und der Überprüfung des Falls Jeremy Bamber lässt sich vage der Antagonismus zweier Kräfte ausmachen. Auf der einen Seite Bamber und sein Anwaltsteam, die sich bemühten nachzuweisen, dass das Urteil des abgeschlossenen Verfahrens falsch war, auf der anderen Seite die durch die lokale Polizei vertretenen Kräfte, die der Überprüfung des Falls negativ gegenüber standen, ja sogar Mittel einsetzen, um sie

104 Der obige Inhalt ist Berichten aus „The Guardian", „The Daily Telegraph", BBC und weiteren britischen Medien entnommen.

zu unterminieren; z. B. stellte sie Bambers Anwaltsteam nicht alle Negative der Fotos vom Tatort zur Verfügung. Nachteilen aus dem Weg gehen und Vorteile suchen ist ein grundlegendes menschliches Verhaltensmodell, Abstreiten, ja Verschleiern von Fehlern ist ein menschlicher Instinkt, und so wollen Bearbeiter von Strafsachen Fehler oft nicht eingestehen, und manche Leute suchen sogar Mittel und Wege, um die Revidierung eines Urteils zu behindern. Ob ein Fehlurteil erkannt wird oder nicht, wird mithin zu einem sowohl offenen als auch versteckten Kampf zwischen den zwei Interessengruppen. Dieser Antagonismus findet im Fall Nie Shubin aus Chinas Provinz Hebei deutliche Widerspiegelung.

Am 5. August 1994 um 17 Uhr wurde die Arbeiterin Kang X. aus der Fabrik für Hydraulikteile der Stadt Shijiazhuang in einem Maisfeld neben einer Straße eines Vororts der Stadt vergewaltigt und ermordet. Aufgrund von Meldungen aus der Bevölkerung fasste die Polizei den Verdächtigen Nie Shubin und erhielt von ihm ein Schuldgeständnis. Am 15. März 1995 verurteilte das Mittlere Volksgericht der Stadt Shijiazhuang den Angeklagten Nie Shubin wegen Mordes zum Tode und wegen Vergewaltigung zu einer Freiheitsstrafe von 15 Jahren. Das wesentliche Beweismittel für die Festsetzung der Strafe war das Geständnis des Angeklagten. Am 25. April erging durch das Obere Volksgericht der Provinz Hebei das abschließende Urteil, das die Todesstrafe bestätigte, die zwei Tage später vollzogen wurde.[105] Im März 2005 gab Wang Shujin, der einer Serie von Vergewaltigungen angeklagt war, zu, am 5. August 1994 in einem Maisfeld neben einer Straße eines Vororts der Stadt Shijiazhuang eine junge Frau vergewaltigt und ermordet zu haben. Seine Schilderung des Tathergangs und einiger Details passte zum Fall der Vergewaltigung und Ermordung von Kang X.; zudem identifizierte er den Tatort. Nie Shubins Mutter Zhang Huanzhi hatte von Anfang an nicht geglaubt, dass ihr einfach gestrickter und ehrlicher Sohn jemanden vergewaltigen und ermorden könne, und hörte, nachdem sie die Nachricht erfahren hatte, erst recht nicht auf, Rechtsmittel einzulegen und sich bei höheren Stellen zu petitionieren. Die Kommission für Politik und Recht der Provinz Hebei hatte zwar eine Sondergruppe eingerichtet, um den Fall erneut zu untersuchen, aber nie eine offizielle Erklärung abgegeben.[106] Ein Polizist aus der Gegend äußerte sich so: „Vor mehr als zehn Jahren hätte Wang mangels weiterer Indizienbeweise nur aufgrund seines Geständnisses als Mörder verurteilt werden können. Heute dagegen darf

---

105 S. Zhao Ling: Der wahre Mörder hat ein Gewissen, Staatsanwaltschaft und Gericht sind emotionslos – bitteres Unrecht für Nie Shubin, gegen das er sich kaum wehren konnte! In: Nanfang Zhoumo *[Southern Weekly]* 02.11.2007.

106 S. Zhao Ling: Ungewissheiten bei der Revidierung des „Fall Nie Shubin". In: Nanfang Zhoumo *[Southern Weekly]* 11.11.2009.

man sich nicht mehr nur auf ein Geständnis stützen. Ganz zu schweigen davon, dass der Fall abgeschlossen ist und ein Mensch hingerichtet wurde."[107]

Früher konnte ein Angeklagter lediglich aufgrund seines Geständnisses für schuldig befunden werden, heute ist es nicht mal mehr möglich, nur aufgrund des Geständnisses eines Angeklagten ein Fehlurteil festzustellen. Um einen Angeklagten schuldig zu sprechen, bedurfte es damals keiner „knallharten Beweise", die müssen heute unbedingt vorliegen, soll ein Urteil revidiert werden. Was für eine befremdliche, missliche Lage, was den Prozess der Erkenntnis von Fehlurteilen betrifft! Ohne ein Blatt vor den Mund zu nehmen: „Beweismittel unvollständig" ist wohl nur ein oberflächlicher Grund, warum die Revidierung des Falls Nie Shubin so schwierig ist, der tiefer liegende Grund liegt möglicherweise in der Angst, ja im Widerstand der Betroffenen, für den Justizirrtum zur Verantwortung gezogen zu werden. Die Alten sagten: Nicht jeder Mensch ist ein Weiser, aber auch Weise machen Fehler. Das Wichtigste ist, Fehler zu korrigieren. Doch wenn Menschen mit ihren eigenen Fehlern konfrontiert werden, gibt es in ihrer Haltung Unterschiede wie Tag und Nacht. Einige besitzen den Mut, Fehler zuzugeben und sie aktiv zu korrigieren, andere wagen es nicht, sie zuzugeben und weisen die Verantwortung von sich, wiederum andere geben Fehler auf den Tod nicht zu und setzen alles daran, sie zu vertuschen.

Der Prozess der Erkenntnis von Fehlurteilen trägt Züge von Unbestimmtheit und Antagonismen, von daher sind einheitliche und klare Beweisstandards vonnöten. Ansonsten kommt es zu Unterschieden wegen der involvierten Personen, der Sache, der Zeit, des Orts – manche Fehlurteile werden problemlos erkannt, „alles läuft wie geschmiert", bei anderen ist der Prozess schwierig, er „schleppt sich hin". Unter dem Vorwand, dass die Standards nicht klar seien, oder mit ihrem eigenen Verständnis als Maßstab behindern manche Leute sogar die Feststellung und Korrektur von Fehlurteilen, was zu endlosen Petitionen bei höheren Stellen und dem Einlegen von Rechtsmitteln führt. Um die Problematik der Beweisstandards für die Feststellung von Fehlurteilen in China besser erforschen zu können, untersuchen wir zunächst die entsprechenden Standards in anderen Ländern.

107 S. Zhou Xifeng: Wang Shujin – ein pathologischer Teufel. In: Xiaoxiang Chen Bao *[Xiaoxianger Morgenzeitung]* 27.03.2005.

II Fallanalyse zu den Standards für den Nachweis von Fehlurteilen in den USA

Prof. Mark Godsey vom College of Law der University of Cincinnati sagte mir, dass die Beweisstandards für die Feststellung von Fehlurteilen in den einzelnen Bundesstaaten nicht vollkommen identisch seien, aber in der Regel entscheidend sei, ob durch das neue Beweismittel (wie DNA-Testergebnis) vernünftige Zweifel begründet werden könnten. Das liegt weit unter den Anforderungen an einen vollständigen Nachweis der Unschuld, gefordert wird lediglich, dass der Strafgefangene, der die Wiederaufnahme des Verfahrens beantragt, Beweise vorlegen kann, durch die vernünftige Zweifel am Schuldspruch des abgeschlossenen Verfahrens hinreichend begründet werden. Allerdings ist das nur der gesetzlich festgelegte Standard. In der Praxis legen Richter häufig aus politischen Überlegungen flexibel einen höheren Standard an. Begründet das Beweismittel z. B. vernünftige Zweifel, genügt aber nicht dem Standard „Übergewicht der Beweise" (d. h. mit einer Wahrscheinlichkeit von mehr als 50% kann belegt werden, dass der Strafgefangene unschuldig ist), wird der Richter in der Regel sagen: „Das begründet noch keine vernünftigen Zweifel." Zwischen dem gesetzlich festgelegten Standard und dem in der Realität angewendeten gibt es also Unterschiede. Allerdings gilt, dass ein Strafgefangener, der erfolgreich die Wiederaufnahme des Verfahrens beantragt hat, nur die Gelegenheit zur Neuverhandlung seiner Sache bekommen hat. Haben die Beweismittel für den Nachweis seiner Unschuld eine hohe Beweiskraft (wie ein DNA-Gutachten mit eindeutiger Aussage), wird der Staatsanwalt in der Regel auf ein Wiederaufnahmeverfahren verzichten, der Strafgefangene wird freigesprochen. Sind die Beweismittel jedoch von nur durchschnittlicher Beweiskraft, wird sich der Staatsanwalt möglicherweise für eine zweite Verhandlung vor dem Schwurgericht entscheiden. Verkünden die Geschworenen in der zweiten Verhandlung die Unschuld des Strafgefangenen, wird er vom Richter freigesprochen. Fällen sie das Urteil „schuldig", darf er nicht freigesprochen werden.[108]

108 Prof. Godsey ist Leiter des Zentrums „Ohio-Projekt Unschuld" *[„Ohio Innocence Project"; Anm. d. Ü.: eine US-amerikanische Non-Profit-Organisation, die sich um die Aufklärung von Justizirrtümern bemüht.].* Im Februar 2010 lud er mich zu einer Vorlesung an die Juristische Fakultät der University of Cincinnati ein; danach blieben wir weiter in Kontakt. Der folgende Originaltext ist ein Auszug aus der Email, die er mir im Juli 2010 geschickt hatte:

Der Standard variiert von Bundesstaat zu Bundesstaat, aber in der Regel gilt, ob durch das neue Beweismittel (wie DNA-Testergebnis) vernünftige Zweifel begründet werden können. Weit unter der Anforderung liegend, Unschuldsbeweise mit hoher Beweiskraft vorlegen zu müssen, wird lediglich gefordert, dass der Strafgefangene neue Beweise erbringt, durch die vernünftige

Das zeigt, dass obwohl der in den USA gesetzlich festgelegte Standard für den Nachweis eines Fehlurteils „vernünftige Zweifel begründet" ist, sich der Richter in der Praxis in der Regel an den Standard „Übergewicht der Beweise" hält. Doch gesetzlich festgelegtes oder in der Praxis angewendetes Beweismaß liegen beide deutlich unter dem Standard für den Nachweis der Schuld des Angeklagten im Strafverfahren – „jenseits vernünftiger Zweifel". Stellt der Richter anhand der neuen Beweismittel, die der Rechtsmittelführer eingelegt hat, fest, dass das Ersturteil ein Fehlurteil ist, wird er es aufheben, der Inhaftierte wird umgehend freigelassen. Doch das bedeutet mitnichten, dass der Rechtsmittelführer als „abschließend" unschuldig gilt. Geht der Staatsanwalt davon aus, dass die Geschworenen den Angeklagten trotz Vorliegens neuer Beweismittel für schuldig sprechen werden, kann er erneut öffentliche Klage eheben. Da es sich in dem Fall um ein Wiederaufnahmeverfahren handelt, weil das Ersturteil aufgehoben wurde, kann der Grundsatz „ne bis in idem" – „nicht zweimal in derselben Sache", Verbot der Doppelbestrafung, – nicht verletzt werden. Stellen die Geschworenen im Wiederaufnahmeverfahren aufgrund sämtlicher Beweismittel die Schuld des Angeklagten fest, wird der Richter erneut ein Strafurteil fällen. Stellen sie seine Unschuld fest, wird der Angeklagte abschließend freigesprochen. In der Praxis kommt es allerdings sehr selten vor, dass ein Staatsanwalt erneut Anklage erhebt, insbesondere in Fällen, wo DNA-Tests die Unschuld des Rechtsmittelführers bekräftigen.

Am frühen Morgen des 2. Mai 1991 wurden in Winston-Salem im Bundesstaat North Carolina zwei Mädchen im Alter von 16 bzw. 13 Jahren zu Hause gefesselt und dann vergewaltigt. Die Mädchen erstatteten Anzeige und berichteten der Polizei, der Täter sei ein Schwarzer gewesen, wahrscheinlich Joseph Abbitt, hatten sie das Gefühl, obwohl es halbdunkel gewesen war. Der hatte

---

Zweifel begründet werden, die vorher nicht vorhanden waren. Das ist der gesetzlich festgelegte Standard. In der Realität verbiegen Richter aus politischen Gründen die Tatsachen, um einen höheren Standard ansetzen zu können. Selbst bei Beweismitteln, durch die vernünftige Zweifel begründet, aber nicht durch ihr Übergewicht (Wahrscheinlichkeit der Unschuld über 50%) die Unschuld des Strafgefangenen belegt werden können, wird der Richter nur sagen: „Das begründet noch keine vernünftigen Zweifel", selbst wenn es so ist; der festgelegte Standard sieht in der Realität anders aus. Wie auch immer, hat ein Strafgefangener Erfolg, bedeutet es nur, dass er eine Neuverhandlung bekommt. Haben die Beweismittel für den Nachweis seiner Unschuld eine hohe Beweiskraft (wie ein DNA-Gutachten mit eindeutiger Aussage), wird der Staatsanwalt die Anklage fallen lassen und kein Wiederaufnahmeverfahren veranlassen, was mit dem Freispruch des Strafgefangenen endet. Sind die Beweismittel jedoch von nur durchschnittlicher Beweiskraft, wird der Staatsanwalt die Person möglicherweise ein zweites Mal vor ein Schwurgericht bringen. Wird er von diesem unschuldig gesprochenn, wird er [vom Richter] freigesprochen, wird er zum zweiten Mal schuldig gesprochen, darf er nicht freigesprochen werden.

in der gleichen Gegend gelebt und bei der Familie der Mädchen mal Gelegenheitsarbeiten verrichtet. Die Polizei zeigte ihnen verschiedene Fotos, beide Geschädigten identifizierten Abbitt. Weil er bereits aus North Carolina fortgezogen war, wurde ein Steckbrief ausgestellt, Abbitt 1994 in einer Haftzelle im Bundesstaat Texas verhaftet und nach North Carolina überstellt. Im Juni 1995 verhandelte ein Schwurgericht von Winston-Salem den Fall Abbitt. Die Anklage des Staatsanwalts umfasste drei Straftatbestände: Vergewaltigung, Entführung, Einbruch. Seine wesentlichen Beweismittel waren die Aussagen der beiden Geschädigten und die Identifizierung des Täters vor Gericht. Die Polizei hatte am Tatort zwar Sachbeweise wie die Unterhosen der Geschädigten und Bettlaken gesichert, auf denen auch Spermaspuren gefunden worden waren, aber das DNA-Gutachten enthielt keine eindeutige Aussage, es konnte nur zeigen, dass das Sperma möglicherweise von Abbitt stammte. Nach der Verhandlung und Beratung stellte das Schwurgericht die Schuld des Angeklagten fest, woraufhin der Richter das Urteil verkündete: zweimal lebenslängliche Freiheitsstrafe zuzüglich 110 Jahre. Abbitt legte Berufung ein, das Berufungsgericht hielt das Ersturteil aufrecht.

Im Jahr 2005 beantragte das Zentrum „Ohio Innocence Project" von North Carolina als Abbitts Prozessbevollmächtigter die Wiederaufnahme des Verfahrens und erhielt die Genehmigung, erneut eine DNA-Analyse durchführen zu lassen. Bei der lokalen Polizeibehörde erhielten die Mitarbeiter die Unterhosen und weitere Sachbeweise, doch die Tests verliefen alles andere als problemlos. Die ersten waren nicht präzise genug, das Ergebnis immer noch nicht eindeutig, weder konnte das Sperma als Abbitts bestätigt noch verneint werden. So baten sie die Experten, eine zweite Testrunde mit präziseren Analysemethoden durchzuführen. Diesmal war das Ergebnis eindeutig, es wurde nachgewiesen, dass die Spermaspuren nicht von Abbitt stammten. Die Neuverhandlung zog sich lange hin, erst am 2. September 2009 erhielt Abbitt den Beschluss des Gerichts, dass das Urteil des ersten Verfahrens aufgehoben werde. Bis zu dem Zeitpunkt hatte er bereits 14 Jahre im Gefängnis gesessen.[109]

In dem vorliegenden Fall hatte für das Urteil des ersten Verfahrens ein DNA-Gutachten mit nicht eindeutiger Aussage vorgelegen, für das Wiederaufnahmeverfahren wurde eines mit eindeutiger Aussage erstellt. Werden Probleme der langfristigen Aufbewahrung von Sachbeweisen sowie die Verbindung der Spermaspuren mit der Vergewaltigung berücksichtigt, konnte das später erstellte DNA-Gutachten die Möglichkeit der Täterschaft des Antragstellers mitnichten absolut ausschlie-

109 Quelle zu diesem Fall ist die Spalte „Know the Cases" auf der Website des amerikanischen „Projekt Unschuld" *[„Innocence Project"]*.

ßen. Anders ausgedrückt: der Beweis der Unschud des Antragstellers konnte nicht über jeden vernünftigen Zweifel hinaus geführt werden, aber der Standard „Übergewicht der Beweise" für den Nachweis eines Fehlurteils wurde sicher erreicht.

III Fallanalyse zu den Standards für den Nachweis von Fehlurteilen in Großbritannien

Die Rechtssysteme Großbritanniens und den USA unterscheiden sich nicht groß. Auch die Standards für den Nachweis von Fehlurteilen in Großbritannien sind denen der USA sehr ähnlich. Allerdings verläuft in Großbritannien der Prozess der Korrektur von Fehlurteilen in mehreren Phasen; in verschiedenen Phasen gelten unterschiedliche Beweisstandards. Wie im Fall Bamber dargestellt, muss der Antrag auf Korrektur eines Fehlurteils zunächst von der Kommission zur Überprüfung von Kriminalfällen geprüft werden. Das Beweismaß dieser Kommission für die Entscheidung, ob der Fall an das Berufungsgericht zur neuen Verhandlung abgegeben wird, ist „die reale Möglichkeit der Revidierung des Ersturteils"[110] *[Anm. d. Ü.: Bei David Hamer: WRONGFUL CONVICTIONS, APPEALS, AND THE FINALITY PRINCIPLE: THE NEED FOR A CRIMINAL CASES REVIEW COMMISSION heißt es in einer Fußnote zum Wortlaut des Standards: CCRC, Case Library, above n 18. CAA s 13(1)(a) provides that the Commission may only refer cases to the Court of Appeal where it considers 'that there is a real possibility that the conviction, verdict, finding or sentence would not be upheld were the reference to be made' (emphasis added); http://www.unswlawjournal.unsw.edu.au/sites/default/files/hamer_371.pdf].* Nach Zulassung der von der Kommission zur Überprüfung von Kriminalfällen weitergeleiteten Berufungssache wird das Berufungsgericht den Fall erneut verhandeln. Die relevanten Gesetze enthalten zwar keine klaren Aussagen zu einem Beweisstandard für die Feststellung von Fehlurteilen in der Neuverhandlung, aber den gerichtlichen Entscheidungen der Berufungsgerichte zur Aufhebung der Urteile der abgeschlossenen Verfahren in den Fällen „The Guildford Four" (1990), „The Birmingham Six" (1991), „Judith Ward" (1992) und „Carl Bridgewater" (1997) entsprechend kann er so dargelegt werden: durch neue oder neu aufgefundene Beweismittel sind die zur ursprünglichen Festsetzung der Strafe herangezogenen Beweise nicht mehr hinreichend haltbar und begründen dadurch hinreichend

---

110 S. McConville, Mike, u. a.: The Handbook of the English Criminal Justice Process *[Handbuch des englischen Strafverfahrens]*. Ins Chinesische übersetzt von Yao Yongji u. a. Falü Chubanshe *[Verlag für Recht; Law Press·China]* 2003, S. 464–467.

vernünftige Zweifel am Schuldspruch.[111] In Großbritannien erhalten Personen, die fälschlich verurteilt wurden, eine „staatliche Entschädigung", doch die Feststellung des Fehlurteils durch das Berufungsgericht bedeutet mitnichten, dass die beteiligte Person dann auch entschädigt wird, sie muss erst bei Gericht einen entsprechenden Antrag stellen. Gelangt das Gericht nach Prüfung zu der Ansicht, dass es sich tatsächlich um ein Fehlurteil mit Anspruch auf Entschädigung handelt, ist das Justizministerium für die Zahlung der Entschädigung zuständig. Ist das Gericht der Meinung, dass es sich nicht um ein Fehlurteil mit Anspruch auf Entschädigung handelt, erhält die beteiligte Person keine Entschädigung. Der Beweisstandard für die Bestätigung eines Entschädigungsanspruchs durch das Gericht liegt höher als der für die Feststellung des Fehlurteils. 2004 hatte die britische Regierung das folgende Beweismaß für die Entschädigung im Fall eines Fehlurteils festgelegt: der Antragsteller muss jenseits vernünftiger Zweifel seine Unschuld beweisen können. 2011 senkte das Oberste Gericht Großbritanniens[112] diesen Beweisstandard. Anlass für diese Reform war der Mordfall Raymond McCartney und Eamonn MacDermott.

Im Jahr 1977 wurde Patrick McNulty, Polizist im Dienst der nordirischen Polizei Royal Ulster Constabulary (RUC), von der IRA erschossen, eine Woche später Jeffery Agate, Geschäftsführer der Fabrik DuPont. Auf ihre Untersuchungen hin identifizierte die Polizei Raymond McCartney und Eamonn MacDermott als die Mörder und erhielt durch den Einsatz „besonderer Vernehmungsmethoden" von den beiden Beschuldigten Schuldgeständnisse. 1979 wurde vor dem Strafgericht Nordirlands der Fall McCartney und MacDermott verhandelt. Die beiden Angeklagten beharrten vor Gericht auf ihrer Unschuld und erklärten, dass die Schuldgeständnisse Ergebnis von Folter durch die Polizei seien, doch das Gericht glaubte ihnen nicht. Die Verteidigung veranlasste die Ladung weiterer Personen, die von der Polizei gefoltert worden waren, als Zeugen, aber auch ihnen glaubte das Gericht nicht. Zum Schluss stellte es aufgrund der während der

---

111 S. McConville, Mike, u. a.: The Handbook of the English Criminal Justice Process *[Handbuch des englischen Strafverfahrens]*. Ins Chinesische übersetzt von Yao Yongji u. a. Falü Chubanshe *[Verlag für Recht; Law Press·China]* 2003, S. 459–461.

112 Im Oktober 2009 wurde der Oberste Gerichtshof des Vereinigten Königreichs *[Supreme Court of the United Kingdom]* geschaffen, der als oberstes Rechtsprechungsorgan an die Stelle des Berufungsausschusses des Oberhauses *[Appellate Committee of The House of Lords]* trat und vollkommen unabhängig vom Oberhaus und den Justizorganen ist. Der Oberste Gerichtshof besteht aus 12 Richtern. In Zivilsachen ist er Berufungsinstanz für das gesamte Vereinigte Königreich, in Strafsachen für England, Wales und Nordirland. Die Fälle, die vor dem Obersten Gerichtshof verhandelt werden, beziehen sich im Allgemeinen auf strittige Rechtsfragen von bedeutendem öffentlichem Interesse.

Ermittlungen gemachten Schuldgeständnisse der beiden Angeklagten fest, dass die vorgeworfenen Tatbestände – Mord an Patrick McNulty und an Jeffery Agate – erfüllt seien, und verurteilte beide zu lebenslanger Freiheitsstrafe. McCartney und MacDermott nahmen das Urteil nicht an und legten Berufung ein, die im September 1982 vom Berufungsgericht von Nordirland zurückgewiesen wurde. MacDermott wurde nach 15 Jahren auf Bewährung entlassen und arbeitete danach als Journalist. McCartney wurde nach 17 Jahren auf Bewährung entlassen; während der Haft war er kommandierender Offizier von IRA-Gefangenen gewesen und hatte an einem 53 Tage dauernden Hungerstreik teilgenommen. Nach seiner Entlassung trat er der der Sinn Féin bei. Beide beharrten darauf, dass sie in keiner Verbindung mit den Attentaten stünden, die Schuldgeständnisse entsprächen nicht der Wahrheit. Weiter beantragten sie Wiederaufnahme des Verfahrens und kämpften um ihre Unschuld. Später gelangten sie an für sie sprechende Beweismittel, unter anderem erfuhren sie über die Tatsache, dass die Klage gegen einen Zeugen der Verteidigung zurückgezogen wurde, weil der Leiter der nordirischen Staatsanwaltschaft überzeugt war, dass dieser Zeuge tatsächlich von der lokalen Polizei durch Folter zu einer Aussage gezwungen worden war. Nach Überprüfung des Falls im September 2006 sah die britische Kommission zur Überprüfung von Kriminalfällen die Möglichkeit, dass die Geständnisse der beiden Antragsteller durch Folter erpresst worden waren, als sehr groß an und leitete ihn an das Berufungsgericht zur neuen Verhandlung weiter. Von diesem erging nach Verhandlung der Sache schließlich im Februar 2007 der Beschluss, dass die Schuldsprüche gegen McCartney und MacDermott aufgehoben würden. Die Richter erklärten, dass sie aufgrund der vorliegenden Beweismittel „Zweifel an der Wahrhaftigkeit der Schuldsprüche" hätten; mit anderen Worten, sie schlossen vernünftige Zweifel nicht aus. McCartney sagte Journalisten nach der Verkündung des Gerichtsbeschlusses: „Bei der Diskussion dieser Sache dürfen die Vernehmungsmethoden, die die Polizei RUC damals angewendet hatte, nicht außer Acht gelassen werden, wie auch gesehen werden muss, dass das lokale Gericht damals Mitglieder der Republikanischen Armee lediglich aufgrund von Geständnissen ins Gefängnis werfen wollte."[113]

Nach ihrer Rehabilitierung beantragten Raymond McCartney und Eamonn MacDermott staatliche Entschädigung. Das Gericht Nordirlands nahm den Antrag im Jahr 2008 an, beschloss zum Schluss aber, dass die vorgelegten Beweismittel ihre Unschuld nicht jenseits vernünftiger Zweifel belegen konnten, sie mithin keine staatliche Entschädigung erhalten würden. Die beiden nahmen

113 Unter Berufung auf den Bericht der BBC News vom 15.02.2007, „Murder convictions ruled unsafe".

den Beschluss nicht an und legten Berufung ein. Nach Beratung der für den Fall zuständigen neun Richter des Obersten Gerichtshofs des Vereinigten Königreichs erging am 11. Mai 2011 mit einem Abstimmungsergebnis von 5:4 der folgende Beschluss: Raymond McCartney und Eamonn MacDermott haben staatliche Entschädigung zu erhalten. Zudem stellte der Oberste Gerichtshof mit diesem Beschluss ein neues Beweismaß für die Bestätigung eines Entschädigungsanspruchs auf. Der Standard „Beweis der Unschuld jenseits vernünftiger Zweifel" wurde gesenkt auf „durch neue Beweismittel ist der Schuldspruch nicht mehr hinreichend haltbar". In ihrem Beschluss hoben die Richter hervor: „Erweist sich durch eine neue oder neu entdeckte Tatsache überzeugend, dass die für die Anklage einer Person vorgebrachten Beweismittel so unglaubwürdig geworden sind, dass auf ihrer Basis kein Schuldspruch ergehen dürfte", dann kann dieser als Fehlurteil der Justiz festgestellt werden und es hat Entschädigung zu erfolgen. Richter Lord Phillips hob hervor: selbst wenn der neue Beweisstandard nicht garantieren könne, dass nur wirklich Unschuldige Entschädigung erhalten, „wird er aber garantieren, dass unschuldigen Angeklagten nach Diskreditierung der Glaubwürdigkeit der Beweise für ihre Schuld eine Entschädigung nicht deshalb verwehrt wird, weil sie nicht jenseits vernünftiger Zweifel ihre Unschuld beweisen können", dieser neue Standard sei „in der Praxis praktikabel". Auch Richter Lord Hope hob hervor: „In ihrem Fall können wir nicht sagen, dass die neu entdeckten Tatsachen ihre Unschuld bereits überzeugend erwiesen haben. Doch wir können sagen, dass aufgrund dieser entdeckten Tatsachen die für ihre Anklage vorgebrachten Beweismittel so unglaubwürdig geworden sind, dass auf ihrer Basis kein erneuter Schuldspruch ergehen darf".

Zusammengefasst lässt sich sagen, dass die Standards für den Nachweis von Fehlurteilen in Großbritannien drei Ebenen umfassen. Die erste: Beweismaß für die Entscheidung der Kommission zur Überprüfung von Kriminalfällen, ob der Fall weitergeleitet werden soll, ist „die reale Möglichkeit der Revidierung des Ersturteils". Die zweite: Beweismaß des Berufungsgerichts für die Entscheidung, ob das Ersturteil aufgehoben wird oder nicht, ist „durch neue Beweismittel werden vernünftige Zweifel am Schuldspruch hinreichend begründet". Die dritte: Beweismaß des Gerichts für die Entscheidung, ob Entschädigung wegen eines Fehlurteils geleistet wird, ist „die Beweismittel dürfen nicht zu einem erneuten Schuldspruch führen". Der Verfasser bewertet hier nicht die Vernünftigkeit dieser Standards, ist aber der Auffassung, dass China sich ein Beispiel an ihnen nehmen könnte.

IV Fallanalyse zu den Standards für den Nachweis von Fehlurteilen in Deutschland

In Deutschland gilt Prof. Karl Peters (1904–1998) als Meister auf dem Gebiet der Forschungen über Fehlurteile in Strafsachen. „Fehlerquellen im Strafprozess: Eine Untersuchung der Wiederaufnahmeverfahren in der Bundesrepublik Deutschland" aus den 70er Jahren des 20. Jh. ist in Deutschland das einflussreichste Werk der Forschung über Fehlurteile in Strafsachen. Das Buch umfasst drei Bände; der erste hat den Titel „Einführung und Dokumentation", der zweite „Systematische Untersuchungen und Folgerungen" und der dritte „Wiederaufnahmerecht". Forschungsobjekte dieser drei Bände sind 1115 Strafsachen, in denen zwischen 1951 und 1964 Wiederaufnahmeverfahren durchgeführt wurden, d. h, Wiederaufnahmeverfahren, bei denen der Wiederaufnahmeantrag begründet war. Bei 91 Verfahren hatte die Staatsanwaltschaft die Wiederaufnahme zu Ungunsten eines Angeklagten beantragt, bei weiteren 1024 Verfahren zugunsten des Verurteilten. Prof. Peters war der Ansicht, dass es sich nicht unbedingt bei sämtlichen im Wiederaufnahmeverfahren nicht mehr aufrechterhaltenen Urteilen um Fehlurteile handelte, da es im Prozess der Erkenntnis von Schuld und Unschuld Unbestimmtheiten gebe. Mit anderen Worten: der Angeklagte kann schuldig, aber auch unschuldig sein. Prof. Peters identifizierte fünf Erkenntnisebenen des Richters im Wiederaufnahmeverfahren über das Urteil des abgeschlossenen Verfahrens. Die erste: es ist ganz sicher falsch; die zweite: es ist sehr wahrscheinlich falsch; die dritte: es kann nicht vollständig bestätigt werden; die vierte: es ist wahrscheinlich richtig; die fünfte: es ist sehr wahrscheinlich / höchstwahrscheinlich richtig. Prof. Peters meinte, dass die Richter im Wiederaufnahmeverfahren in den ersten drei Fällen das Urteil des ersten Verfahrens als falsch feststellen und in den letzteren beiden zugunsten des Angeklagten entscheiden sollten, selbst wenn sie das Urteil des ersten Verfahrens nicht mit Sicherheit als falsch feststellen könnten.[114]

Prof. Peters' Ansichten geben uns viele Anregungen für unsere Forschungen zu Standards für den Nachweis von Fehlurteilen in Strafsachen. Zwecks vereinfachter Erörterung zeigen wir hypothetisch das in Wiederaufnahmeverfahren aufgrund sämtlicher Beweismittel erreichte Niveau der Erkenntnis eines Fehlurteils auf. Auf der ersten Ebene liegt die Wahrscheinlichkeit für ein falsches Urteil im

---

114 Im Sommer 2010 war ich Gastwissenschaftler am Max-Planck-Institut für ausländisches und internationales Strafrecht. In der Zeit informierte ich mich bei deutschen Wissenschaftlern und Richtern über Justizirrtümer in Strafsachen. Die relevanten Texte wurden von Zhou Zunyou, der damals an der Universität Freiburg in Rechtswissenschaften promovierte, übersetzt.

ersten Verfahren bei 100%, auf der zweiten Ebene bei 80%, auf der dritten bei 60%, auf der vierten bei 40% und auf der fünften bei 20%. Wie Prof. Peters plädiert hat: in den ersten drei Fällen sollte das Urteil des ersten Verfahrens als falsch festgestellt werden. Die niedrigste Wahrscheinlichkeit für die Feststellung eines Fehlurteils liegt also bei 60%. Mit dem sogenannten Standard für den Nachweis eines Fehlurteils ist gemeint, dass der Nachweis auf niedrigstem und nicht auf höchstem Niveau sein sollte, von daher ist ein 100%iger Nachweis nicht erforderlich, 60% reichen aus. D. h., der Beweisstandard für die Feststellung eines Fehlurteils ist der Nachweis, dass neue Beweismittel im Wiederaufnahmeverfahren das Urteil des ersten Verfahrens nicht vollständig untermauern können. Prof. Peters plädierte dafür, dass selbst wenn in den letzteren zwei Fällen ein Fehlurteil nicht festgestellt werden könne, dennoch zugunsten des Angeklagten entschieden werden solle. In dieser Haltung ist der Grundsatz der deutschen Strafprozessordung „in dubio pro reo" verkörpert. Diesem Prinzip nach muss sich der Richter, wenn er sich aufgrund aller Beweismittel nicht für eine bestimmte Fallgestaltung entscheiden kann bzw. er tatsächlich Zweifel hat, für den Angeklagten entscheiden. Zur Verdeutlichung des in Deutschland geltenden Standards für die Feststellung von Fehlurteilen haben wir einen Fall untersucht, der vor einigen Jahren in Deutschland großes Aufsehen erregte.

Am 29. April 1997 wurde die Polizistin Andrea Zacher in der Karlsruher Region / Baden-Württemberg zu Hause mit einem Schal stranguliert, bis sie das Bewusstsein verlor. Ihr Vater alarmierte nach der Entdeckung die Polizei. Durch notärztliche Hilfe blieb Andrea Zacher am Leben, lebt wegen Sauerstoffmangels im Gehirn seitdem aber in vegetativem Zustand. Die Tatortbeamten fanden weder an der Tür noch an den Fenstern Einbruchsspuren. Sie sicherten zwei von Vinyleinweghandschuhen abgerissene Fingerteile und eine weiße Kunststofftüte, die u. a. einen Schal, einen Handschuh und zwei Zigarettenschachteln enthielt. Entsprechend der Schilderung des Vaters der Geschädigten machte die Polizei zwei Verdächtige aus. Einer war der Ehemann der Geschädigten, Harry Wörz. Die beiden hatten 1994 geheiratet, im darauffolgenden Jahr kam ein Sohn zur Welt; später hatten sie sich getrennt, das Scheidungsverfahren war noch im Gange. Bei dem anderen handelte es sich um Thomas Heim, Kollege und verheirateter Liebhaber der Geschädigten. Weil seine Frau bezeugte, dass ihr Mann zur Tatzeit den Abend mit ihr zu Hause verbracht hatte, hatte er nicht am Tatort sein können, und so schloss die Polizei Thomas Heim als Tatverdächtigen aus. Experten des Polizeilabors untersuchten die am Tatort aufgefundenen Sachbeweise und entdeckten an den Innenseiten der Fingerteile der Vinyleinweghandschuhe DNA-haltiges Material, das Harry Wörz zugeordnet wurde. Auch die Plastiktüte wurde Harry Wörz zugeordnet. Am 16. Januar 1998 verurteilte das Landgericht Karlsruhe Harry Wörz wegen versuchten Totschlags zu elf Jahren Freiheitsstrafe. Der Angeklagte nahm das Urteil nicht an und legte Revision ein. Am 11. August 1998 verwarf der Bundesgerichtshof Harry Wörz' Revision und hielt das Ersturteil aufrecht.

Nachdem das Strafurteil rechtskräftig geworden war, reichten die Eltern der Geschädigten eine Privatklage auf Schadensersatz ein. Ohne sich von dem Strafurteil beeinflussen zu lassen, fällten die Richter der Zivilkammer des Landgerichts Karlsruhe am 5. April 2001 das Urteil: weil die vorhandenen Beweismittel nicht hinreichend nachweisen konnten, dass der Angeklagte Harry Wörz die Schädigung verübt hatte, wurde die Klage abgewiesen. Im Urteilsspruch hob das Gericht hervor, die Tatsache, dass der Angeklagte sich freiwillig einer polygraphischen Untersuchung unterzogen habe, zeige seine Unschuld. Harry Wörz stellte später vor dem Oberlandesgericht Antrag auf Wiederaufnahme des Strafverfahrens, das den Fall an das Landgericht Mannheim verwies. Am 6. Oktober 2005 fällte dieses das Urteil: weil die Beweismittel die Schuld des Angeklagten nicht hinreichend belegen konnten, wurde das Urteil des ersten Verfahrens aufgehoben und Harry Wörz freigesprochen. In der Folge legten die Staatsanwaltschaft Mannheim und die Angehörigen der Geschädigten beim Bundesgerichtshof Revision ein. Von diesem erging am 16. Oktober 2006 das Urteil, dass der Freispruch wegen Rechtsfehlern aufgehoben und zur neuen Verhandlung zurückverwiesen werde. Am 22. Oktober 2009 sprachen die Richter des Landgerichts Mannheim Harry Wörz wegen nicht ausreichender Beweismittel erneut frei.[115]

In Strafverfahren gilt in Deutschland der Grundsatz der „freien richterlichen Würdigung", „Freiheit in seiner persönlichen Bewertung". Somit finden sich in den Gesetzen auch keine konkreten Bestimmungen zu Beweisstandards. Der Richter ist lediglich verpflichtet, bei der Feststellung, ob der Angeklagte schuldig ist, zur „richterlichen Überzeugung" bzw. „subjektiven, persönlichen Gewissheit" zu gelangen. Natürlich können wir das Beweismaß auch „richterliche Überzeugung" nennen. Dementsprechend hat der Richter den Schuldspruch des abgeschlossenen Verfahrens als Fehlurteil festzustellen, wenn er im Wiederaufnahmeverfahren auf der Grundlage sämtlicher Beweismittel nicht zur „richterlichen Überzeugung" von der Schuld des Angeklagten gelangen kann. Mit anderen Worten: der Beweisstandard in Deutschland für Fehlurteile kann mit „Erschütterung der richterlichen Überzeugung" dargelegt werden. Dieser Standard ist im Freispruch des Landgerichts Mannheim in der Sache Wörz verkörpert. Streng genommen konnte in diesem Fall anhand der vorhandenen Beweismittel nicht gänzlich ausgeschlossen werden, dass Wörz der Täter war. Die Richter waren zwar der Ansicht, dass auch Andrea Zachers Liebhaber Thomas Heim tatverdäch-

---

115 S. Zhou Zunyou: Wie werden in Deutschland Fehlurteile korrigiert? In: Forum zur Beweislehre Bd. 16. Falü Chubanshe *[Verlag für Recht; Law Press·China]* Ausgabe Juni 2011, S. 240–269.

tig und das „Zeugnis“ seiner Frau, „er war nicht am Tatort“, sehr wahrscheinlich eine Falschaussage sei, aber die Beweismittel reichten eben nicht aus, um die Schuld von Thomas Heim nachzuweisen. Unter diesen Umständen, wo die Richter nicht zur „richterlichen Überzeugung“ von Harry Wörz’ Schuld gelangen konnten, hatten sie das Urteil des ersten Verfahrens aufzuheben und ihn freizusprechen. Das zeigt, dass der Beweisstandard für die Feststellung von Fehlurteilen trotz des hohen Ermessensspielraums, der dem Richter mit dem Grundsatz der „freien richterlichen Würdigung“ verliehen ist, ganz offensichtlich niedriger ist als der für die Feststellung der Schuld.

V Analyse und Neuformulierung der Standards für den Nachweis von Fehlurteilen in China

China geltende Gesetze enthalten keine ausdrücklichen Bestimmungen zu Standards für den Nachweis von Fehlurteilen, aber es gibt Regelungen zu den Voraussetzungen für die Einleitung eines Wiederaufnahmeverfahrens. Weil das Wiederaufnahmeverfahren der wesentliche Weg für die Feststellung eines Fehlurteils und seiner Korrektur ist, besteht eine enge Beziehung zwischen den Voraussetzungen für die Wiederaufnahme eines Verfahrens und den Standards für die Feststellung eines Fehlurteils. Das „Strafprozessgesetz“ in der Fassung von 2012 bestimmt in Art. 242: „Entspricht der von einem Verfahrensbeteiligten, seinem gesetzlichen Vertreter oder von nahen Angehörigen gestellte Antrag auf Wiederaufnahme des Verfahrens den folgenden Umständen, hat das Volksgericht neu zu verhandeln: 1) durch neue Beweismittel wird der Nachweis erbracht, dass bei den im Urteil oder Beschluss des abgeschlossenen Verfahrens festgestellten Tatsachen tatsächlich Fehler vorliegen und dadurch möglicherweise die Festsetzung der Strafe und die Strafzumessung beeinflusst wurde; 2) Beweismittel, aufgrund derer die Festsetzung der Strafe und Strafzumessung erfolgt sind, sind nicht überzeugend und nicht ausreichend, hätten dem Gesetz nach nicht verwertet werden dürfen, oder die wesentlichen Beweismittel für den Nachweis des Sachverhalts sind untereinander widersprüchlich; 3) das Urteil bzw. der Beschluss des abgeschlossenen Verfahrens beruht tatsächlich auf falscher Rechtsanwendung; 4) Verfahrensverstöße, die möglicherweise das Recht auf ein gerechtes Verfahren beeinträchtigt haben; 5) Richter haben im Zeitraum der Verhandlung Verhalten von Korruption, Vorteilsannahme, Bereicherung oder Rechtsbeugung gezeigt.“ In Art. 243 heißt es: „Deckt der Präsident eines Volksgerichts aller Ebenen tatsächliche Fehler bei der Feststellung der Tatsachen oder der Rechtsanwendung in einem bereits rechtskräftigen Urteil oder Beschluss seines Gerichts auf, hat er den Fall dem Verfahrensausschuss zur weiteren Bearbeitung vorzulegen.“ Auch in Art. 243 Absatz 2) und 3) wird der Begriff „tatsächlich falsch“ bzw. „tatsächlich liegen Fehler vor“ verwendet. Manche Leute interpretieren gemäß den obigen Bestimmungen das Beweismaß für die Feststellung von Fehlurteilen als „tatsächlich liegen Fehler vor“.

Vor einer konkreten Diskussion der Standards für den Nachweis von Fehlurteilen müssen zunächst die relevanten Methoden erläutert werden. Da Art und Weise und Wege der Aufdeckung von Fehlurteilen verschieden sind, können zwei Methoden unterschieden werden: die eine in der Form des direkten Beweises, die andere in der Form des indirekten bzw. Indizienbeweises. Beim sogenannten direkten Beweis wird mit Beweismitteln direkt nachgewiesen, dass der Angeklagte die Straftat, die ihm vorgeworfen wird, nicht verübt hat bzw. dass der Angeklagte nicht die Person ist, die die vorgeworfene Straftat begangen hat. Zwei Situationen kommen dafür hauptsächlich in Frage: zum einen, wenn die im abgeschlossenen ersten Verfahren als Opfer festgestellte Person lebendig zurückkehrt wie im Justizskandal She Xianglin, zum anderen, wenn wesentliche Beweismittel des abgeschlossenen ersten Verfahrens entkräftet werden. So hatte z. B. das „Ohio Innocence Project“ durch erneute Gutachten zu biologischen Sachbeweisen in Fällen von Vergewaltigung oder Mord Fehlurteile nachgewiesen – wie Entkräftung einer Blutgruppenbestimmung durch DNA-Gutachten, Entkräftung eines DNA-Gutachtens mit nicht eindeutiger Aussage durch ein DNA-Gutachten mit eindeutiger Aussage. Bei der indirekten Beweismethode zur Feststellung von Fehlurteilen wird hauptsächlich der Gegenbeweis geführt, d. h. durch den Nachweis, dass ein Dritter die vorgeworfene Straftat begangen hat, wird indirekt der Beweis geführt, dass der Angeklagte des abgeschlossenen Verfahrens unschuldig ist. Diese Methode wird hauptsächlich in drei verschiedenen Situationen angewendet: in der ersten gibt der Beschuldigte oder Angeklagte in einer anderen Sache zu, der wahre Täter in der abgeschlossenen Strafsache zu sein, wie im Fall Nie Shubin. In der zweiten beweisen die von einem Dritten gemachte Anzeige oder aufgefundene Beweismittel, dass es in der abgeschlossenen Strafsache einen anderen „wahren Täter“ gibt, wie im Justizskandal Shi Dongyu. In der dritten ist es an einem dritten Ort aufgefundenes, für die abgeschlossene Strafsache wichtiges Material, aufgrund dessen das Ersturteil als falsch festgestellt wird, wie im Justizskandal Du Peiwu. Natürlich werden diese Methoden bei der Festellung eines Fehlurteils in einer konkreten Sache möglicherweise kombiniert angewendet.

Wie zuvor beschrieben können die Nachweise für die Feststellung von Fehlurteilen in manchen Fällen den Standard „knallharter Beweis“ erreichen, so z. B. im Fall She Xianglin. Erreichen Beweismittel in Einzelfällen dieses Niveau, bedeutet das aber michtnichten, dass alle einen so hohen Standard erreichen müssen. In der justiziellen Praxis interpretieren manche die Bestimmung „tatsächlich falsch“ bzw. „tatsächlich liegen Fehler vor“ als das Beweismaß für die Festsetzung der Strafe – „Sachverhalt des Falls klar, Beweismittel überzeugend und ausreichend“ – und fordern so von dem Rechtsmittelführer, mit überzeugenden und ausreichenden Beweismitteln seine Unschuld oder die „wahre Täterschaft“ einer dritten Person nachzuweisen. Ich denke, dieses Verständnis ist falsch, zumindest nicht vernünftig.

Erstens: „tatsächlich falsch“ bzw. „tatsächlich liegen Fehler vor“ darf nicht so interpretiert werden, dass die Feststellung aller Tatsachen des Falls falsch wäre, sondern muss wie folgt verstanden werden: sobald es bei der Feststellung zu einer Tatsache des Falls Fehler gibt, dann „liegen tatsächlich Fehler vor“. Wie z. B. in dem oben geschilderten Justizskandal Shi Dongyu: im Ersturteil wurden aufgrund des gerichtsmedizinischen Blutgruppengutachtens die Blutspuren auf der Kleidung des Angeklagten als von dem Geschädigten Guan Chuansheng stammend festgestellt. Durch ein erneutes Gutachten wurde später bestätigt, dass das ursprüngliche Gutachten falsch war, auf der Kleidung des Angeklagten war kein Blut des Geschädigten. Da „lagen tatsächlich Fehler vor“ bei der Feststellung der Tatsachen des Falls. Dieser Standard verlangte weder, mit überzeugenden und ausreichenden Beweismitteln nachzuweisen, dass Shi Dongyu nicht der Mörder war, noch wurde verlangt, mit überzeugenden und ausreichenden Beweismitteln nachzuweisen, dass Liang Baoyou der Mörder war. Zweitens: Bei Vorliegen eines Tatbestands nach Art. 242 Abs. 2 „Strafprozessgesetz“, „Beweismittel, aufgrund derer Festsetzung der Strafe und Strafzumessung erfolgt sind, sind nicht überzeugend und nicht ausreichend, hätten dem Gesetz nach nicht verwertet werden dürfen, oder die hauptsächlichen Beweismittel für den Nachweis des Sachverhalts sind untereinander wiedersprüchlich“, verlangt das Gesetz für den Nachweis offensichtlich nicht den Standard „überzeugende und ausreichende Beweismittel“, was verlangt wird, sollte mit „Beweismittel nicht überzeugend und nicht ausreichend“ interpretiert werden. Dieser Standard ähnelt dem britischen und amerikanischen Standard für den Nachweis von Fehlurteilen, „vernünftige Zweifel begründet“, und dem entsprechenden deutschen Standard, „Erschütterung der richterlichen Überzeugung“. Abschließend: wird der Gegenbeweis geführt als indirekter Nachweis für die Unschuld des Rechtsmittelführers, besteht ohne Frage ein Kausalzusammenhang zwischen den Nachweisen, dass eine dritte Person der „wahre Täter“ und das Urteil des abgeschlossenen Verfahrens ein Fehlurteil ist, aber die Beweisstandards sind unterschiedlich. Wird eine gemeinschaftliche Tat ausgeschlossen, geht die Wahrscheinlichkeit dafür, dass in einer Strafsache, in der es zwei Beschuldigte gibt, einer angeklagt wird, proportional rauf bzw. runter. Läge z. B. im Fall Nie Shubin aus Hebei die Wahrscheinlichkeit dafür, dass Wang Shujin der Vergewaltiger und Mörder war, bei

20%, dann läge sie für Nie Shubin bei 80%, läge sie für Wang Shujin bei 80%, dann für Nie Shubin bei nur 20%.

Am 25. Juni 2013 wurde das Gerichtsverfahren im Vergewaltigungs- und Mordfall Wang Shujin in der zweiten Instanz endlich eröffnet. Nach sechsjähriger Unterbrechung nahm das Obere Gericht der Provinz Hebei im Gerichtsgebäude des Mittleren Gerichts der Stadt Handan erneut die Verhandlung dieses Falls auf, die in der Gesellschaft hohes Aufsehen erregte. Die Plädoyers könnte man „mal was ganz anderes" nennen: der Angeklagte bestand darauf, der Täter zu sein, doch der Staatsanwalt beharrte darauf, dass der Angeklagte nicht der Täter sei. Klugen Köpfen war allerdings klar, dass das öffentliche Interesse an dieser Verhandlung weniger der Schuld oder Unschuld Wang Shujins galt, sondern hauptsächlich der Nie Shubins.

Der Staatsanwalt führte an dem Tag vor Gericht vier Gründe an, warum Wang Shujin nicht der Vergewaltiger und Mörder von Kang X. gewesen sei. Erstens: seine Angaben zu besonderen Merkmalen des Leichnams der Geschädigten stimmten mit den Tatsachen des Falls vom westlichen Vorort nicht überein. In der Strafsache war die Leiche des Opfers mit einem weißen Unterhemd bekleidet gewesen, um den Hals eine geblümte Bluse gewickelt, die zum Vorschein kam, als das am Hals klebende Maisstroh entfert worden war. Diese Details hatte Wang Shujin in seiner Aussage nicht erwähnt. Zweitens: seine Angaben zum Tatwerkzeug stimmten mit den Tatsachen des Falls vom westlichen Vorort nicht überein. Außer an der Stelle des Halses, wo er mit der geblümten Bluse umwickelt war, waren am ganzen Körper keine Knochenbrüche festgestellt worden, das Opfer war erstickt. Wang Shujin hatte ausgesagt, er habe der Geschädigten zuerst den Hals zugedrückt und dann so lange auf ihre Brust getreten, bis sie tot gewesen sei. Drittens: Wang Shujins Angaben zur genauen Tatzeit stimmten mit den Tatsachen des Falls vom westlichen Vorort nicht überein. Viertens: seine Angaben zur Körpergröße der Geschädigten stimmten mit ihrer tatsächlichen Größe nicht überein. Der Staatsanwalt führte weiter an, dass Wang Shujin auf einer Baustelle in der Nähe des Tatorts gearbeitet habe, als sich der Fall ereignete, und sich in der Umgebung ziemlich gut ausgekannt habe. Während der Tatortarbeit der Sicherheitsbehörden waren viele Schaulustige da gewesen, gut möglich, dass Wang Shujin damals so Details des Falls erfahren habe. Als er geschnappt worden war, habe er mit der Behauptung, in dieser Sache der Mörder zu sein, gelogen.[116]

War Wang Shujin nun der wahre Vergewaltiger und Mörder von Kang X.? Der Verfasser wird es wohl nicht in Erfahrung bringen. Aufgrund der seitens der Staatsanwaltschaft dargelegten Umstände kann ich nicht mit Bestimmt-

116 S. den Bericht des Reporters der Fazhi Zhoubao *[Legal Weekly]*, Lei Hongtao, vom 26.06.2013.

heit sagen, dass Wang Shujin der wahre Täter ist, denn es besteht tatsächlich die Möglichkeit, dass er, indem er sich als den Mörder bezeichnet hat, gelogen hat – sollte er denn wirklich so mit allen Wassern gewaschen sein! Allerdings kann ich aufgrund der seitens der Staatsanwaltschaft dargelegten Umstände auch nicht mit Bestimmtheit sagen, dass Wang Shujin nicht der wahre Täter ist, denn dass bei der Aussage des wirklichen Straftäters zum Hergang einer Vergewaltigung mit anschließendem Mord Fehler vorkommen, ist nicht verwunderlich – es sollte nicht vergessen werden, dass Wang Shujins Aussage zehn Jahre nach der Tat erfolgte und er weitere drei Vergewaltigungen mit anschließendem Mord und zwei Vergewaltigungen verübt hatte. Da ist es schwer zu vermeiden, dass es im Gedächtnis zu Fehlern wie Vermengung der einzelnen Strafsachen und Verwechslung von Details kommt! Zusammengefasst: aufgrund der vorliegenden Beweismittel kann ich weder mit Bestimmtheit sagen, dass Wang Shujin der wahre Vergewaltiger und Mörder von Kang X. ist, noch dass er es nicht ist. Bei einer groben Analyse gehe ich von einer Wahrscheinlichkeit für seine Täterschaft von ca. 60% aus. Anders ausgedrückt: die Möglichkeit, dass er der wahre Täter ist, liegt etwas höher als die, dass er es nicht ist.

Der Standard für die Feststellung der Schuld eines Angeklagten ist in chinesischen Strafverfahren „Sachverhalt des Falls klar, Beweismittel überzeugend und ausreichend“. In Wahrscheinlichkeit ausgedrückt hat sie dafür, dass der Angeklagte der Täter ist, mindestens 90% zu betragen. Gemäß dem Unschuldsprinzip „im Zweifel für den Angeklagten“ hat das Gericht den Angeklagten freizusprechen, wenn die Wahrscheinlichkeit seiner Schuld unter 90% liegt. Im vorliegenden Fall hätte das Gericht der zweiten Instanz Wang Shujin der Vergewaltigung und des Mordes an Kang X. für „nicht schuldig“ befinden müssen, da die Wahrscheinlichkeit, dass er der wahre Täter war, bei nur 60% lag. Doch schon stellt sich die nächste Frage: was sollte im Fall Nie Shubin geschehen? Manche fanden, solange das Gericht nicht feststellen könne, dass Wang Shujin der wahre Vergewaltiger und Mörder von Kang X. war, dürfe der Fall Nie Shubin nicht revidiert werden. Dem kann der Verfasser nicht ohne Weiteres zustimmen. Wenn das Gericht nicht mit Bestimmtheit sagen kann, dass Wang Shujin der Täter war, bedeutet es nicht, dass es mit Bestimmtheit sagen kann, dass Nie Shubin der Täter ist. Wird ein Fehlurteil mit Gegenbeweis bewiesen, besteht ein Kausalzusammenhang zwischen den Nachweisen, dass eine dritte Person der „wahre Täter“ und das Urteil des abgeschlossenen Verfahrens ein Fehlurteil ist. Wird eine gemeinschaftliche Tat ausgeschlossen, geht die Wahrscheinlichkeit dafür, dass in einer Strafsache, in der es zwei Beschuldigte gibt, einer angeklagt wird, proportional rauf bzw. runter. In der Sache Vergewaltigung und Mord an Kang X. lag die Wahrscheinlichkeit dafür, dass Wang Shujin der wahre Täter war, bei 60%, für Nie Shubin mithin bei 40%. Wenn schon die Wahrscheinlichkeit von 60% bei

Wang Shujin nicht ausreicht, ihn für schulig zu befinden, dann erst recht nicht die von 40% bei Nie Shubin. Da der Verfasser die Beweismittel der beiden Fälle aber nicht direkt untersucht hat, ist die obige Wahrscheinlichkeitsanalyse selbstverständlich eine rein theoretische Überlegung.

Am 27. September 2013 verkündete das Obere Volksgericht der Provinz Hebei in einem Gerichtssaal des Mittleren Volksgerichts der Stadt Handan öffentlich das Urteil in der Vergewaltigungs- und Mordsache des Berufungsführers Wang Shujin. Das Gericht urteilte, dass die vorliegenden Beweismittel für den Nachweis, dass Wang Shujin der Vergewaltiger und Mörder von Kang X. war, nicht ausreichten, wies die Berufung zurück und hielt das Ersturteil aufrecht. Wang Shujin erhielt die Todesstrafe. Das Urteil muss allerdings noch vom Obersten Volksgericht bestätigt werden.[117]

Man braucht kein Blatt vor den Mund zu nehmen, die Bestimmungen in Chinas geltenden Gesetzen zu Standards für den Nachweis von Fehlurteilen sind nicht hinreichend klar. Deshalb schlage ich vor, dass die relevanten Organe durch legislative oder justizielle Auslegung mehr Klarheit bringen. Wir könnten uns an den britischen „Standards für verschiedene Ebenen" orientieren und drei Ebenen von Standards für den Nachweis von Fehlurteilen etablieren. Die erste Ebene wäre der Standard für die Einleitung des Wiederaufnahmeverfahrens bzw. des Verfahrens zur Überprüfung eines Fehlurteils, also der, den der Verfasser weiter oben mit „tatsächlich liegen Fehler vor" ausgelegt hat, und der dem Standard der britischen Kommission zur Überprüfung von Kriminalfällen für die Weiterleitung an das Berufungsgericht zur neuen Verhandlung, „reale Möglichkeit der Revidierung des Ersturteils", ähnelt. Die zweite Ebene wäre der Standard für die Feststellung eines Fehlurteils im Wiederaufnahmeverfahren, er kann mit „Übergewicht der Beweise" beschrieben werden, d. h. durch alle Beweismittel in der Sache wird nachgewiesen, dass die Möglichkeit der Unschuld des Rechtsmittelführers größer ist als die seiner Schuld. Die dritte Ebene wäre der Standard für die Entscheidung über eine staatliche Entschädigung, der kann mit „Beweismittel überzeugend und ausreichend" beschrieben werden, d. h. mit zuverlässigen Beweismitteln wird die Unschuld des Rechtsmittelführers hinreichend nachgewiesen. Der Verfasser hält es für relativ vernünftig, ein höheres Beweismaß für den Beschluss über staatliche Entschädigung anzusetzen als für die Feststellung eines Fehlurteils. Zum einen gilt für die Feststellung eines Fehlurteils ein vergleichsweise niedriges Beweismaß, so erhalten mehr Unschuldige die Chance der

---

117 S. den Bericht des Reporters der „Jinghua Shibao" *[Beijing Times]*, Li Xianfeng, vom 28.09.2013. Als dieses Buch geschrieben wurde, war das Verfahren der Überprüfung des Todesurteils für Wang Shujin durch das Oberste Volksgericht noch nicht abgeschlossen.

Korrektur von Fehlern. Zum anderen ist ein vergleichsweise hohes Beweismaß für die Entscheidung über staatliche Entschädigung Vorbeugung davor, dass die Entschädigungsfrage zu einem Hindernis für die Korrektur von Fehlurteilen wird. Auch können so die Ausgaben des Staats für Entschädigung in Strafsachen gesenkt, kann das Geld der Steuerzahler vernünftiger verwendet werden. Außerdem: ein System, in dem die für Justizirrtümer Verantwortlichen zur Rechenschaft gezogen werden, kann zu einem höheren Berufsethos des Justizpersonals führen, aber auch die Korrektur von Justizirrtümern behindern, von daher sollte der entsprechende Standard anders sein als der für die Feststellung von Fehlurteilen. Vereinfacht: bei der Feststellung von Fehlurteilen sollte das „Prinzip der verschuldensunabhängigen Haftung" gelten, doch wenn es darum geht, die Verantwortlichen zur Rechenschaft zu ziehen, das „Prinzip der verschuldensabhängigen Haftung".

Nun, wo der Schlussstrich unter dieses Buch bevorsteht, fällt mir die Geschichte „Li Li richtet sich mit dem Schwert hin" aus den „Xunli Liezhuan" des „Shiji" ein.[118] Li Li war ein „Li" *[Anm. d. Ü.: Diese Beamten waren in Personalunion Richter, Ermittler, Ankläger und hatten die Oberaufsicht über die Gefängnisse.]* im Reich Jin zur Zeit der Frühlings- und Herbstperiode *[Anm. d. Ü.: 770–476 v. Chr.]*, war Richter. Er hatte entdeckt, dass in einer Strafsache ein Unschuldiger fehlerhaft zum Tode verurteilt worden war, und weil ihm das ein überaus schlechtes Gewissen bereitete, verlangte er von den Leibgarden, dass sie ihn fesselten und vor den Herzog Wen von Jin brachten, den er um die Todesstrafe bat. Herzog Wen von Jin sagte: „Es gibt hohe und niedrige Beamtenposten, leichte und schwere Strafen. Der Fehler lag auf Seiten Ihrer Untergebenen, nicht Sie sind strafrechtlich dafür verantwortlich." Li Li entgegnete: „Ich als Amtsträger bin Vorsteher und habe meine Stellung nicht an Untergebene abgetreten. Meine Besoldung ist hoch, Vorteile habe ich nicht mit den Untergebenen geteilt. Passiert heute ein Justizirrtum und ich schiebe die Verantwortung auf die Untergebenen ab, ist das nicht richtig." Herzog Wen von Jin sagte: „Sie sehen sich als schuldig an, und wie ist es mit Majestät, sind auch Wir schuldig?" Li Li antwortete: „Bei der Verhandlung von Strafsachen muss sich der Richter an die Gesetze halten. Wer zu einer falschen Haftstrafe verurteilt, sollte selbst bestraft werden, wer irrtümlich Menschen tötet, sollte ebenso den Tod finden. Herzog, Sie haben mich zum Richter bestellt, weil ich Strafsachen detailliert untersuchen und problematsche Fälle entscheiden kann. Weil ich meine Aufsichtspflicht verletzt habe, ist es zu

118 Anm. d. Ü.: die Übersetzungen des Titels „Shiji" variieren, u. a.: „Aufzeichnungen des Historikers", „Aufzeichnung der Geschichte". „Liezhuan", Biografien bedeutender Personen, sind Teile des „Shiji"; „Xun Li Liezhuan": „Biografien aufrechter Beamter".

dieser falschen Tötung gekommen, ich sollte den Tod finden." Mit diesen Worten widersetzte Li Li sich dem Befehl des Herzogs Wen von Jin, zog sein Schwert und schnitt sich die Kehle durch.[119] Li Lis Vorgehen lohnt nicht der Nachahmung, doch seine geistige Einstellung verdient Achtung.

119 许晓麓编著《古案例选评》，武汉大学出版社（武汉）1985年版，第7–8页。
Xu Xiaolu: Ausgewählte Kommentare zu Strafsachen aus der Antike. Wuhan Daxue Chubanshe (Wuhan) *[Verlag der Wuhan Universität]* 1985, S. 7–8.

Kolibri 360 GmbH
Ferdinand-Jühlke-Straße 7
99095 Erfurt, Deutschland
produktsicherheit@kolibri360.de